KB234404

중국 현대기업과 상업관행의 변화

본 도서는 한국연구재단(NRF-2010-413-B00029)의 지원으로 이루어졌다.

중국 현대기업과
상업관행의 변화

● 김용준 외 지음

현대중국연구 총서를 내면서…

　　성균관대학교 현대중국연구소는 2009년도에 20회 생일을 맞이했다! 1989년 11월에 현대중국연구소를 창립하였던 초대소장 양재혁 교수님(현 동양철학과 명예교수)은 20주년 기념 축사를 하였다. 성균관대학교 내에 현대중국연구소를 설립하였던 동기는 중국의 "현대"를 연구하는 기관이 한국에 필요하였기 때문이라 하셨다. "현대"라 함은 마오쩌둥의 중국공산당이 1949년에 중국을 통일한 이후라 정의하셨다.

　　1949년 중국 공산당이 중국을 통일한 이후 중국은 20세기를 거쳐, 2010년 현재에 산천개벽의 변화를 겪었다. 성균관대학교 중국연구소도 그러하였다. 초기 중국 현대의 문사철 중심의 연구소 모습에서 1997년 11월에 연구소장으로 브임한 경영대학 교수인 김용준이 현대중국연구소의 연구방향을 문사철에서, 경제·경영학적 탐구로 전환하였다. "현대"의 개념도 좀 더 협의의 1978년 개혁·개방 이후로 조작적 정의를 하였다. 그 후로 약 10년 동안 중국 특색적 시장경제 사회주의를 표방하는 중국의 시장문화를 경영학적 관점에서 연구하였다. 중국의 시장문화인 중국 소비문화와 기업문화를 심층적으로 연구할수록 중국 전통 상업문화에 대한 이해와 탐구의 갈증은 더욱 강해져 갔다. 이 학문적 갈증을 해소해줄 기회가 왔다! 그것은 2007

년 11월에 한국연구재단의 중점연구소로 선정되면서, 3년씩 3단계에 걸쳐서 9년 동안 "중국 전통 상업문화와 중국 현대 시장문화"를 연구할 수 있도록 터전이 생긴 것이다. 간절히 원하면 되나보다! 특히 중국 전통 상업문화의 국내 최고 연구가인 성균관대학교 역사학과의 박기수 교수님과의 만남은 현대중국연구소가 비로소 한쪽 날개를 장착하는 진실의 순간이었다. 2008년 이후 8명의 대학교수와 6명의 전임 박사급 연구원이 뭉쳤다. 인문학 중심의 제1연구팀과 경제·경영 중심의 제2연구팀은 중국 황산에서, 자물쇠를 특별히 구입하여 두 연구팀의 학제간 연구 결약식을 맺었다. 그 자물쇠의 열쇠는 황산의 깊은 계곡의 안개 위로 던져졌다.

그 후 현대중국연구소는 5번의 국제학술대회, 약 60여 편의 논문과 7권의 연구저서를 발표·출판하였다. 매월 월례세미나와 연구팀별 특별 연구회는 각각 중국 전통 상업문화와 중국 현대 시장문화를 학습·토론·연구하였다. 특별히 박기수 교수의 책임하에서 역사학을 중심으로 연구하고 있는 제1연구팀과 김용준 교수 책임하의 경영학 중심으로 연구하고 있는 제2연구팀의 교류와 소통은 마치 중국의 전통과 중국 현대의 단절된 역사를 구름다리 넘는 것과 같은 즐거움을 느끼게 해 주었다. 다행히 두 연구팀의 14명의 박사급 연구자들의 공통된 비전과 인내심은 조금씩 소통과 겸손을 통하여 학제적 연구의 새로운 모습을 만들어 내고 있다. 이러한 통섭의 산출물이 "현대중국연구 총서"이다. 2010에 연구개시 3년차를 맞이하여 현대중국연구 총서 제1권인 "중국 전통상인과 현대적 전개"와 제2권인 "중국 현대의 소비문화와 시장문화"를 순차적으로 출판하게 되었으며, 순차적으로 총 8권의 총서를 출판하게 되니 가슴이 벅차오르고 머리가 시원해진다.

현대중국연구 총서 제1권에서는 10여 편의 논문이 중국전통상인의 현대적 전개에 관하여 역사학적·언어학적 관점에서 조명되고 새로운 연구의 가능성과 방향성이 제시되었다. 제2권에서는 10편의 논문이 중국현대 소비문화와 시장문화에 대한 경영학적·경제학적·법학적 탐구와 실증연구를 통하여 새로은 사회과학 통찰을 제시하고 있다. 2011년에는 총서 3으로 "중국 상업관행의 근현대적 전개"와 총서 4로 "중국 현대기업문화의 변화"를 연구 업적물로 출판하였다. 2012년에는 총서 5로 "중국 전통상업관행의 동아시아적 전개"와 총서 6으로 "중국 현대기업의 문화와 제도"를 출판하였다. 2013년에는 총서 7과 총서 8을 출판하게 됨을 두 손 모아 감사드린다. 성균관대학교 현대중국연구소가 한국연구재단의 중점연구소로서 학제간 연구 결과물인 이 총서가 중국현대의 "미래의 기억"으로서 중국 전통이 연구되고, 중국 전통의 "과거의 상상"으로서 중국현대가 연구되는 초석이 되리라 소망해 본다.

아직은 거친 돌이지만 앞으로 중국전통과 중국현대를 연결하는 다이아몬드와 같은 연구총서를 출간하기 위하여 다시 한번 옷 매무새를 다듬으며 독자들에게 예의를 올린다. 제1연구팀 책임연구자이자 현대중국연구소 부소장이신 박기수 교수님께 다시 한번 존경의 배를 올린다. 이 총서를 기획하고 만들어낸 현대중국연구소의 김주원 박사, 강용중 박사, 이상윤 박사와 노은영 박사께 감사를 표한다. 또한 이 총서를 출판해주신 한국학술정보㈜에도 감사드린다. 마지막으로

이러한 연구기회와 연구총서를 낼 수 있도록 지원해 주시는 한국연
구재단에 큰절을 올립니다.

2013년 11월

성균관대학교 현대중국연구소장

김용준 교수

『현대중국연구 총서 8권을 내면서』

'중국 현대기업과 상업관행의 변화'

중국은 2008년 글로벌 금융위기 이후 2013년 최근에 이르기까지 미국과 함께 G2로 불리며 세계 경제에서 중국의 영향력을 더욱 확대시켰다. 이는 중국의 기업들이 개혁개방 30년 만에 시가총액 기준 세계 10대 회사에 랭크되고, 글로벌 금융위기를 기회로 삼은 금융기관들의 도약 등 중국 기업들의 성장이 견인차 역할을 한 것으로 볼 수 있다. 이렇듯 기업의 성장에 힘입어 중국은 더 이상 '세계의 생산기지'가 아닌 '세계의 소비시장'이라는 타이틀이 더 어울리는 경제대국으로 성장하며 우리에게 더 많은 위기와 기회를 주는 국가가 되었다.

더욱이 최근 진행되고 있는 중국과의 FTA 협상은 우리 기업의 경쟁력을 제고시키고 거대한 중국 시장을 개척하기 위하여 우리가 중국의 문화와 기업에 대한 심층적인 접근과 연구가 보다 절실해졌음을 느끼게 해주었다. 이러한 이유로 현대 중국경제 발전의 특징과 향후의 미래를 예측하는 것은 한국과 중국의 경제 관계를 고려할 때 매우 중요한 문제이다.

그런데 최근에는 중국의 경제적 급부상과 더불어 그 이면에 내재되어 있었던 사회적 불평등의 심화, 환경문제, 부패 등에 대한 사회적 문제 및 부작용이 대두됨에 따라 이러한 문제가 개혁개방으로 해결될 수 있을 것인가에 대한 회의가 증가하고 있다. 이를 극복하기 위해서 최근 중국은 본질적인 이념의 문제를 둘러싼 논쟁과 소위 "성장전략의 전환"을 통해 사회적으로 직면한 문제를 해결하려는 움직임과 도전을 보이고 있으나 하루아침에 해결하기는 어려움이 있을 것이다.

생각해보면 그동안 중국의 경제적 급부상에 대해서 많은 관심을 기울여 온 것에 비해 중국의 미래에 대한 관심이 상대적으로 작았다. 그러나 앞으로 중국의 경제적 급부상 속에 직면한 사회적 문제들을 해결하려는 중국정부의 고민을 정확하게 분석하고 중국이 미래에 어떤 방향으로 가는지를 이해한다면 중국과의 관계를 보다 의미 있게 발전시켜 나가며 효과적으로 대응할 수 있는 전략을 수립할 수 있을 것이다.

이를 위해 중국의 현대 기업 및 중국 경제의 발전에서 나타나는 특징을 면밀히 파악하고, 부단히 중국 경제의 미래를 예측하는 것은 한국과 중국의 경제 관계를 고려할 때 매우 중요한 문제이다. 그동안 많은 경제·경영 학자들은 중국 경제·경영에 관한 다양하고 유용한 분석모델과 이론을 제시해 왔으나 본 연구총서에는 중국의 상업관행과 현대 기업문화에 주목할 필요가 있다고 본다. 보통 어느 특정 국가의 문화는 가족관계나 법질서 등의 사회구조 형성에 영향을 주며, 다양한 경제적 질서를 형성하게 된다. 이러한 고유한 경제질서는 다시 경제발전에 영향을 주게 된다. 그러므로 문화에 대한 탐구가 인문학적인 영역에서뿐만 아니라, 경제·경영학 등에도 중요한 의의를 가질 수 있다. 그러므로 현대 중국의 기업문화를 심층적으로 파악하기 위해서는 중국의 상업관행 및 현대 기업문화를 이해할 필요가 있다고 본다.

이에 본 연구총서는 중국의 현대 기업문화와 중국의 상업관행과 관련된 두 가지 범주의 글들로 구분할 수 있겠다.

주지하듯이 한국은 1992년 한·중 수교 이후 많은 기업들이 중국 각지에 진출하여 실패와 성공을 거듭하고 있다. 대부분의 기업들은 이러한 문제점을 해결하기 위해 주로 관리, 전략, 인적자원, 금융시장, 제도, 대정부관계 등의 측면에서 접근하고 있으나 중국 현지의 한국기업에서 발생하고 있는 한국 관리진과 중국 직원 간의 문화적인 차이와 불만들은 근본적으로 두 나라의 문화에 바탕을 둔 사고방식과 행동패턴의 차이로 인하여 발생하고 있다. 이에 본 연구총서는 현대 중국의 기업문화의 특성을 알아봄으로써 성공적인 기업경영전략의 시사점을 파악하는 것이 필요하다고 본다.

이에 본서는 먼저, 제1부에서 중국 현대기업문화와 관련하여 오리온의 중국 Gum시장 진출전략, 친족문화와 대기업의 조직구조 - 대만 기업집단의 사례를 중심으로 -, 중국 기업문화, 리더십스타일 및 조직유효성 간의 관계에 관한 실증연구. 그리고 Intensity of Social Network Use by Involvement: A Study of Young Chinese Users에 대하여 살펴보았다.

그리고 중국의 현대 기업문화는 중국 상업문화의 우수한 전통을 잘 계승, 발전시킬 수 있을 때 현대적 기업의 가치와 소비자 가치를 발견할 수 있다. 즉, 중국의 현대 기업문화는 중국의 상업관행과 긴밀히 연관되어 있다. 그러기에 본 연구총서의 제2부에서는 중국의 상업관행과 관련하여 중국의 전통상인과 현대기업의 사회적 책임,

중국의 중재와 조정의 결합제도와 시사점, 중국 외상투자기업의 제조물 책임에 관한 법적 연구, 그리고 중국의 재정분권개혁의 효과와 지방정부-국유기업 관계 변화에 관한 내용에 대하여 알아보았다.

본 연구총서가 출간되기까지 여러 가지 도움을 준 김주원 박사, 이상윤 박사, 노은영 박사에게 이 지면을 빌려 감사의 마음을 표한다. 그리고 본 학술서적을 간행함에 있어 출판사의 흔쾌한 결정에 대하여 언급하지 않을 수 없다. 올해도 변함없이 한국학술정보㈜에서는 순수 학술서적의 출판을 기피하는 풍토 속에서 우리의 공동연구 성과를 독자들에게 선보일 수 있도록 기회를 제공하여 주었다. 아무리 뛰어난 성과라 하더라도 독자와 만날 수 없다면 그림의 떡에 불과한 것이 아닌가! 역시 이 자리를 빌려 감사의 마음을 한국학술정보㈜의 모든 관계자들에게 진심으로 표한다.

2013년 11월
성균관대학교 현대중국연구소 소장
김용준 교수

목차

제1부 중국 현대기업문화와 소비자

제 2부 중국 상업관행의 변화

제1부
중국 현대기업문화와 소비자

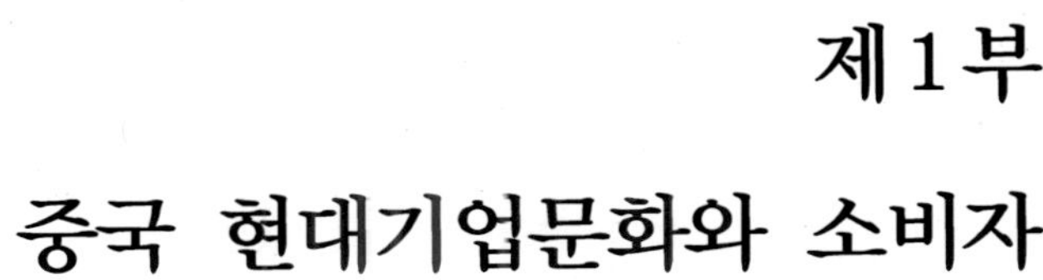

1

오리온의 중국 Gum시장 진출전략*

김용준

Ⅰ. 서론

중국은 우리 경제에 많은 영향을 미치고 있는 나라 중 하나이다. 2만 2,893개 한국 기업이 진출해 있으며 업종별로 살펴보면 제조업이 주를 이루고 있다(76.4%를 차지). 기업 유형별로는 대기업의 비중이 6.2%, 중소기업 54.0%, 개인 39.1%로 나타나 개인사업자의 진출도 높은 편임을 알 수 있다. 이에 상대적으로 정보력이 부족한 집단을 위한 중국 진출과 관련된 전문지식의 지원이 요구되고 있는 상황이다(Fortune Korea, 2012). 중국은 이제 전 세계 내로라하는 브랜드들의 각축장이 되면서 국내 기업들도 경쟁력을 강화해야만 살아남을 수 있게 되었다. 한국 기업 중 두각을 나타내고 있는 현대자동차의 경우 베이징을 기반으로 하여 성장하였다. 특히 베이징의 택시는 소나타와 아반떼가 대부분일 정도이다. CJ 그룹의 경우 시진핑 국가

____

* 본 사례는 아시아적 경영, 사회적 기업에 실린 내용입니다.

주석의 내수주도형 성장정책으로 인해 앞으로는 현지 고객과의 친화성에 무게 중심을 두고 승부할 예정이다. 그동안 CJ는 식품사업뿐만 아니라 홈쇼핑, 엔터테인먼트, 물류 등 여러 분야에 진출하며 사업다각화를 통해 중국 시장을 공략하기 위해 노력하였다.

세계 유수의 기업들의 각축장이 되며 중국 소비자들은 글로벌 브랜드에 대한 인지도도 많이 높아진 상황이다. 중국의 빠른 경제성장으로 제조업은 향후 5년, 서비스업은 10년 이내에 시장 구조가 형성될 것이라는 의견이 지배적이다. 따라서 그 전에 거점을 만들고 어떤 제품을 판매할 것인지 한국 기업들은 심사숙고해야 되는 시기이다(Fortune Korea, 2012). 하지만 이미 많은 기업들이 중국의 경제성장 지표만 믿고 '진출＝성공'이라는 믿음으로 중국에 대한 사전지식 없이 진출했다가 실패한 사례가 많다. 농심의 경우 중국 상해에 우리나라에서 판매하고 있는 신라면을 선보였다. 하지만 농심은 매운 것을 잘 먹지 못하는 상해지역에 진출하며 고전을 면치 못하였다(Kim and Wang, 2012). 이에 반해 농심과 동일한 시기에 진출한 대만의 깡스푸의 경우 철저한 현지화를 통해 중국 라면업계 시장점유율 40%를 차지하고 있는 대표적인 중국 라면업체로 성장할 수 있었다(김용준, 2011). 이러한 와중 주목할 만한 성장세를 유지하고 있는 오리온사는 우리에게 많은 시사점을 제공해 주고 있다. 특히 오리온은 2012년 결산기준 중국법인 매출 1조 원을 돌파했다. 1993년 중국 북경에 현지법인을 설립한 지 20년 만에 이룬 성과다. 중국 매출 1조 원 기록은 삼성전자, 현대자동차 등 주요 그룹사만 달성한 것으로 CJ제일제당, 농심, 풀무원, 롯데제과 등 현지에 생산설비를 갖춘 국내 식품업체 중 최초다.

오리온은 1990년대 초반 국나 시장 성공을 발판으로 해외 시장으로 시야를 넓혔다. 오리온은 초코파이라는 독창적인 제품으로 글로벌기업들이 점령하고 있는 중국, 러시아, 베트남시장 등에 도전장을 던졌다. 그 중 매출이 가장 높은 곳이 중국으로 68%의 시장점유율을 기록하고 있다. 북경과 상해에 양대 생산기지를 구축한 오리온은 글로벌 무한경쟁 시장인 중국에서 가장 성공한 한국 기업으로 손꼽힌다. 특히 오리온은 중국 제과 시장에서 파이점유율 1위(36.3%), 통껌 2위(15.3%), 스낵 4위(18.8%), 비스킷 5위(4.5%)로 각 분야에서 주목할 만한 성과를 거두고 있다.

오리온 하면 흔히 초코파이를 연상하지만 껌 시장에서 2위라는 결과는 다소 놀라운 결과이다. 그렇다면 이러한 오리온 껌이 중국 시장에서 시장점유율 2위로 자리매김할 수 있었던 원동력은 무엇일까? 그리고 1위와의 격차를 줄이기 위해서는 어떠한 전략이 필요한지 살펴보고자 한다.

Ⅱ. 중국 껌 시장 분석

2.1 중국 껌 시장의 현황

중국 제과시장은 한국처럼 국내 브랜드가 성장한 후에 외국 브랜드가 진출한 것이 아니라 브랜드 개념이 없던 계획경제의 잔재가 없어지기 전에 이미 개방되어 있었다. 북경, 상해, 광주 등 대도시 중심의 권역별 시장을 중심으로 개혁개방 이후 초보적 시장형성 단계를 거쳐 세계 모든 업체 간의 브랜드 파워 각축장이 되었으며, 자국 브랜드의 성장기 없이 단숨에 가장 치열한 시장으로 변했다. 이에 따라 품목 별로 앞선 브랜드들은 하나씩 자리를 잡아가고 있었고, 이 경쟁에 참여하지 못한 업체는 어쩔 수 없이 더욱 어려운 경쟁상황을 극복해야 하거나 중국시장 밖에서 관망할 수밖에 없게 되었다. 중국 제과 시장은 크게 두 가지 양상을 보인다. 첫째는 중국 내 상류층을 대상으로 하는 시장이다. 이 방법은 주로 세계 유명제과 브랜드 제품과 홍콩의 자회사 또는 대형 수입도매상이 이용하는 방식이다. 상류층을 대상으로 하는 만큼 고품질, 고가격을 유지하며 중국 자체

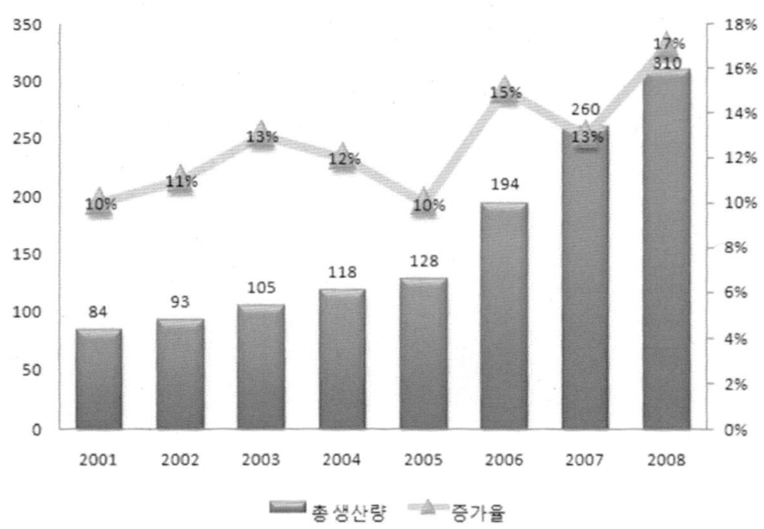

자료: Kotra global window(2010). 중국 껌, '씹고 뜯고 맛보고 즐기고', 마케팅현장르포

〈그림 1〉 중국제과업 시장규모(단위: 억 위엔, %)

네트워크를 구축하며 중국시장에 직접 진출하는 형태를 띤다. 두 번째는 일반 대중을 대상으로 하는 시장이다. 해외 지역 브랜드들이 주로 사용하는 방법으로 저렴한 가격과 좋은 품질을 지향한다. 오리온은 두 가지 방법의 중간 형태로 샌드위치 형상(stuck in the middle)을 하고 있다.

중국의 제과시장은 매년 10%의 속도로 성장하며, 그 중 초콜릿의 판매비율이 28%, 사탕류가 25%, 껌이 19%를 차지하고 있다(Kotra global window, 2010). 중국의 껌 시장은 연간 두 자릿수의 성장세를 이어가며 전년대비 17% 증가한 81억 위엔 규모의 시장이다.

껌 시장은 다시 통껌(bottle gum)과 비통껌(non-bottle gum)으로 분류할 수 있는데 통껌 시장의 성장률은 매년 가파른 성장세를 이어가고 있다. 특히 2010년 이후로는 통껌이 비통껌 시장을 추월하여 2011년에는 통껌이 전체 껌 시장의 53%를 차지하는 것으로 조사되었다.

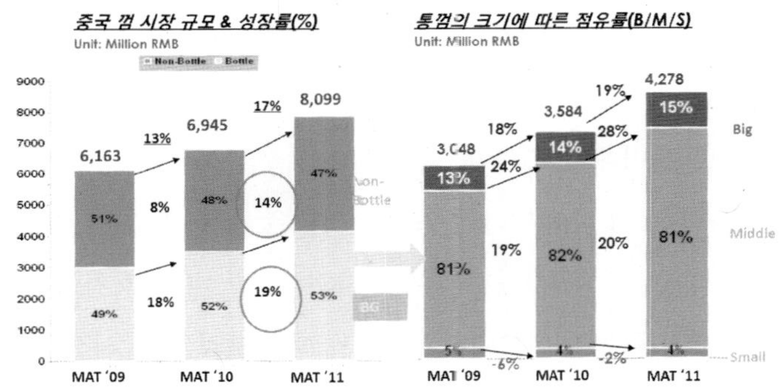

자료원: Nielsen(2011).

〈그림 2〉 중국 껌 시장 변화율

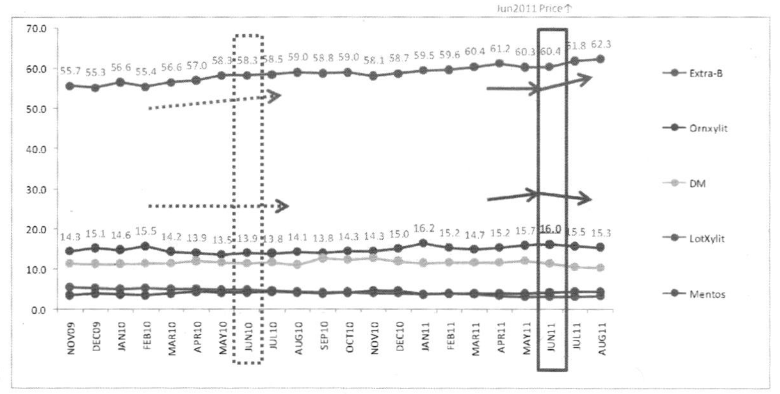

자료원: 오픈타이드 차이나.
cf) DM: doublemint(리글리 사)

〈그림 3〉 브랜드별 매출 현황

보다 구체적으로 살펴보면 통껌의 크기에 따라 시장 점유율이 다른 것으로 나타나고 있는데 중간 사이즈의 통껌이 전체 42억 위엔의 통껌 시장 중 81%의 매출을 달성하고 있다.

특히 통껌 시장의 시장점유율을 살펴보면 2011년 6월 기준으로 리글리(Wrigley)사의 Extra-B가 시장 점유율 60.4%를 차지하며 1위 브랜드로 자리매김하고 있으며, 2011년 6월 제품 가격 상승 이후 시장점유율 상승이 주춤했다. 반면, 오리온은 소폭 증가한 것으로 나타났다. 하지만 7, 8월부터는 리글리사의 매장 내 공격적인 영업력 증가로 시장점유율이 회복세로 돌아갔으며, 오리온의 시장점유율은 하강 곡선을 그리는 것으로 나타났다.

2.2 중국 껌 시장의 변화

1990년대 초까지만 해도 중국에서는 '제과'라는 말을 쓰지 않았다. 제과를 제약으로 잘못 인식하기도 하고 과일생산으로 추측한 중국업체에서 과일을 공급하겠으니 한국으로 수출해 달라는 전화도 심심찮게 걸려오기도 하였다. 한국에서 제과라고 하는 산업을 중국경제연감에서 찾으려 한다면 캔디제조업이나 제빵업에 대한 짧은 설명이 3년에 한 번 소개되는 정도로 제과업시장 자체에 대한 인식이 거의 없다.

중국에서 제과시장은 토속 브랜드가 성장한 후 외국 브랜드가 진출한 것이 아니라 국적을 막론하고 모든 업체들이 동일한 출발선상에서 경쟁을 시작해야 했다. 14억 인구라는 거대 시장은 모든 국가들에게 매력적인 시장으로 다가왔고 등양제과(현 오리온)뿐 아니라 세계 유수의 제과업체들이 중국에 진출하여 중국은 세계 제과시장의 각축장이 되었다. 이러한 중국 제과시장의 특수성 속에서 한국 업체의 중국 수출비중은 1992년부터 비약적인 성장을 보이다가 1996년을 분기점으로 하락세를 맞게 된다. 이는 수출 위주의 해외 마케팅 전략에 중대한 변화가 발생한 것이며, 수출실적이 높다고 해서 이것이 계속적인 브랜드 파워와 연계되지 않는다는 것을 보여 주고 있다. 한국은 브랜드 파워를 통한 시장 진출이 아닌, 밀기(push) 전략에 기인한 단기적 수출에 주력했기 때문이다. 오리온은 중국시장 진출이 성공적으로 안착하기 위해서는 브랜드 파워를 강화하는 것이 효과적임을 인식하여 중국에 대한 직접투자를 늘리기 시작했다. 왜냐하면 이것은 중국의 급속한 변화상황에 대처하기에 적합한 전략이라 판단되었기 때문이다. 당시 중국의 경제상황은 정부의 거시경제 조절정책과 긴축, 그리고 국영기업 개혁을 시도하면서 성장속도가 둔화되고 있었다. 나아가 국영기업체가 정리, 또는 도산하기도 했으며 이에 따라 최저임금만 지급되거나 실업자가 늘어 전반적인 소매, 소비경기의 침체를 맞고 있었다. 중국 정부는 각종 법률을 정비하여 법체계를 강화함으로써 그동안 법의 통제를 받지 않고, 활성화되었던 많은 경로에 제재를 가하기 시작했다. 관세, 부가세, 식품포장 표기규정, 식품 검역필증 등 사항들이 수입장벽의 역할을 하기 시작했다. 따라서 지금까지 수출실적이 높았던 상품이라 하더라도 현지 시장에 대한 빠른 정보수집과 생산단계에서의 수정보완이 있어야만 중국시장에서 성공할 수 있다.

2.3 중국 껌 시장의 소비자

2.3.1 중국의 소비자

중국 정부의 '제2차 전국 치아건강 설문조사'에 따르면, 50% 이상의 중국인이 충치를 갖고 있으며, 그 중 아동의 충치 발생 비율은 77% 정도인 것으로 나타났다(Kotra global window, 2010). 충치 방지용 껌의 주원료인 자일리톨을 연구 개발한 핀란드의 아동 충치 발생비율이 30% 정도라는 결과와 비교해 보았을 때 중국의 아동 충치 발생비율은 상당히 높은 수치로 나타났다. 하지만 점차 중국인의 생활수준이 높아지면서 중국의 소비자들도 껌의 단순한 맛보다는 건강한 치아와 충치 방지 등 부가적인 기능을 중시하고 있다. 이에 따라 2001년 이후 무설탕 자일리톨 껌의 시장점유율이 폭발적인 증가추세에 있으며, 2001년 5%이던 자일리톨 껌의 시장 점유율이 5년 사이에 40%로 성장하였다. 최근 자일리톨 껌의 껌 시장점유율이 90%에 달하는 결과는 이러한 인식이 반영된 결과라 할 수 있다. 또한 중국의 충치 방지용 껌은 한 품목으로도 판매액이 100억 위엔을 초과해 주요 껌 생산 업체는 충치 방지용 껌에 주목하고 있다.

중국 소비자들은 껌 구매 시 중시하는 속성으로 탄성 28.8%, 당도 30.7%, 맛 19.7%, 브랜드 8.7%, 습관 6.6%, 포장 2.3%, 증정품 유무 2.8% 등에 영향을 받는 것으로 나타났다. 또한 자일리톨 껌 구매 시 선호하는 맛은 과일 맛 47.3%, 박하 맛 23.5%, 녹차 맛 13.4%, 기타 6.3%, 특정 선호 없음 9.2%로 조사되었다(Kotra global window, 2010). 껌의 주요 소비층인 청소년과 젊은 직장인을 대상으로 실시된 설문조사를 살펴보면 치아 단련(40.9%)과 구강 청량감(33.3%)을 위해 껌을 구매한다는 답변이 다수를 차지하고 있으며, 얼굴 근육 운동 13.4%, 습관적 12.1%라는 응답 순으로 나타났다. 또한 56.7%는 껌이 치아 건강에 이롭다고 답변하였으며, 조사자의 54.7%가 치아건강을 위해 자일리톨 원료가 함유된 껌을 선호한다고 응답하였다. 마지막으로 항상 껌을 휴대하는 사람은 46.8%로 기능성과 휴대성이 껌 소비 시 중요한 속성임을 알 수 있다. 이처럼 최근 중국 소비자들이 껌의 기능성에 따라 제품을 구매하는 것에 발맞춰 업계에서는 금연용, 졸음 방지용, 충치 예방용, 임산부용과 같이 다양한 기능성 제품이 속속 출시되고 있다.

또한 중국의 소비자들은 껌 구매 시 매장 내의 판매 환경에 영향을 많이 받는 것으로 나타났다. 껌은 편의품에 해당되는 제품으로서 구매 시 소비자들의 주목을 끌 수 있는 새로운 홍보 전략이 기업에 도움이 될 것으로 예상된다.

2.3.2 지역별 시장세분화

중국의 넓은 영토는 지역별로 각기 다른 소비자 특성을 갖게 하였다. 따라서 기업들은 중국의 지역별 소비자 특성을 고려하여 실행 전략을 세워야만 성공할 수 있다. 우선, 베이징시장은 약 1억 7천만 명의 인구가 분포되어 있는 중국의 정치 중심지이다. 1인당 GDP는 12,447달러이다. 정치 중심지로서 과시욕이 강해 대형포장 제품과 박스포장 제품을 선호하는 경향이 뚜렷하다. 상하이시장은 약 1억 2천만 명이 거주하며 1인당 GDP는 12,784달러이다. 이 지역 소비자들은 치밀하고 조심스러운 것이 특징이다. 소비성향도 소량구매로 품질을 먼저 확인하고 원하는 양만큼만 구매하기 때문에 박스포장보다는 벌크제품의 판매가 활발하다. 광저우시장은 인구 6천만 명에 1인당 GDP는 7,819달러이다. 홍콩과 인접하여 일찍부터 다양한 외국 제과류가 진출해 있다. 이미 제과시장이 성장해 각 제과회사의 경쟁이 치열하다.

내륙시장은 인구 2억에 연간소득은 약 2,300위안 정도이다. 최대 인구가 분포되어 있는 곳으로 대부분 농촌지역이다. 낮은 소득수준으로 품질보다는 저가 상품을 선호한다. 자체 보급망보다는 베이징, 상하이, 광저우시장에 의존하여 소비하는 성향을 보인다. 동북시장은 약 1억 명의 인구가 살고 있으며 연간소득은 약 2,000위안이다. 이 지역은 빈곤지역이지만 과시욕이 강해 베이징시장의 성향과 유사점이 많다. 러시아와도 인접하여 영향을 받기도 한다. 남서부시장은 소수 민족들로 구성되어 있어 외브사람들에 대한 접대를 잘하며 순박하다. 소득 수준은 낮지만 소비수준은 높은 것이 특징이다 (김용준 외, 2007).

2.4 중국 껌 시장의 경쟁자

2.4.1 리글리(Wrigley)

미국계 기업인 리글리는 1993년 20여 개 점포에서 시작해 현재 3만 점포 이상에서 판매망을 늘리고 있다. 중국의 91% 지역에서 판매 중이고 현재 중국 지역 내 브랜드 인지도는 99%에 달한다. 경제 위기 시 경쟁 기업은 광고를 줄였지만, 리글리는 TV광고가 저렴한 비용으로 가장 큰 효과를 볼 수 있는 홍보방식으로 판단하였다. 이에 "당신의 얼굴을 운동시키세요[運動你的臉]!"라는 광고 슬로건을 도입하여 큰 인기를 끌기도 하였다(Kotra global window, 2010).

2005년 중국 소비자들의 치아 건강에 대한 관심 증대로 롯데 자일리톨 껌에 기존 보유하던 시장의 90% 시장점유율을 빼앗기기도 하였다. 그러나 자사의 자일리톨 함유 비율이 롯데보다 높은 50%임을 상표 라벨에 표시하며 새로운 촉진 전략을 구사하였다. 이후 아동시장 공략과 베이징 지역 3백여 개 학교의 30만 명 학생에 무료로 자사 제품인 이다(益達) 껌을 나눠주고 구강교육 실시하며 브랜드

인지도를 구축해 나갔다. 그 결과 현재는 껌 시장에서 71.9%의 시장 점유율을 갖고 있다. 2011년 위글리의 매출규모는 1조 원에 이른다.

현재 시장 점유율 1위인 extra－B와 3위인 Doublemint를 출시하고 있으며, 세계적인 브랜드 인지도를 바탕으로 중국 시장을 공략하고 있다.

2.4.2 롯데제과

1993년 베이징을 교두보로 하여 중국에 진출한 롯데는 한때 세계 최대 껌 회사 리글리를 제치고 중국에서 껌 판매 1위를 기록하며 국내 1위인 껌 분야에서 두각을 나타냈다. 중국에서는 처음으로 TV를 통해 껌 광고를 했다. 경쟁사의 판매지역이 베이징, 상하이, 광저우 등 대도시를 벗어나지 못하던 시절, 롯데는 베이징에서 티베트에 이르는 중국 전역으로 판매망을 늘려갔다. 하지만 중국소비자를 제대로 이해하지 못하고 유통지역을 확대한 롯데는 현재 중국 시장에서 많은 어려움을 겪고 있다.

진입 초기 롯데는 유통조직이나 제품 노출에 의한 push 전략보다는 대중매체 광고 위주의 pull 전략을 구사하였다. 또한 현지 인력이 본사 파견 인력 1명과 현지인 3명에 그치는 등 현지 유통점 관리에 매우 소극적인 전략을 취하였다. 판매촉진의 방식에 있어서도 한국에서와 유사하게 젊은 층에 소구하는 이미지 광고를 사용하여 롯데의 브랜드가치 강화에 치중하는 전략을 사용하였다. 이러한 pull 전략은 현지에서의 영업 및 유통 관리 비용을 절감시켜 주는 효과가 있어 진입초기 수익성 향상에 기여하기도 했다(한충민, 1999).

하지만 롯데제과는 2010년까지 중국시장에 약 3천억 원을 투자했으나 매출액이 정체되어 있고 영업손실을 기록하는 등 성공적인 결과를 달성하지 못했다. 롯데제과가 중극 시장에서 부진한 이유로는 앞서 언급한 바와 같이 진출 초기 일본 롯데, 미쓰이물산, 중국사통공사 등과 합작하면서 컨트롤타워가 없었고 대형 중간 유통상에 의존하면서 영업망 관리에 실패한 것이 주요한 이유이다. 그로 인해 미수금 같은 부실이 커졌다. 여러 제품을 동시다발적으로 내면서 브랜드 이미지를 만들지 못했다는 점 또한 부진의 주요 요인이다.

이러한 문제점을 해결하기 우해 2010년에 부실채권 및 부실거래처 정리를 완료했고 중국인 지사장으로 교체, 저가격 제품으로 포트폴리오를 변화시키며 철저한 현지화를 추진했다. 롯데제과의 강한 영업력 발휘, 중국 내 롯데쇼핑 채널을 활용하여 직접영업을 확대했다. 5대 메가브랜드(자일리톨, 가나초콜릿, 초코파이, 빼빼로, 코알라마치)와 국내 히트제품(몽쉘통통, ID껌 등)을 중국시장에 출시하는 전략으로 제품군을 확대해 중국시장에서의 성공궤도 진입을 꾀하고 있다.

2.4.3 멘토스(Mentos)

타 경쟁사들과는 달리 천연 과일향을 모토로 다양한 과일향의 상큼한 맛을 추구하고 있는 제품을 주로 출시하고 있다. 껌이라기보다는 츄이 캔디(chewy candy)라고 할 수 있다.

1932년 네덜란드에서 설립된 이 회사는 전 세계 150여 개 국가에 제품을 판매하고 있으며, 1초당 세계에서 25개(롤 기준)가 소비되고 있을 만큼 인기가 높다. 제품의 주요한 특징은 3개 층으로 구성하여 독특한 씹는 맛을 느끼게 하여 다른 캔디류나 껌과 구별화를 꾀하고 있다는 점이다. 최근에는 요구르트와 비타민 함유량을 증가시킨 웰빙제품을 출시하여 시장 점유율을 확대하고 있다.

2.4.4 야커(雅客)

중국 로컬 기업 야커(雅客)는 중국인들에게 인지도는 있으나 판매 시장점유율은 낮은 실정이다. 자일리톨 껌을 출시하고 있으며, 자체 시장 조사 결과, 가격이 5.9위엔에서 9.9위엔 정도일 때 소비자들이 부담을 느끼지 않는다고 판단하여 자사의 가격을 7위엔 선에서 결정하였다. 기능성을 강화하기 위해 기존의 자일리톨 성분에 비타민 함량을 증가시킨 것이 특징이다. 야커는 자사의 제품이 건강에 좋은 껌임을 소비자에게 인식시키고자 노력하고 있다.

Ⅲ. 오리온 껌의 중국진출전략

3.1 오리온의 History

오리온은 1990년대 초반 국내 시장 성공을 발판으로 해외 시장으로 시야를 넓혔다. 오리온은 초코파이라는 독창적인 제품으로 글로벌기업들이 다투고 있는 중국, 러시아, 베트남 시장 등으로 영역을 확장해 나갔다. 그 중 68%의 시장점유율을 기록하고 있는 중국의 경우, 베이징과 상하이를 두 축으로 생산기지를 구축하며 중국시장에서 가장 성공한 한국 기업으로 잘 알려져 있다.

1956년 풍국제과를 인수하며 현재의 오리온의 기틀을 마련하였다. 오리온 카라멜이라는 제품을 통해 사업의 기반을 마련한 이후 건빵, 하드비스킷, 웨하스, 드롭프스 등을 제조하였다. 1970년대 초 한국식품공업협회 주관으로 선진국을 방문했던 식품기술자와 연구원들이 한 카페에서 우유와 함께 나온 초콜릿 코팅과자를 맛보게 되며 초코파이가 개발되었다. 1990년 전반적인 매출이 부진한 상황이었으나, 부산지역에서만 매출이 급상승된 것을 분석한 결과 중국, 러시아 등지에서 초코파이를 대거 수입해 가고 있는 것을 발견하고 해외 사업을 시작하게 되었다. 현재는 75개국 14개 주력 제품군을 토대로 글로벌 시장점유율을 늘려가고 있다.

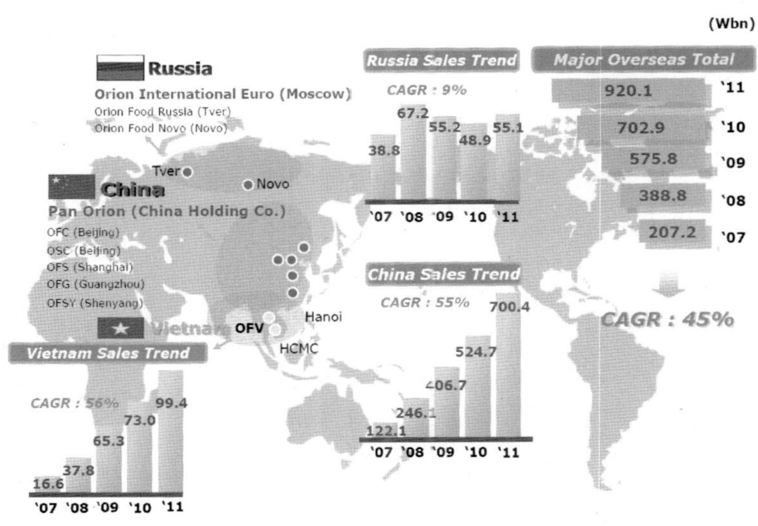

〈그림 4〉 오리온사의 글로벌 사업 현황

〈표 1〉 주요 제품의 매출 현황

기준일: 2011. 12. 31.　　　　　　　　　　　　　　　　　(단위: 백만 원)

사업부문	매출유형	품목	구체적 용도	주요 상표 등	매출액	비율(%)
음식료품 제조	제품	비스킷	기호식품	고소미, 초코칩, 다이제 등	207,958	25.70%
		파이	〃	초코파이, 케익 오뜨 등	167,652	20.70%
		기타	〃	초코송이, 자일리톨, 통아몬드	119,409	14.80%
		소계	−	−	495,018	61.20%
	상품	스낵	기호식품	포카칩, 오감자 등	251,634	31.10%
		기타	〃	웨하스, 카라멜, 미쯔 등	53,845	6.70%
		소계	−	−	305,479	37.70%
외식	−		−	참숯불고기비빔밥, 치콜퀘사디아	8,953	1.10%
총 매출액					809,451	100.00%
매출에누리 등					−52,303	−
합계					757,148	−

3.2 오리온의 중국 진출 History

중국 오리온은 1992년 한중 수교 이후, 시장조사를 거쳐 1993년 초코파이가 중국인에게 호응받는 점을 확인하고, 1995년에 현지법인을 설립하였다. 그리고 본격적인 생산은 1995년 12월 중국 하북성 랑팡경제기술개발구에 설립한 현지법인인 오리온식품유한공사(OFC: Orion Food Company)와 1997년 9월 상해 지역에 설립한 오리온식품상해유한공사(OFS: Orion Food Shanghai)를 설립하면서 이루어지게 되었다. 이후 상해와 광주에 차례로 공장을 건설하면서 커버리지를 확대해 갔고, 각 공장의 라인 증설 및 추가 공장 건설을 통해서 공장을 거점으로 한 지역적 커버리지를 확대해 가고 있다.

〈표 2〉 오리온 중국법인 생산시설 현황

	북경 (OFC)	북경스낵 (OSC)	상해1공장 (OFS)	상해2공장 (OFS)	광주 (OFG)
준공 시기	1997. 03.	2006. 04.	2002. 09.	2009. 12.	2009. 12.
연생산규모	3,853억 원	331억 원	721억 원	1,300억 원	200억 원
라인수	17	6	6	6	6
생산품목	파이, 껌 비스킷	스낵	파이	비스킷 스낵	파이 (비스킷 예정)
가동률(%)	90	88	100	65	70
영업 커버지역	북경, 청도	북경, 청도, 상해	상해, 광주	상해, 광주	광주

초기 오리온 중국법인(이하 OFC: Orion Food Company)은 초코파이 라인 1개에 5개의 영업소, 80명도 채 안 되는 직원으로 시작했다. 제대로 된 제품 하나 만들어 내놓는 것이 쉽지 않던 시절이었고, 아무것도 없는 맨땅에서 문화와 언어장벽을 넘으며 하나하나 개척해 가던 시기였다. 그러나 오리온은 준공 1년 만에 중국 진출 기업 중 최단기간에 흑자를 달성해 언론의 주목을 받았다. 1997년 230만 달러에 불과하던 매출은 2006년어는 1억 2천만 달러에 달했다. 매년 60% 이상씩 성장한 것이다. 이러한 고속 성장은 중국의 빠른 경제 성장을 등에 업고 좋은 제품을 조기에 안정적으로 생산해 냈기 때문이다. 단계적으로 시장에 진입해 영업력을 집중하고 일단 진입한 시장에서 지역 정서를 고려한 현지 밀착의 마케팅을 펼친 것도 주효했다. 이러한 현지화된 마케팅전략을 통해 2011년에는 중국의 1,470여 개의 지역에 852개의 영업소를 가지게 되었다.

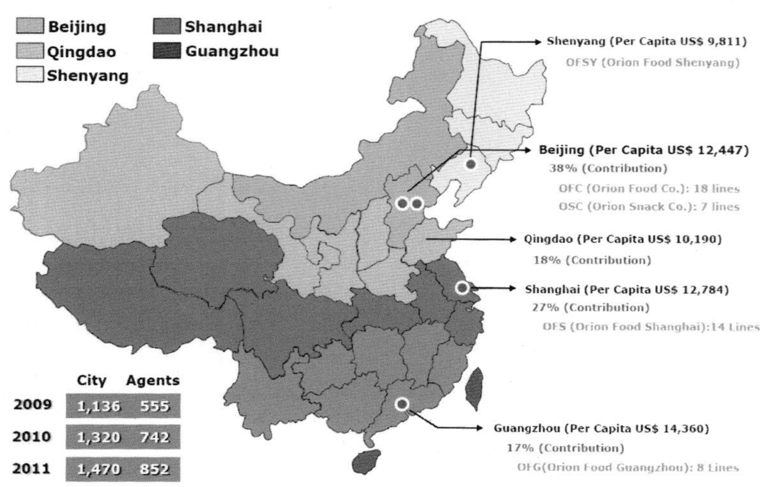

〈그림 5〉 오리온의 중국 시장 현황(자료원: 2012'IR)

3.3 오리온 껌의 경쟁력

오리온의 대표상품인 초코파이는 중국에 진출해 있는 오리온제과의 핵심 제품으로 잘 알려져 있다. 그러나 작년 중국시장에서 오리온이 거둔 7천 32억 원의 매출에서 초코파이의 비중은 32%에 불과하다. 초코파이로 구축한 브랜드 인지도를 바탕으로 2001년 껌(자일리톨 X3＋), 2004년 초코송이, 2005년 고래밥을 출시하고 이후 예감과 오감자를 순차적으로 중국시장에 출시하여 중국 제과시장을 공략한 결과 이제는 초기 진출 제품인 초코파이뿐만 아니라 다른 제품들도 시장에서 높은 점유율을 차지하게 되었다. 초기 오리온은 대도시 상점부터 점차 판매를 늘려나가며 신중하게 중국 시장을 공략하였다. 이처럼 오리온 초코파이의 성공과 이에 따른 중국 유통시장의

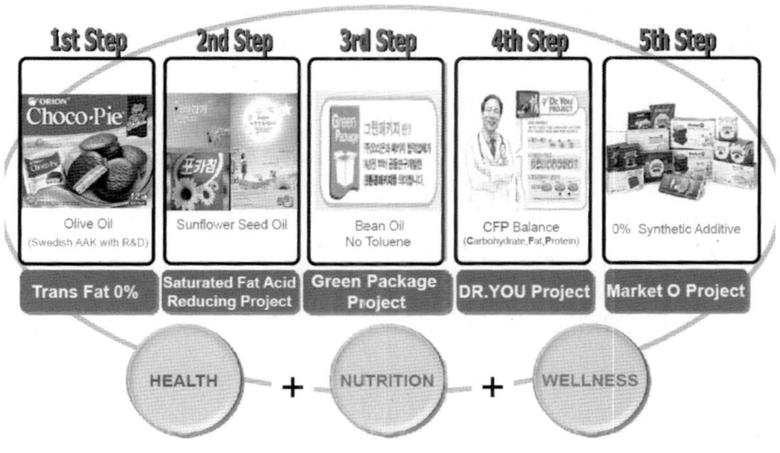

〈그림 6〉 제품혁신 과정

장악력은 오리온 제품 계열다Z화와 브랜드 마케팅 실행의 반석을 만들어 주었다.

3.4 오리온 껌의 도전과제

현재 중국 내 껌 시장점유율 1위 브랜드는 리글리 사(60.4%)이다. 오리온이 비록 현재 중국 시장점유율 2위(16%)이긴 하지만 1위와의 격차가 40% 이상 차이가 나는 상황이며, 3위 이하의 브랜드들이 맹렬히 오리온의 뒤를 추격하는 상황에서 자칫하면 하락할 수 있는 샌드위치 상황에 봉착해 있다. 이러한 오리온 껌의 가장 큰 숙제는 중국 내 낮은 브랜드 인지도이다. 어떻게 하면 현재 중국 지역 내 브랜드 인지도 99%인 세계 1위 기업 리글리사와의 격차를 줄일 수 있을까가 그들이 가진 가장 큰 숙제 중 하나이다.

둘째로는 매장 내 디스플레이의 약점을 들 수 있다. 세계 1위 기업인 리글리사는 현재 3만 점포 이상의 판매망을 갖고 있으며, 중국의 91% 지역에서 판매 중이다.

셋째, 공장 생산량의 과부하이다. 한때 Extra 껌의 가격인상 시 오리온은 일시적으로 매출이 상승되는 특수를 맞이했다. 하지만 이러한 상승곡선이 지속되지 않은 것에는 공급량부족이 큰 원인으로 제기되고 있다. 당시 매장 내 수요가 증가했지만 오리온의 재고물량이 부족하여 이러한 기회를 적극적으로 대처하지 못하였다.

위와 같은 도전과제에 직면한 오리온 껌이 명확하게 중국시장에서 자리매김되기 위해서는 브랜드 본질과 포지셔닝을 명확히 확립하여야 할 것이다. 또한 소비자와의 적절한 소통방법을 위한 전략을 수립하여야 한다. 또한 오리온은 편의품이라는 제품특성상 매장 내 디스플레이의 가시성을 높일 수 있는 방안을 구축해야 하며, 2012년 5월 새로운 공장 가동을 기점으로 공급량 향상, 새로운 제품 및 더 많은 프로모션 기회를 마련하는 것이 앞으로 오리온 껌이 중국시장에서 살아남기 위한 조건일 것이다.

Ⅳ. 오리온 자일리톨의 전략방향

오리온 껌인 X3＋는 향후 제품에서 브랜드의 개념으로 중국소비자들에게 인식되어야 할 것이다. 이러한 브랜드로의 인식전환을 위해서는 강화된 브랜드 구조 형성이 필요하다. 이는 브랜드 본질, 제

품 포트폴리오 강화, 커뮤니케이션 전략으로 가능하다. 또한 브랜드
의 가시성 강화를 위해 디스플레이 역량 강화 및 원산지 관리 등의
작업이 요구된다.

자일리톨 X3＋의 제품 아이덴티티는 핵심 역량인 소비자 맞춤형
제품, 행복, 편리함, 충분히 지불할 가치가 있는 브랜드임을 추구하
는 것으로 브랜드 본질을 구축해야 한다. 이를 위해 우선 오리온사
는 중국소비자들과의 친숙함 추구와 제품 혁신을 통해 소비자 맞춤
형 제품이라는 브랜드 아이덴티키를 만들어 나가야 한다. 둘째로 고
객과의 정보 공유, 즐거움, 친밀감 유지를 통해 소비자들의 행복이라
는 궁극적 목표 달성을 추구하여야 한다. 마지막으로 유통망 확충, 편
리한 bottle, 위생성 강화, 다양한 맛의 개발을 통해 소비자들에게 충
분히 지불할 가치가 있는 브랜드라는 이미지를 만들어야 할 것이다.

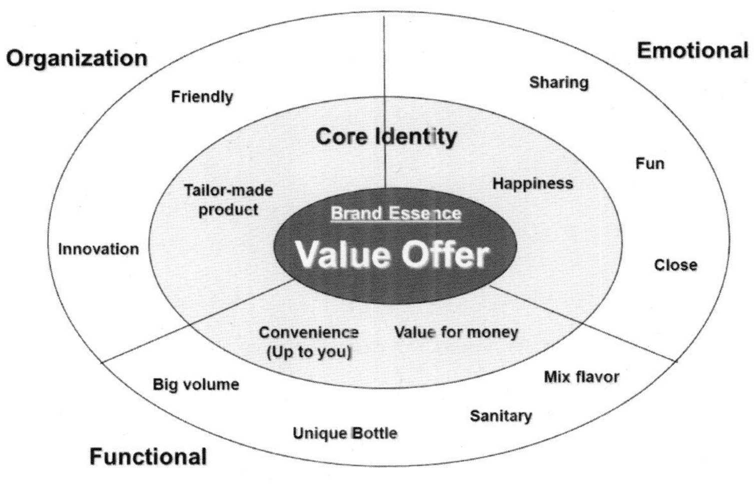

〈그림 7〉 Xylitol 3＋ Brand Identity

이러한 비전에 따라 오리온은 제품차별화를 위해 그동안 통껌의 단점이었던 위생성 문제를 해결하고자 하였다. 이러한 위생성을 강화하기 위해 오리온은 dust-prof cap이 장착된 용기 디자인을 적용시켰다. 이러한 새로운 뚜껑적용을 통해 오리온 통껌은 신규 시장기회를 마련하였다. 또한 소비자의 편리성을 증가시키기 위해 리필팩을 출시하였으며, 새롭게 믹스된 두 가지 종류의 맛을 추가적으로 출시하였다.

최근 오리온 X3＋는 value position을 경쟁사인 Extra와 차별하기 위해 활동적이고 귀여움을 추구하는 전략으로 방향을 선회하였다. 또한 fun에 대한 다양한 정의를 통해 새로운 Fun category 브랜드로의 포트폴리오 이동을 추구하고 있다.

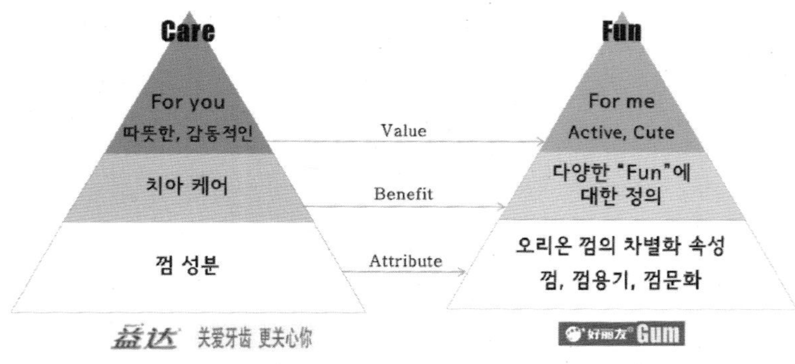

〈그림 8〉 Value Position: Extra vs. Orion

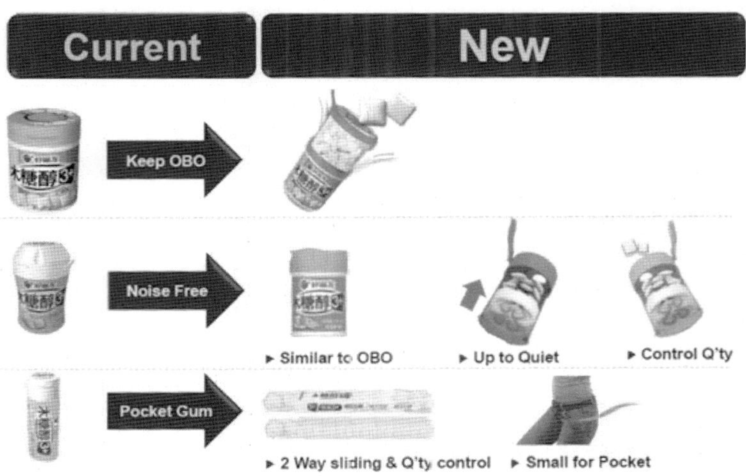

〈그림 9〉 X3+ portfolio shift to Fun Category Brand

따라서 오리온 자일리톨 X3+ 껌의 USP(Unique Selling Point)는 Fun으로 축약된다. 이에 제품어서도 깨끗하고, 편리하고, 재미있는 느낌의 패키지를 개발하여 오리온 만의 강점을 소비자에게 인식시키려고 노력 중이다.

〈그림 10〉 Orion USP

〈그림 11〉 Market Goal

중국 소비자 전문기관의 조사에 의하면 중국 소비자들은 오리온 자일리톨 껌 X3＋에 대해 처음에는 가격 대비 용량이 크다는 점 때문에 구매를 했지만 구매 후에는 제품 패키지가 재미있게 구성되어 있는 점이 구매를 만족시켰다는 응답이 높게 나타났다. 따라서 경쟁사 제품과 달리 Fun을 제공해 주는 패키지 디자인으로 인해 재구매를 높일 수 있음을 발견하였다.

이러한 전략을 바탕으로 오리온은 Weak No. 2가 아니라 Strong No. 2로 중국 소비시장에 나가기 위한 제품 확충 전략을 실시하고 있다. 이에 제품 포지셔닝도 기존의 경쟁사와 구별화되지 않는 자일리톨 함유량 50%, 녹차 함유, 유산균 함유라는 점을 강조하기보다는 Fun이라는 속성을 강조하여 타사와 다른 속성을 강조하고 있다. 오리온사는 소비자들에게 손에서의 즐거움, 입안에서의 즐거움, 그리고 심리적(안전성)인 즐거움이라는 세 가지 즐거움을 선사하는 브랜드로 재 포지셔닝하여 현재 중국 시장을 공략하고 있다.

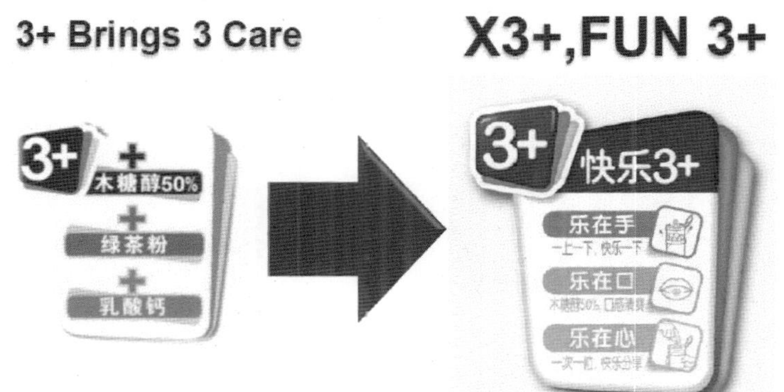

〈그림 12〉 Value positioning

오리온 껌은 타사와 비교했을 때 가격대가 높은 편이어서 특정 마니아층의 선호도가 높은 브랜드로 조사되었다. 하지만 패키지의 독특성이 타사와 구별되기 때문에 가격인하는 불가능할 것으로 보인다. 따라서 지속적인 구매가 가능하게 하기 위해서는 리필제품의 가격을 타제품과 차별화를 두는 전략이 요구된다.

중국의 유통구조는 하루가 다르게 빠른 속도로 변하고 있다. 언제부턴가 재래시장이 사라지더니 현대적 유통업체가 중심축으로 자리잡았다. 현재 오리온이 직접 판매망을 확보한 도시는 1997년 11개 도시에서 9배나 증가된 103개 도시에 이르지만, 전체 매출의 85% 이상이 32개 핵심도시에서 나온다. 이 중 OT(대형매장, 체인점 등 현대적 유통상점) 매출이 60% 이상에 이르며 향후 이 비중은 더욱 커질 것이다. 결국 '선택과 집중(Choice & Focus)'을 통한 효율적 투자와 관리가 성패를 좌우하게 될 것이다.

〈표 3〉 중국시장 내 껌 브랜드별 주요 특성

제품명	회사	제품 로고	가격 (위엔/1g)	판매 점원에게 문의한 소비자 반응
Orion (好丽友 木糖醇)	오리온		0.12	자일리톨 껌 중 가격대가 높은 편이어서 주로 마니아층이 구매
Doublemint (绿箭)	리글리		0.14	가장 많이 팔리는 제품 중 하나로 꼽혔으며, 세계적으로 지명도 있는 브랜드여서 외국인들의 구매도 많은 편
Extra (益达)	리글리		0.15	이다(益达)는 현재 중국에서 가장 지명도 있는 껌 소비자들이 습관적으로 재구매 경향이 많음.
LOTTE XYLITOL (乐天 木糖醇)	롯데		0.15	자일리톨 껌 수요가 증폭하면서 롯데 껌에 대한 수요도 증가했음. 자일리톨 껌을 대표하는 브랜드로 인식됨
이야 (益牙)	야커 (雅客)		0.14	—

자료원: 칭다오 코트라 자체 조사.

　중국 껌 시장 1위 브랜드인 Extra와의 판매촉진 인지율을 살펴보면 오리온의 낮은 시장점유율의 원인을 알 수 있다.

　Extra의 경우 소비자가 TV 광고에 대한 인지 비율이 97.2%를 차지하는 것으로 나타났으며, 옥외광고의 경우 92.7%의 소비자가 Extra의 옥외광고를 인지하고 있는 것으로 나타났다. 이에 반해 오리온은 단 2.8%만이 TV광고에 대한 인지를 하였으며, 7.3%의 고객이 오리온의 옥외 광고를 인지하고 있는 것으로 나타났다.

　이에 오리온은 장·단기적인 캠페인 전략을 구축해야 할 것이다. 오리온의 경우 초코파이가 진출 시에도 중국시장에서 이러한 고전을 면치 못하다 "하오리여우" 이미지를 강하게 심기 위해 당시 중국에

〈그림 13〉 Communication Concept

없었던 대형 옥외광고물을 천안문 광장에 세웠고 대대적인 광고 홍보를 시작으로 성공을 거둔 바 있다(Chindia Journal, 2007). 또한 시식회뿐만 아니라 트래시 마케팅(trash marketing) 등의 실험적인 마케팅 수단도 많이 시도했는데 껌의 경우에도 이러한 독특한 전략이 요구된다.

이를 위해 X3＋를 위한 커뮤니케이션 전략 시에도 IMC전략에 의해 제품의 USP인 '올렸다 내렸다 할 수 있고 깨끗한 이미지'라는 의미가 함축된 슬로건(그림 13)을 광고 문구로 활용하여 통합적 이미지 관리를 위한 노력을 기울이고 있다.

Ⅳ. 결론 및 시사점

현재 중국 껌 시장에서 2위의 자리를 차지하고 있는 오리온은 위로는 1위 브랜드인 리글사와의 격차를 좁히지 못하며, 아래로는 타 브랜드의 맹렬한 추격을 받고 있는 샌드위치 포지션에 있는 상황이다. 이러한 진퇴양란의 포지션에서 살아남기 위해 현재 오리온은 Fun이라는 새로운 USP를 소비자들에게 제안하고 있다.

우리나라에서 자일리톨 껌이 처음 시장에 출시되었을 때를 생각해보자. 그 이전까지는 껌이란 향과 맛이 중요시되는 것으로 기업들은 저마다 다양한 맛의 껌을 출시하기 위해 제품을 다각화하는 전략을 구사하였다. 하지만 자일리톨 껌은 충치 예방이라는 웰빙 USP를 갖고 오며 시장을 공략하였다.

오리온도 기존과 다른 Fun이라는 새로운 제품 카테고리를 도입하며 자일리톨 업체들이 천편일률적으로 강조하고 있는 자일리톨, 녹차성분 강화, 유산균 함유량 등을 내세우기보다는 Fun이라는 속성을 강조하며 소비자들에게 접근하고 있다. 타사와 별다른 구별점을 갖지 못하는 제품들의 경우 경쟁이 치열해지는 시장에서 살아남기 위해서는 제품 본연의 속성에 차별을 두기보다는 다른 속성으로 접근하는 것이 오히려 유리한 전략이 된다. 또한 그 제품이 전문품이 아닌 편의품일 경우 그러한 효익은 더욱 큰 성과로 나타난다.

타사와는 다른 시각에서 제품을 접근하는 생각의 전환이 2위 기업이 거대 1위 기업을 이길 수 있다는 킬링자이언트의 저자인 스티븐 데니의 말처럼 '어느 순간 쥐가 코끼리를 쓰러뜨리는 날'을 기대해본다.

참고문헌

김용준(2011), China marketing, 서울: 박영사.

김용준·권지은·박주희·이준훈(2007), 중국 소비자의 라이프스타일에 관한 실증연구: 북경, 상해, 광주 소비자 비교를 중심으로, 마케팅연구.

머니투데이(2012), 롯데·크라운제과는 왜 중국서 실패했나?

오리온사 홈페이지: http://ir.orionworld.com/

오픈타이드 차이나.

한충민(1999), 중국 진출 한국 기업의 마케팅 성공 사례 연구, 경영학연구.

Kim, Young Jun. and Zheung Wang.(2012), Nongshim: Distributing Korean Spicy Flavor in China, KBR.

Chindia Journal(2007), 세계 수준 중국회사 지향하는 오리온 차이나, 2007년 8월.

Fortune Korea(2012), 시진핑의 중국 그리고 한국 기업의 대응.

Kotra global window(2010), 중국 껌, '씹고 뜯고 맛보고 즐기고', 마케팅현장르포.

LG 주간경제(2011), 대 중국 브랜드 전략.

2

친족문화와 대기업의 조직구조

- 대만 기업집단의 사례를 중심으로 -*

李宗榮** · 江斐琪***

Ⅰ. 머리말

최근의 근 20년간, 경제학적 연구에서든 경영학적 연구에서든 간에, 전 세계 기업형태 중에서 절대다수를 점하는 것은 가족기업인 것으로 나타났다. 이른바 전문경영인이 주도하는 기업이란 것은 실제로는 영국·미국의 특수 현상이다(La Porta 등, 1999). 이 때문에 많은 학자들은 각각의 제도적·사회적 환경 속에서 가족기업이 받는 영향을 이해하기 위해 점점 더 많은 노력을 기울이고 있다. 그래서 가족기업에 대한 연구는 최근 학계의 주요 추세가 되고 있다(Classens 등, 2000). 그중에서 중국인 가족기업에 관한 연구는 이제 막 발전하고 있다. 중국의 독특한 문화적 전통 때문에 그동안 중국 기업의 소

---

* 본 논문은 2012년 6월 8일 현대중국연구소 주최 국제학술심포지움에서 발표된 논문임.
** 대만 中央研究院 社會學研究所 부연구원.
*** 대만 中央研究院 社會學研究所 박사후 연구원.

유 및 경영은 가족을 주축으로 이루어졌다. 특히 기업 설립단계에서 가족·친족의 자금·인력·노력의 결합은 중국인 경제에서 매우 중요한 요소다. 이처럼 가족을 핵심으로 하는 조직형태는 수십 년간 학자들의 광범위한 연구대상이 되었다. 이런 조직 형태는 해외의 화교사회에서도 성행했다. 예컨대, 대만·홍콩·싱가포르뿐만 아니라, 화교가 소수민족인 말레이시아·태국·인도네시아 등에서도 화교 가족들이 주요 경제활동을 장악하고 있다. 최근 경제가 급성장하는 중국대륙에서는 주요 대기업들이 여전히 국가의 강력한 규범과 통제 하에 있지만, 민영 기업들이 급속도로 생겨나고 있으며 가족기업의 형태도 20년간 급속도로 발전하여 초기적 형태를 갖추고 있다. 가족기업은 현재의 중국인 경제에서 하나의 현저한 특징을 이루고 있다.

중국인 경제의 발전 속에서 대만 기업들은 여전히 가족을 주요 지배 형식으로 삼고 있다. 또한 대만 기업은 동아시아에서 보편적인 기업집단의 형태를 갖추고 있다. 중국인 경제를 연구하는 많은 동아시아 경제학자들은 중국인 가족주의는 대만 경제에서 중요한 특징이라고 생각하고 있다. 특히 기업 내부의 소유권 및 경영권의 분배나 기업의 대외확장 전략 속에서 가족 구조와 친족 연계는 이러한 활동을 규정하는 핵심 요소의 역할을 할 것이라고 생각하고 있다(Wong, 1985; Hamliton·Kao, 1990; 陳其南·邱淑如, 1984). 가족주의란 것은 기업 조직이 친족관계의 전통적 규범에 의거하는 것을 말한다. 이런 규범 하에서 기업은 주로 창업자를 핵심으로 하는 가부장적 권위에 의해 지도 혹은 통제되고, 자녀 세대는 아버지 세대의 기업자산을 승계할 권리를 갖는다. 창업자는 가산이 최종적으로 자녀들에게 돌아갈 것을 알기 때문에, '분가별'이라는 중국인 친족문화의 규범 하에서, 가산을 각각의 독립 회사로 분할할 준비를 한다. 학자들은 이런 사회문화로 인해 대만 기업이 가족집단에 예속되는 중소형 기업 위주가 되었다고 생각한다. 또한 대만 경제가 국제 주문에 적응하는 과정에서 다양한 환경 속에서 성장했다는 점은, 기업으로 하여금 투기의 다각화를 지향하는 발전전략을 채택하도록 만들었다. 이런 환경 속에서 기업군은 수직적으로 서열화한 기업들을 보유하게 되었고, 개별 기업 간의 사업적 연관성은 느슨해졌으며, 가족 내부의 친족관계를 바탕으로 기업집단을 구성하게 되었다. 학자들은 이처럼 신뢰할 만한 가족을 통해 협조·지배하고 경영·관리하는 조직 형태는 해외 수출을 위주로 수시로 변동하는 시장에 쉽게 적응할 수 있을 뿐만 아니라 기업 자체의 발전에도 유익하다고 판단하고 있다(Hamilton, 1997; Greenhalgh).

역사발전이라는 측면에서 볼 때, 대만경제의 발전은 기업집단이 신속히 확장하는 방법을 보여주었다. 초창기 대만 집단기업의 핵심 업종은 전통적인 제조업이었으며, 가족을 위주로 한 기업들은 국가의 정책적 보호와 지원 속에서 안정적인 발전을 이룩했다. 1990년대 이후로 전자산업 및 서비스업이 차지하는 비중이 점차 커지고 있다. 특히 1990년대에 대만 경제는 정치·경제적 변화와 개방을 겪었다. 시장자유화로 인해 조직·자원이나 정경관계가 양호한 집단기업이 성장했다. 전통적 제조업에 종사하던 집단들은 합종연횡의 투자전략을 통해, 정부가 정책적으로 개방한 신흥 업종에 진입했다. 현재, 여러 업종을 겸할 수 있고 지속적으로 성장할 수 있는 대규모 종합 집단기업들이 이미 대만 경제의 주력이 되었다. 대만 경제가 대형 집단들에 의해 장악되었다는 사실은, 중소기업을 대만 경제의 원동력으로 보던 과거 일반인들의 시각과 배치된다. 1970년대 및 1980년대에 상위 100대 집단의 총매출액 규모는 국민총생산의 30% 정도를 점했다. 그런데 1990년대 말에는 그 비율이 70%에까지 도달했다. 2007년에는 국민총생산의 137%에까지 도달했을 정도다. 한편, 같은 기간에 정부 부문의 비중은 국민총생산의 17.4%로 떨어졌다(瞿宛文·洪嘉瑜, 2002; 中華徵信所, 2008). 이런 집단들은 단일 가족이나 핵심 가족이 통제하는 회사이거나 아니면 여러 가족이 합작한 것이다. 1980년대 초기에 상위 97개의 집단기업 중에서 87%인 84개 집단은 가족에 의한 지분 소유라는 특성을 명확히 갖추었다(彭懷眞, 1989). 2007년에 상위 100대가족집단 중에서 가족적인 조직이라고 명확하게 말할 수 있는 것은 여전히 62개였다(中華徵信所, 2008). 62개 가족집단의 총매출액은 11조 5,370억 타이비로서, 상위 100대 집단 총매출액의 65.2%이자 국민총생산의 89.1%를 차지한다(中華徵信所, 2008: 288). 이 같은 수치는 가족집단들의 강력한 영향력을 반영하는 것이다. 그러나 기업사 학자인 A. D. Chandler 같은 사람들은 경제발전 및 경영현대화에 따라 가족 구성원이 종국에는 전문 경영인에게 밀릴 것이라고 말한다(Chandler, 1990).

가족기업의 성공은 대만 경제가 선진국 경제의 발전 모델을 보여준다. 그러나 대만의 역사적 경험은 하나의 중요한 문제를 제기했다. 경쟁이 날로 치열해지는 세계화 경제 속에서, 기업조직이 점차 대형화하는 추세 속에서 가족의 지배가 과연 유지될 수 있을까? 기업의 조직구조에 담긴 전통적 가족문화가 계속 유지될 수 있을까? 특히 동아시아 경제에서 기업은 모두 집단기업의 형태로 운영되고 있으며, 이러한 집단조직은 각종 소유권 및 경영권의 배분과 관련되어 있다. 그중 피라미드식의 다층적 지배는 가족집단기업의 조직 형태 속에서 자주 발견된다(Almeida·Wolfenzon, 2006). 예를 들면, 이러한 조직 구조에서 가족 성원들은 A회사를 통해 B회사를 소유할 수 있고, 다시 B회사를 통해 C를 소유할 수 있다. 이 같은 연쇄적인 지분 구조는 상대적으로 적은 자본금으로 지주회사의 지배권을 확보할 수 있다는 장점을 갖고 있다. 많은 자무학자들은 이 같은 현금 흐름과 지배권 간의 금액 차이가 지배 가족이 소수 주주를 침탈하는 데 기여하고 있다고 말하지만, 피라미드식 통제수단은 여전히 아시아 대형 가족기업의 조직 형태라고 할 수 있다. 그 외의 장점으로는, 실제적인 통제수단이 대중들에게 잘 포착되지 않는다는 점이다. 이것은 가족 내부의 다층적 통제수단에 대해 더욱 더 신비스럽고 불투명한 인상을 부여한다.

이 글은 시험적인 논문이다. 오늘날 대만의 대기업에서 가족이 어떻게 계속해서 통제권을 유지할 수 있는지를 검토하고자 한다. 기업 대형화의 추세와 날로 복잡해지는 지배구조 속에서 가족기업은 어떤 종류의 전통적 친족문화를 나타낼 것인가? 예전에 경영관리학자들은 다층적 지배구조를 재무구조라는 측면에서 검토했지만, 다층적 구조 속의 친족관계가 피라미드식 구조에 미치는 영향은 어떠할 것인가? 이에 관한 연구는 그다지 많지 않다. 이 글은 이에 관한 실증에 도움이 될 만한 자료를 제공하고자 한다. 이 글은 2008년 현재 대만 대형 집단기업의 소유권에 관한 분석을 위주로 한다. 각 집단기업 가족성원의 정보를 비교·대조하고 대만 대형 집단기업에서의 친족의 현상을 검토하고자 한다. 이 글의 핵심 쟁점은 다음과 같다. 대만의 대형 가족집단기업에서 가족 지배는 어떤 특색을 띠고 있는가? 경영관리학자나 재무학자들의 소유권 지배에 관한 재무지표와 비교할 때, 이 연구는 가족성원의 친족유형에 집중하고 있다. 복잡한 피라미드식 다층 지분구조 속에서 가족의 핵심성원이 다른 계열의 친족과 함께 지주회사 및 자회사의 이사회·감사회에서 가족적 지배를 어떻게 확보했는지 살펴보고자 하는 것이다. 현재 대만의 대형 집단기업에서 특징적인 피라미드식 다층 지분은 비상장 투자지배회사에 의한 것이다. 법인이 보유하는 방식을 통해 집단 내의 상장 지주회사와 비교적 유명한 회사를 통제한다. 이런 방법은 상층을 차지한 법인회사가 모호한 모습을 띠도록 했다. 막후에서 이루어지는 복잡한 지배에 익숙한 가족에 관해 말하자면, 피라미드식의 각 단계는 가족적 지배의 다양한 측면을 반영하는 것인가? 예컨대, 친족 유형혹은 촌수의 배분은 다른 것인가? 이러한 문제들에 대해 본문에서 순차적으로 답변하고자 한다.

Ⅱ. 자료, 표본과 분석과정

이 연구의 표본은 中華徵信所가 출판한 『2008년 대만지역 집단기업 연구』에 수록된 집단기업이다. 여기에다가, 가족적 지배의 명확성을 근거로 李宗榮의 2011년 연구에 나타난 31개의 유명 가족집단기업을 중심으로 표본을 만들었다. 표본 문제에 대해 말하자면, 가족적 지배를 받지 않는 집단기업도 많기 때문에, 이 연구에서 제시한 31개 집단이 대만 전체 집단기업을 완전히 대표하는 것은 아니다. 이 연구는 가족적 지배가 명확히 드러난 집단들에 관한 것이다. 이러한 집단들은 대개 역사가 오래되었으며, 전통산업이나 금융업을 위주로 하고 있다. 또 이전에 과점 혹은 독점경영을 한 전력이 있고 정경관계와 기업 네트워크 측면에서 비교적 적극적으로 활약하고 있다.

간략히 말해서, 이들은 대만 경제에서 매우 유명한 가족집단이며 대만 가족기업의 성공과 발전을 대표하는 그룹이다. 이 31개 집단기업과 관련된 배경과 자료에 관해서는 <표 1>을 참고하기 바란다.

31개 집단기업의 표본 목록을 통해 집단 내의 주요 상장 기업의 이사·감사 명단을 추출함으로서 각 집단기업의 이사회·감사회가 친족관계로부터 어떤 영향을 받고 있는지를 검토했다. 앞에서 언급한 바와 같이, 집단기업은 통상적으로 피라미드식 형태와 다층적 지배를 통해 기업을 통제하고 있다. 이 때문에 주요 상장사(지주회사 혹은 핵심 회사)의 이사회나 피라미드의 상층부에 있는 회사의 이사회를 대상으로 친족 유형 및 촌수를 각각 분석했다.

<표 1> 기업집단의 친족 동원 비중

순위	명칭	주력업종	핵심인물	설립연도	자산규모 (百萬元)	자산순위
1	太電	電線及電纜	苑竣唐	1957	30407	107
2	台玻	玻璃	林玉嘉	1964	50781	78
3	萬海	水上運輸、造紙	陳朝傳	1965	103318	54
4	南紡	棉紡紗	吳昭男	1955	96118	57
5	永豐餘	造紙、金融	何壽川	1950	1211483	11
6	華新	電線及電纜	焦佑倫	1966	372977	25
7	新光金	金融	吳東進	2002	1637204	9
8	嘉泥	水泥	張永平	1954	36941	97
9	太子	建築	莊南田	1973	1200	n/a
10	華南金	金融	林明成	2001	1674573	8
11	國泰金	金融	蔡宏圖	2001	3489238	1
12	台塑	石化	王永慶	1954	2127873	6
13	大同	家電	林蔚山	1950	333907	31
14	台新金	金融	吳東亮	2002	2332619	3
15	中信銀	金融	辜濂松	1966	2183360	5
16	大眾銀	金融	陳建平	1992	388683	24
17	富邦保	金融、保險	蔡萬才	1961	1979043	7
18	台泥	水泥	辜成允	1950	213413	43
19	康和	金融	鄭大宇	1990	6918	n/a
20	歌林	家電	李學容	1963	33607	101
21	寶來	金融	白文正	1988	95306	59
22	金鼎證	金融	張平沼	1988	81883	67
23	元京證券	金融	杜麗莊	2002	573763	17
24	安泰銀	金融	林堉璘	1993	401826	22
25	東元	電子零組件製造	黃茂雄	1956	86062	66
26	聯邦銀	金融	林榮三	1991	389590	23
27	精英	電腦組件	林郭文艷	1987	43310	85
28	日盛	金融	蔡淑媛	2002	27748	n/a
29	彰銀	金融	張伯欣	1947	n/a	n/a
30	味王	食品	穎川建忠	1959	7806	270
31	開發金	金融	林誠一	2001	371716	26

친족유형과 촌수의 차이를 밝혀내고 피라미드식 지배의 각 단계에서 나타나는 차이를 규명하는 것이 이 글의 목적이다. 친족유형의 규정과 촌수의 계산이 일관성을 띠도록 하기 위해 집단기업의 핵심인물을 우선적으로 선정했다. 이 작업을 위해, 위에 언급한 『2008년 대만지역 집단기업 연구』의 명단에 열거된 핵심인물 등을 주로 참고했다. 이러한 핵심 인물들은 통상적으로 집단기업의 이사장이거나 핵심 지배자 혹은 경영자다. 가족 내에서도 가장 높은 연장자이거나 아니면 가부장적 지위를 갖고 있다.

현재 대만 가족집단기업에서 주요 상장기업은 거의 다 투자회사라는 법인 형식으로 피라미드식 지배를 가하고 있다. 이 때문에 비상장 투자기업 내부의 가족지배 실태를 어떻게 확인하느냐가 관건이다. 주로 참고하게 될 『經濟部 商業局 – 희사·지사 기본자료 조사 시스템』은 이들 투자지배회사들의 이사·감사에 관한 자료를 제공하고 있다. 이 외에, 각 집단의 가족 지배 실태를 파악하기 위해 각 지배가족의 구성원 명단을 반드시 확보해야 한다. 위의 『2008년 대만지역 집단기업 연구』에 제시된 「집단친족표」나 역사작가 陳柔縉의 『총통의 친족』에 제시된 수십 개의 주요 정·재계 가문의 족보 및 친족관계가 이런 자료들을 제공한다. 부족할 경우에는 『상업주간』이나 『財訊』 같은 주요 재경 잡지의 인물 보도에서 자료를 보충하고, 그 외의 것은 가족 성원들이 그동안 발표한 부고 자료에서 참고하도록 한다. 이렇게 함으로써 각각의 피라미드 구조에 있는 이사회 성원과 집단 핵심인물의 친족유형 및 촌수를 판별하기로 한다.

2.1 한족 친족유형

　기업의 이사회·감사회에서 각각의 친족 유형이 점하고 있는 비율을 검토하기 위해, 먼저 6개의 친족 유형을 구분하고 관련 수치의 통계를 산출하기로 한다. 친족 유형은 핵심인물 본인, 핵심인물의 배우자, 핵심인물의 직계혈족(부자·부녀·모자·모녀 등), 핵심인물의 방계혈족(형제·사촌형제·숙질 위주의 관계), 핵심인물의 직계인척(장인·장모·사위·며느리 등), 핵심인물의 방계인척(형제자매·외사촌·사촌·숙부·백부·외삼촌의 배우자 또는 여기서 파생된 관계)으로 나뉜다.

　각각의 친족유형을 고찰하는 데는 학술적 의의가 있다. 한족 친족과 관련된 과거의 연구는 주류의 족보이론의 영향 하에서 대개 多宗親이나 부계에 치중한 연구였다(이것은 이 연구에서 직계·방계 혈족에만 속하는 것인 데다가 남자 가족에만 관한 것이었다). 이 같은 과거의 연구경향에서 관심을 끈 것은 부계 계보의 연속과 혈연 중시 문화가 중국인 기업의 성장에 어떤 영향을 주는가 하는 주제였다. 그러나 기업 조직에서는 非부계의 친족도 동원되곤 한다. 실제로, Freedmanm, Rubie Watson, Bernard Gallin 같은 연구자들은, 비록 종족·부계를 위주로 연구할지라도 인척관계의 중요성도 놓치지 않고 있다. 그러나 부계냐 인척이냐는 현대 기업에서 비교적 중요한 문제이며, 이에 관한 정답은 아직 없는 실정이다. 이 외에, 친족 동원 속에는 원근·친소의 개념도 담겨 있다. 인류학자 費孝通(1991)은 '차등 구조'라는 유명한 개념을 통해 한족 가족 간의 관계 및 상호작용을 묘사했다. 차등구조의 논리는 혈연적 원근을 기준으로 인정이 작용하는 범위를 정하는 논리다. 대만 기업집단의 친족형태 및 촌수를 검토한 뒤에 이러한 차등구조의 논리를 검토할 수 있다.

2.2 주주 구조 속의 친족유형 분포

<표 2>는 관련 자료의 비교·대조를 통해 31개 집단기업 이사회의 핵심 인물의 친족관계를 추출한 후에 작성한 통계표다. <표 1>에서 우리는 몇 가지의 중요한 수치를 찾아냈다. 우선, 31개 집단기업의 주력 상장회사에는 26곳(33.8%)의 핵심인물이 이사회에 포진했고, 그중에서 여성 3명을 제외하고 나머지 28명은 모두 남성이다. 이것은 한족의 가부장적 문화와 대략적으로 일치한다. 가족 내에서 최상위인 인물이나 기업의 간부급 핵심인물은 일반적으로 회사 내의 중요한 위치에서 빠지지 않았다. 다음으로 중요한 관계는 직계혈족이다. 이 유형의 동원은 핵심인믈 본인을 제외하고 전체 친족관계에서 가장 많이 나타나는 유형이다. 31개의 집단 속에서 19곳(61.3%)은 직계혈족을 동원했다. 다음으로는 방계혈족이다. 31개 집단 중에서 17곳(54.8%)은 방계혈족을 이사회에 앉혔다. 다음은 방계 인척이다. 31개 집단 중에서 8곳(25.8%)이다. 친족유형 중에서, 이사회에 가장 적게 동원된 것은 직계인척이다. 31개 집단 중에서 단지 3곳(9.7%)만이 직계인척을 핵심기업의 이사회에 포진시켰다. 이러한 수치는 명확한 의미를 담고 있다. 집단기업의 지배 장치에서 부계혈족이 인척보다 중요하다는 것이다. 본인을 제외하고 직계혈족·방계혈

〈표 2〉 3개 가족집단기업의 이사회 및 감사회 의석과 친족의 점유 실태

	친족점유 의석	전체의석	본인	부인	직계	방계	직계인척	방계인척	합계
太電	7	9	1	0	0	0	0	0	6
台玻	9	12	1	1	7	0	0	0	0
萬海	7	10	1	0	2	4	0	0	0
南紡	18	26	1	0	0	2	0	2	13
永豐餘	7	11	1	1	1	2	0	2	0
華新	10	16	1	0	2	5	0	2	0
新光金	12	20	1	0	2	4	0	1	4
嘉泥	6	11	1	0	1	2	0	2	0
太子	8	20	1	0	0	0	1	4	2
華南金	6	18	1	0	1	0	0	4	0
國泰金	3	9	1	0	0	2	0	0	0
台塑	6	18	0	0	1	2	1	2	0
大同	5	16	1	1	1	2	0	0	0
台新金	3	10	1	0	0	1	0	1	0
中信銀	3	10	1	0	0	1	1	0	0
大眾銀	5	17	1	0	3	1	0	0	0
富邦保	2	7	0	0	1	1	0	0	0
台泥	5	18	1	0	0	1	0	3	0
康和	6	22	1	1	0	4	0	0	0
歌林	3	13	1	0	1	0	0	1	0
寶來	4	18	1	1	1	1	0	0	0
金鼎證	2	10	0	0	1	1	0	0	0
元京證券	3	16	1	0	1	0	0	1	0
安泰銀	2	11	1	0	1	0	0	0	0
東元	3	17	1	0	0	0	0	0	2
聯邦銀	2	12	0	1	1	0	0	0	0
精英	2	13	1	1	0	0	0	0	0
日盛	2	18	0	1	1	0	0	0	0
彰銀	2	20	1	0	1	0	0	0	0
味王	1	17	1	0	0	0	0	0	0
開發金	1	22	1	0	0	0	0	0	0

족이 차지한 비중은 방계혈족이나 배우자 및 직계인척처럼 혼인을 매개로 형성된 관계보다도 훨씬 더 높다.

친족 동원의 빈도에 관해 이야기하면, 방계혈족 혹은 인척이 통상적으로 직계혈족이나 인척의 횟수보다 높다는 것이다. 예컨대, 표에서 臺玻(9명의 식별 가능한 친즉 속에서 7명이 직계혈족)의 특별한 경우를 제외하고 나머지 회사의 직계혈족 동원 횟수에 관해 말하면, 일반적으로 이 모두가 방계혈족보다 낮다는 점이다. 이것은 형제·사촌형제·외사촌형제 관계처럼 횡적인 방계친족 때문이다. 이런 경우는 직계친족에 비해 수치가 높다. 마찬가지로, 직계인척의 동원 횟수는 일반적으로 방계인척만 못하다. 친족유형 외에 촌수라는 개념을 통해 동원 대상과의 원근관계를 파악할 수 있다. 친족관계에서 본인과 배우자의 촌수는 0이다. 이것은 촌수의 거리가 없음을 의미한다. 앞의 표에서 그런 상황을 설명한 바 있다.

<표 3>에서 직계혈족 방면에서 직계 1촌의 비율이 가장 높아서 전체 직계혈족의 90%를 차지한다는 점이 드러난다. 앞에서 언급한 바와 같이, 직계혈족도 대만 대형 가족집단기업에서 가장 중요한 친족 유형이다. 바꿔 말하면, 자녀나 부도는 대만 대형 가족집단의 지배구조에서 가장 중요하고도 브편적인 친족유형이다. 촌수 외에도 이 표에서는 아들·딸·아버지·어머니·손자 같은 호칭도 나타난다. 통계 자료에 따르면, 직계비속 아들의 동원이 절반을 차지하고, 다음은 직계비속 딸의 동원(29%)이다. 어머니의 동원도 적지 않아서 전체 직계혈족 중에서 13%를 차지한다. 반면, 아버지의 동원은 7%에 그치고 있다. 손자의 동원은 부친의 동원에 비해 약간 높을 뿐이

다. 전체 직계혈족의 10%다. 성별 차이도 수치상으로 나타난다. 통상적인 이사회·감사회에 남자가 진입하는 비율은 여성의 경우보다 높다.

<표 3> 집단기업 지주회사에서의 직계혈족과 촌수

	업종	직계(IF)	촌수1	촌수2	아들	딸	부친	모친	손자
永豐餘	Manufacturing	1	1		1				
華南金	Financial	1	1		1				
大眾銀	Financial	3	3		1		1	1	
大同	Manufacturing	1	1					1	
新光金	Financial	2	2			1		1	
安泰銀	Financial	1	1			1			
台塑	Manufacturing	1	1			1			
富邦保	Financial	1	1		1				
歌林	Manufacturing	1	1		1				
華新	Manufacturing	2	2				1	1	
萬海	Manufacturing	2	2		1	1			
嘉泥	Manufacturing	1	1		1				
台玻	Manufacturing	7	4	3	3	1			3
元京證券	Financial	1	1		1				
聯邦銀	Financial	1	1		1				
寶來	Financial	1	1		1				
金鼎證	Financial	1	1		1				
日盛	Financial	1	1			1			
彰銀	Financial	1	1		1				
Total		30	27	3	15	6	2	4	3
%			90	10	50	20	7	13	1

방계혈족 분야에서 방계 2촌의 비율이 가장 높다는 점은 놀랄 일이 아니다. 이것은 방계혈족의 동원이 핵심인물의 형제자매를 위주로 한다는 것을 의미한다. 다음으로 방계 3촌(핵심인물의 고모·숙부·백부·이모·외삼촌)이 33%를 점한다. 방계 4촌(사촌형제·외사촌형제)은 17%를 차지한다(<표 4> 참조). 이 외에도 <표 5>는 방계인척 중에서 2촌이 전체에서 가장 높은 유형(44%)을 차지한다는 것을 명확히 보여주고 있다. 방계인척의 2촌은 통상적으로 형제자매

<표 4> 집단기업 지주회사에서 방계혈족과 촌수

	업종	친족 숫자	촌수 2	촌수3	촌수4
永豐餘	Manufacturing	2		2	
國泰金	Financial	2	1	1	
台泥	Manufacturing	1	1		
大眾銀	Financial	1	1		
台新金	Financial	1	1		
南紡	Manufacturing	2	2		
大同	Manufacturing	2	2		
新光金	Financial	4		2	2
台塑	Manufacturing	2		2	
富邦保	Financial	1	1		
中信銀	Financial	1			1
華新	Manufacturing	5	4	1	
萬海	Manufacturing	4	2	2	
嘉泥	Manufacturing	2	1	1	
寶來	Financial	1	1		
金鼎證	Financial	1	1		
康和	Financial	4		1	3
Total		36	18	12	6
%			50	33	17

의 배우자로서 한족 사회에서는 매우 가까운 가족이다. 다음으로는 방계인척 4촌(32%)으로서 이러한 친족은 통상적으로 사촌·외사촌 형제자매의 배우자다.

이상과 같은 친족유형의 촌수 분포로부터 일관된 경향을 발견할 수 있다. 촌수가 가까우면 등용될 기회도 그만큼 높다는 점이다. 분명한 점은, 가족이 지배권을 공고히 할 때도 신뢰관계의 친소원근이 구성원 발탁의 척도가 된다는 점이다. 가까운 사람일수록 발탁될 가능성이 높은 것이다. 이상의 친족유형과 촌수를 종합하면, 대만의 대형 가족집단의 친족 분포에서 부계 혈족이 인척보다 일반적으로 더 긴밀하며 가까운 촌수가 먼 촌수보다 우세하다는 양대 논리구조가

〈표 5〉 집단기업 지주회사에서의 방계인척과 촌수

	업종	친족 숫자	촌수2	촌수3	촌수4	촌수5	미상
永豐餘	Manufacturing	2	2				
華南金	Financial	4	1	1	2		
台泥	Manufacturing	3	2		1		
台新金	Financial	1	1				
南紡	Manufacturing	2		1	1		
新光金	Financial	1				1	
台塑	Manufacturing	2		2			
歌林	Manufacturing	1					1
華新	Manufacturing	2	2				
嘉泥	Manufacturing	2	1		1		
太子	Building	4	1		3		
元京證券	Financial	1	1				
total		25	11	4	8	1	1
%			44	16	32	4	4

성립한다는 것을 알 수 있다. 이것은 한족 가족을 연구하는 인류학자들의 차등구조 원칙과 대체로 부합한다. 설사 다양한 촌수를 비교할지라도 직계혈족을 등용하는 횟수는 방계혈족을 등용하는 횟수보다 높다. 예컨대, 직계 2촌과 3촌은 방계 2촌 및 3촌 같은 유형보다 31개 집단에서 더 많이 등용되었다. 그러나 방계인척 4촌은, 방계혈족 4촌과 비교할 때, 비교적 많은 집단에서 등용되었다.

Ⅲ. 피라미드식 지배와 분가별 친족문화

가족집단기업의 피라미드식 지배수단을 좀 더 검토하기 위해, 4개의 유명 집단을 선택해서 세부적인 개별분석을 진행했다. 4개의 집단은 永豊餘・華南金控・新光金控・中國信託이다. 기업의 지주회사와 배후의 피라미드식 투자회사 때문에 성장 면에서는 커다란 차이가 있다. 앞의 것은 상장을 했을 뿐만 아니라 법규나 투자자들의 감독을 받아야 하기 때문에, 제도적인 측면에서 보다 높은 정당성을 갖추는 동시에 정식 조직의 형태를 분명히 갖추어야 한다. 그러나 피라미드식 투자 회사는 상장을 하지 않고 가족 개인이 소유한다는 분위기를 드러내지 않기 때문에, 대중과 시장의 감독을 크게 받을 필요가 있다. 여기서 검토하고자 하는 곳은 가족 성원의 배치가 피라미드식 지배의 단계에 따라 다르게 나타나는지 하는 점이다.

3.1 永豊餘集團

永豊餘는 대만에서 역사가 오래된 집단이다. 처음에는 전통적인 제지업을 위주로 했다가 나중에 경영·금융업인 금융집단으로 발전했다. 永豊餘集團의 양대 상장사는 永豊餘와 永豊金控이다. 永豊餘는 지주회사로 판단된다. 永豊餘는 2006년에 이사장이 전문경영인인 邱秀瑩으로 교체되었다, 하지만 그는 하씨가 아니다. 신용평가사에는 何壽川을 이 집단의 핵심인물로 파악하고 있다. 何壽川은 永豊餘集團의 창업자인 何傳의 차남이다. 何壽川은 위로 형인 何壽山(작고)이 있고, 여자 형제 다섯이 있다. 何壽川·張杏如 부부와 아들 何奕達은 信誼投資의 법인대표 자격으로 永豊餘 이사회에 들어갔고, 張杏如의 매부인 劉思誠은 信誼의 법인대표 자격으로 이사회에 들어갔고, 何壽川의 자형인 謝忠弼은 永豊紙業의 법인대표 자격으로 이사를 맡았다. 何壽川의 사촌형제인 何榮庭은 榮宗投資法人의 대표자격으로 이사회에 들어갔고, 何壽川의 형인 何壽山의 아들인 何星輝는 개인 자격으로 이사회에 들어갔다. 이러한 분포를 볼 때, 永豊餘는 何傳과 何義라는 두 집안 자녀들의 결합을 위주로 하는 가족기업집단이다. 永豊金控도 매우 유사하다. 다만 何傳 가계의 자제들만이 기업 이사회에 들어갔을 뿐이다. 그중에서도 何壽川 집안이 중심이다.

지주회사인 永豊餘紙業과 산하의 상장사인 永豊金控에서 드러난 것은 하씨 가족을 단위로 하는 상호작용이다. 그렇지만, 피라미드의 제2단계에 있는 법인을 보면 일정치 않은 발탁 유형을 볼 수 있다. 그림 아래에서 가장 왼쪽은 이 집단의 지주회사이고, 가장 오른쪽은 이 집단의 상장 자회사다. 두 회사 사이에는 각각의 법인이 있다. 녹색 화살표가 가리키는 것은 법인의 소유권이다. 그림의 위쪽은 何傳 및 何義와 연관된 친족 관계도이다. 붉은 선과 화살표는 친족이이 회사의 이사·감사를 맡고 있음을 뜻한다. 이 그림은 永豊餘集團의 법인이 각각 몇 개의 계통으로 통제되고 있으며, 제1단계의 지주회사가 여러 가족에 의해 이루어졌음을 보여준다. 이것은 何壽川 가계(부인인 張杏如와 아들 何奕達 포함), 何壽山 가계(아들 何星輝·何塤輝), 何壽山의 첩인 陳惠美와 그 형제자매, 何壽川의 사촌형제인 何榮庭의 가계를 포괄하고 있다. 친족 구성원에 관한 자료를 자세히 살펴보면, 각각의 법인 회사가 각각 1개의 가계에 단독으로 장악되어 있음을 알 수 있다. 예를 들면, 何壽川 가계가 주로 지배하는 것은 榮豊紙業과 上義文化이고 何壽山 가계(친생아·사생아 포함)가 주로 지배하는 것은 如海다. 何壽山의 첩인 陳惠美는 형제자매와 함께 제3단계 법인회사인 何世投資·何世인터내셔널을 통제하고 있다. 何榮庭 가계는 榮宗投資를 갖고 있다. 信誼企業은 何壽川 부부가 何壽川의 여동생들 및 何壽山의 친생자인 何星輝와 함께 갖고 있으며, 기본적으로 何傳의 후손들에 의해 이루어져 있다. 이로써, 이들 가계가 永豊餘集團 산하의 법인회사를 통제하고 있고 분명한 분업을 이루고 있음을 알 수 있다.

3.2 華南金控集團

華南金控集團은 대만에서 가장 오래된 금융집단이다. 그중에서
華南銀行의 설립은 戰前의 식민지 시대로까지 소급한다.

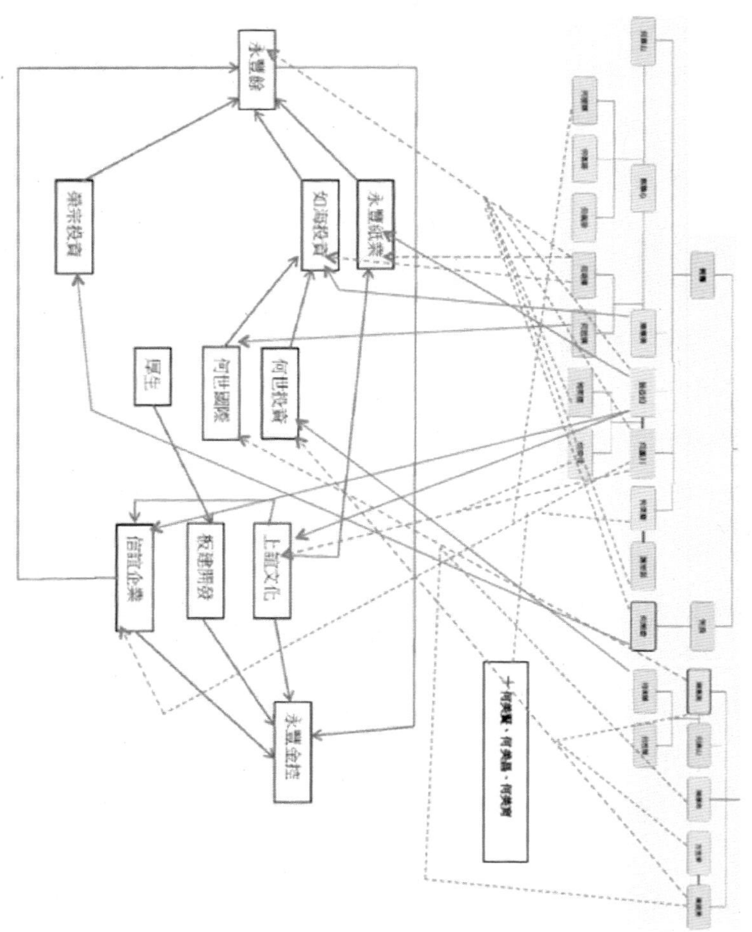

〈그림 1〉 永豐餘集團의 친족계보와 피라미드 구조

華南銀行 이사회는 臺灣銀行 및 財政部라는 양대 정부 출자자 대표 외에도 민간투자의 절대다수인 林明成의 친족들로 구성되어 있다.

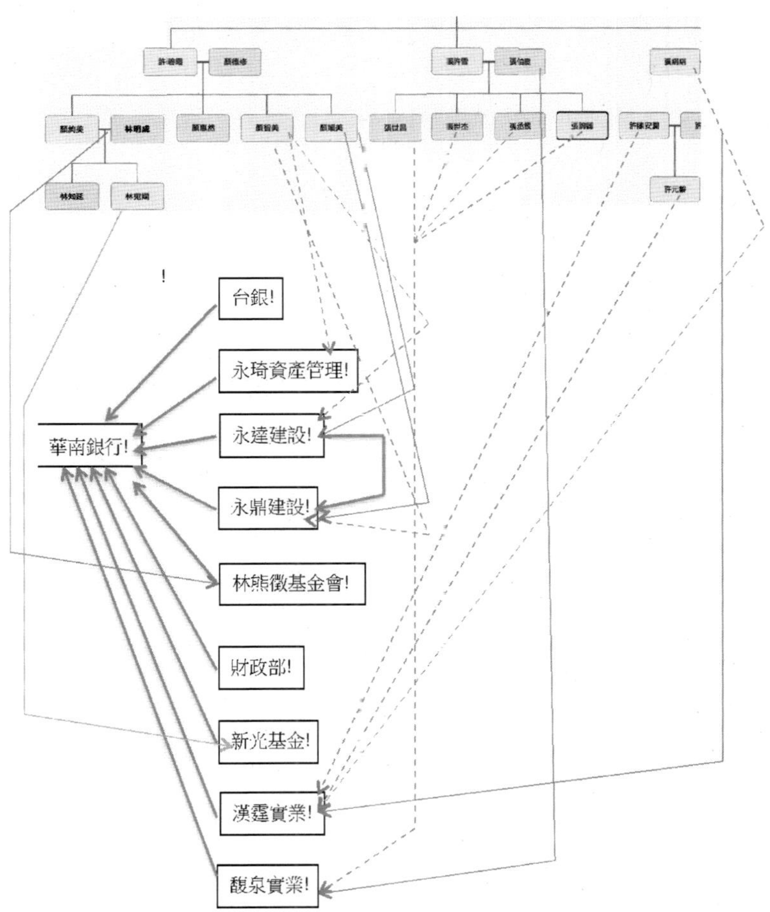

〈그림 2〉 華南金控集團의 친족계보와 피라미드 구조

林明成은 대만에서 저명한 板橋 임씨의 제7대다. 가족의 역사는 멀리 청나라 때로까지 소급되며, 이 가족은 청나라 때부터 지금까지 대만의 최대 지주다. 林明成은 林態徵基金會의 법인대표라는 자격으로 이사장을 맡고 있고, 아들인 林知延은 永琦資産管理法人의 대표 자격으로 이사를 맡고 있다. 林明成의 부인인 顔絢美의 오빠인 顔惠然은 永鼎建設의 법인대표 자격으로 이사를 맡고 있고, 顔絢美의 사촌형제인 許博偉와 사촌형수인 許陳安瀾(넷째 외삼촌 許敏惠의 아들 및 며느리)은 漢霆實業의 법인대표 자격으로 각각 이사를 맡고 있다. 顔絢美의 넷째이모인 張許雪은 馥泉實業의 법인대표 자격으로 이사를 맡고 있다. 바꿔 말하면, 기업집단의 지주회사인 華南銀行은 하씨·허씨·안씨·장씨 4대 집안에 의해 공동으로 운영되고 있는 것이다. 이 가족들은 모두 식민지시대로부터 지금까지의 유명한 政商 가족이다. 이러한 초가족적 협동경영은 제2단계 이상의 피라미드 지배관계가 되면 달라진다. <그림 2>에서 법인회사의 지배구조에서 林明成 가족을 제외하고 林明成의 처인 顔絢美의 자매, 이모 許雪의 가족, 외사촌형제인 許博偉 가계도 제2단계 법인회사를 각기 독립적으로 지배하고 있음을 알 수 있다. 그중에서 林明成 인척의 네트워크에는 基隆 안씨 후손인 顔絢美의 자매가 있고, 세 개의 법인회사(永琦資産·永達·永鼎)의 경영을 강력하게 장악했다.

3.3 新光金控集團

新光金控은 창업자 吳火獅의 장자인 吳東進을 핵심인물로 하는 집단 지주회사다. 吳東進 본인이 吳火獅文交基金會의 법인대표 자격으로 이사장을 맡고 있는 것 외에, 吳火獅의 차남인 吳東賢의 장자인 吳昕紘이 進賢投資法人의 대표 자격으로 이사를 맡고 있고 넷째인 吳東昇의 장자인 吳昕杰이 德富文敎基金會 법인대표 자격으로 이사를 맡고 있고 어머니인 吳桂蘭(吳火獅의 부인)가 新勝投資法人의 대표 자격으로 이사를 맡고 있다. 이 외에 吳東進의 첫째 큰아버지인 吳金龍의 장자인 吳東興은 新光三越法人의 대표 자격으로 이사를 맡고 있고, 吳東進의 작은아버지인 吳金虎의 장자인 吳東勝은 吳桂蘭과 마찬가지로 新勝投資의 법인대표 자격으로 이사를 맡고 있다. 이로써 볼 때, 新光金控 이사회는 원칙적으로 초가족적 연맹(吳火獅·吳金龍·吳金虎 가계)이 지배하는 곳인 셈이다. 이러한 현상은 집단 밖의 핵심 기업인 新光三越에서도 명확히 드러난다. 吳東興이 新光三越의 법인대표 자격으로 新光金控의 이사회에 참여하고 있는 점을 볼 때, 新光三越은 吳金龍의 가계를 중심으로 하는 기업임을 알 수 있다. 吳東興은 東興投資法人의 대표 자격으로 이사장이란 직책을 맡고 있고 장자인 吳昕達은 昕達投資法人의 대표 자격으로 이사를 맡고 있고, 둘째인 吳昕陽은 昕陽投資法人의 대표 자격으로 이사를 맡고 있으며 吳火獅 가계에서는 吳東進이 盈盈投資法人의 대표 자격으로 이사를 맡고 있고, 둘째인 吳東賢의 차남인 吳昕恩이 紘恩의 법인대표 자격으로 이사를 맡고 있으며, 셋째인 吳東亮이 博瑞의 법인대표 자격으로 이사를 맡고 있으며, 넷째인 吳東昇이 德岳實業法人의 대표 자격으로 감사역을 맡고 있으며, 吳金虎 가계 쪽에서는 장자인 吳東勝이 新光育樂法人의 대표 자격으로 감사역을 맡고 있다.

이 두 회사의 이사회 조직을 대조한 결과로 나타나는 특색 중 하나는, 주력 가계의 가부장이 이사회에 진입한 것 외에 자녀들도 이사회에 진입했다는 점이다. 新光金控에서는 吳東進의 장녀인 吳欣盈이, 新光三越에서는 吳東興의 장남인 吳昕達과 차남인 吳昕陽이 있다. 이 외에 吳東賢은 아들들(장남 吳昕紘은 新光金控, 차남 吳昕恩은 新光三越)을 지주회사의 이사에 앉혔다. 이러한 현상은 가족집단기업이 후계자 훈련의 필요성에서 자리를 배정한 결과라고 볼 수도 있다.

이 외에 <그림 3>에서 오씨 친족 계보와 新光金控集團 내의 회사들 간에 상호 연관이 있음을 볼 수 있다. 붉은 실선이 가리키는 것은 회사의 이사장이고, 점선은 이사회의 기타 직책이다. 新光集團의 법인 조직 안에서 두 종류의 이사회 구성방식을 볼 수 있다. A형은 吳東進 형제자매에 모친 吳桂蘭이 더해진 조합이고, B형은 제3세대 성원이 각각 가계 조합에 의거하여 이사회를 구성한 것이다. 특히 B형 조합에서 오씨 내의 각 가계의 성원들이 동일 법인회사의 이사회에 포진한 것을 볼 수 있다. 예를 들어, 新光三越의 최상위 지배회사인 東興投資의 이사장인 吳彭吟芳은 吳東興의 아내이고, 그의 세 아들은 각각 회사의 이사 혹은 검사역을 맡고 있다. 東興投資의 최상위 3개 법인은 昕陽·昕達·昕昌이고, 吳東興의 아들들인 吳昕陽·吳昕達·吳昕昌에 의해 이사장직이 점유되었으며, 이사장에 취임하지 않은 두 아들과 어머니 吳彭吟芳은 이사 혹은 검사역을 맡고 있다. 또 東賢投資를 예로 들면, 이사장은 吳桂蘭이고 吳東進・吳東賢은 각각 이사(혹은 검사역)를 맡고 있다. 그리고 進賢이라는 新光金控의 최상위 지배 법인에서는 吳東賢이 이사장을 맡고 있고 나머지 형제들이 이사・검사역을 맡고 있으니, 이것은 앞에서 지적한 바와 같이 A형 조합방식이다. 이 외에 吳東進 가문이 장악한 법인에는 盈盈投資와 新誠投資가 있다. 盈盈投資에는 吳東進과 처인 許嫻嫻만 참여하고 있고 新誠投資에서는 許嫻嫻이 이사장을 맡고 있고 아들인 吳昕東・吳昕儒가 이사를 맡고 있으며 吳東賢 본인은 검사역을 맡고 있다. 또 濟眞投資에서는 吳東賢의 처인 孫若男이 이사장을 맡고 있고 吳東賢의 자녀인 吳昕紘・吳昕恩・吳昕嬡가 각각 이사・검사역을 맡고 있다. 紘恩投資에서는 孫若男이 이사장을 맡고 있고 자녀들인 吳昕紘・吳昕恩・吳昕嬡가 각각 이사・검사역을 맡고 있다. 吳東亮 가계가 창립한 것에는 博瑞와 嘉浩가 있다. 두 회사에서는 모두 吳東亮의 처인 彭雪芬이 이사장을 맡고 있고 두 아들이 각각 중간 회사의 이사를 맡고 있고 吳東亮이 검사역을 맡고 있다. 誼廣實業에서은 吳東昇이 이사장을 맡고 있고 부인인 何幸樺와 두 아들이 이사・검사역을 각각 맡고 있다. 德岳實業에서는 何幸樺가 이사장을 맡고 있고 吳東昇이 이사를 맡고 있다.

A형 조합이든 B형 조합이든 간에, 분명한 것은 분가가 단위라는 점이다. 예컨대, 眞賢投資가 吳火獅 가족의 1대인 吳火獅 집을 단위로 하듯이, 제3・제4단계에서는 新誠이 吳東眞 집을 단위로 설립된 회사인 것처럼 제2세대로 구성된 집을 단위로 하고 있다. 濟眞・

紘恩은 吳東進이란 집을 단위로 하고 있고, 博瑞와 嘉浩는 吳東亮이란 집을 단위로 하고 있으며, 誼廣實業은 吳東昇이란 집을 단위로 하고 있다. 집은 아들을 계산 단위로 한다. 집을 단위로 하는만큼, 新光金控 법인에 吳火獅의 딸로 구성된 회사가 없는 것은 의외라는 느낌을 거의 주지 않는다.

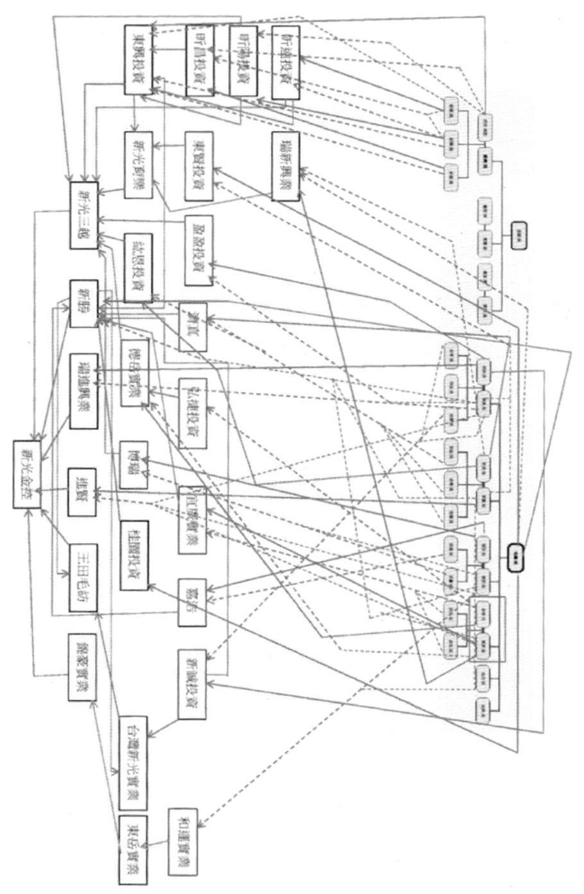

〈그림 3〉 新光金控集團의 친족계보와 피라미드 구조

3.4 中信金控集團

中信銀은 주로 中信金控에 의해 지배된다. 辜濂松은 신용평가기관의 추천에 의해 中信集團의 핵심인물이 되었지만, 이 집단의 핵심기업인 中信銀行의 이사회 안에서 辜濂松은 이사직을 겨우 유지하고 있을 뿐이다. 그 외에 맏사위인 陳俊哲과 외사촌형제인 顔文隆도 中信銀行에서 함께 이사직을 맡고 있다. 中信銀의 상위 법인은 中信金控이고, 中信金控의 상위에는 비교적 많은 법인투자회사가 있다. 辜濂松이 이사장으로 있는 中信金控에서는 辜濂松·顔文隆·蔡次之 같은 개인투자자 외에도 4개의 기업에서 추천한 법인대표인 仲成投資·亞洲畜牧企業·和業投資·寬和開發이 이사회를 구성하고 있다. 辜濂松의 사위인 陳俊哲은 仲成投資의 법인대표다. 여타 집단기업과 다른 차이점은, 辜濂松이 3남(辜仲諒·辜仲瑩·辜仲立)과 1녀(辜仲玉)를 길렀지만, 中信銀이든 中信金融이든 中信金控이든 간에 사위인 陳俊哲이 中信銀에 재직하는데도 불구하고 계속해서 중임을 맡고 있다는 점이다. 또 그는 仲成投資의 법인대표 자격으로 中信金控 이사회에 들어갔다. 이 외에, 中信集團의 경영에 크게 참여하는 인물르는 辜濂松의 외사촌인 顔文熙·顔文隆·顔文澤이 있다. 이 3명은 辜濂松 외삼촌의 자녀들이다. 이들은 中信銀의 이사회 경영에 참여하는 것 외에, 中信金控에도 많이 참여하고 그 산하에 있는 법인의 운영에도 참여한다(법인 참여는 顔文澤을 중심으로 한다. 4개의 법인 중에서 顔文澤은 세 곳인 寬和開發·仲成投資·和業投資의 감사역 혹은 이사를 맡고 있다). 만약 '분가별'이란 개념으로 돌아가서 살펴본다면, 中信集團

은 기본적으로 辜濂松 일가의 가업이고, 그렇기 때문에 그의 형제들 (예컨대, 辜濂淸이나 辜濂貞)의 참여를 결코 볼 수 없는 것이다. 이 외에 중신집단의 전체 가업이 여전히 辜濂松에 의해 안정적으로 장악되어 있는지라 분가의 상황이 불명확하기 때문에 법인과 분가가 무관한 상황이 출현할 수 있었던 것이다.

<그림 4>를 보면, 中信集團에 속한 상장사에는 中信銀行 외에도 國喬·中壽·中信金控이 있다. 녹색 화살표는 각 기업의 상호 주식보유 실태를 보여주고 있고, 붉은 화살표는 개인(혹은 가계)이 각각의 법인에 대해 갖고 있는 지분을 보여주고 있다. 그중 핵심인물인 辜濂松은 國喬·中壽·偉來라는 3개의 법인에 대해서는 아무런 지배력도 행사하지 못하고 있는 것으로 보인다. 그렇지만 상층부를 본다면 세 기업의 상위에 있는 투자사(松永投資를 통해 國喬에 대한 지배권을 얻고 寬和 및 仲冠을 통해 중수에 대한 지배권을 획득하는 등등)에 대한 통제를 통해 간접적으로 자회사에 대한 지배권을 갖고 있음을 알 수 있다. 이 외에도 <그림 4>를 보면, 辜濂松이 직접 지배하는 곳은 네 곳에 불과하지만, 외사촌인 顔文隆·顔文澤·顔文熙와의 합작을 통해 仲成·和業·仲冠을 장악하고 있고, 中信金控에 대해서든 中壽에 대해서든 심지어는 國喬에 대해서든 모두 상대적인 장악력을 가질 수 있다는 점을 알 수 있다.

이상의 몇몇 사례를 통해, 대만 가족집단기업 이사회의 운영 속에서의 가족의 분포 실태를 귀납적으로 추출했다. 통상적으로 볼 때, 상장사 지주회사에서는 집단의 핵심인 가부장이 이사장 혹은 이사·감사를 맡아 총지휘하고 있다.

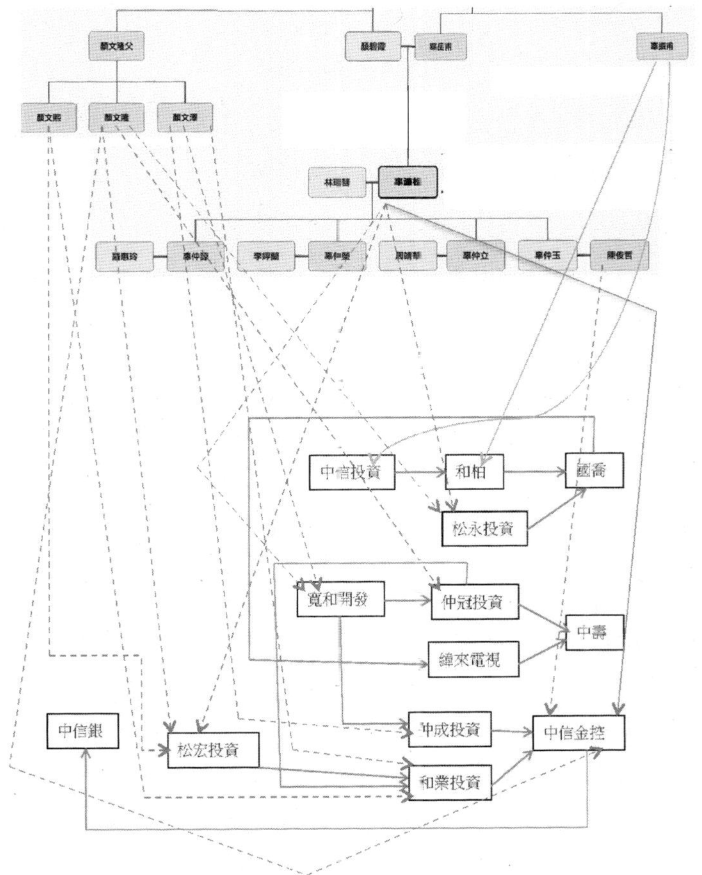

〈그림 4〉中信金控集團의 친족계보와 피라미드 구조

만약 집단이 단일 가족의 몇 개 계열로 구성된 경우라면, 회사 이
사회는 통상적으로 가족 내의 몇몇 계열의 협동적 연맹이다. 예컨대,
新光集團은 오씨 가족 중에서 吳火獅·吳金龍·吳金浩 가계의
연합이다. 만약 몇 개의 가족이 친족관계로 관련되었다면 華南金控

처럼 몇몇 가족의 상호 협동을 이루었을 것이다. 이 외에 여러 가계는 통상적으로 가부장을 중심으로 하고 있다. 어떤 경우에는 新光金控처럼 아래 세대가 지주회사 이사회에 운영에 참여하기도 한다.

지주회사라는 상층 지배회사의 이사회에서는 종종 다양한 운영방식이 나타난다. 지주회사 이사회의 초가계적 협동 운영과 비교할 때, 법인은 원칙적으로 단일 가계에 의해 단독으로 운영된다. 또 피라미드식 지배 구조의 상층부에서는 이러한 가계분화의 현상이 더욱더 명확해진다. 이러한 이사회는 개인이나 법인격 없는 단체에 의해 조직된 투자회사의 이사회로서, 거의 예외 없이 단일한 가계에 의해 구성되며, 이른바 '분가별'이라는 한인 친족 분가의 원칙에 의해 영향을 받고 있다. 이러한 원칙 하에서 각 자녀들은 모두 다 하나 혹은 2개의 주력회사를 갖고 있다. 이것은 이러한 운영의 전형이다. 그리고 '분가별'이란 논리는 주력 회사에서 각 집안에 속한 법인회사가 상호 연계되는 현상을 보여주고 가족과 집안 간의 교차 관계도 내포하고 있다.

이 외에 <표 6>은 지주회사와 피라미드 지배 회사의 친족 관계에 있어서의 차이를 보여주고 있다. 확실한 것은, 직계혈족 1촌은 주력회사의 이사회에 있든지 제2단계 법인기업의 이사회에 있든지 간에 가장 많이 동원되는 유형이라는 점이다. 지주회사에서의 수치와 비교할 때, 제2단계의 법인회사에서 직계 1촌(부모나 자녀) 및 방계 2촌(형제자매)의 동원 비중은 주력회사에서의 동원 비중보다 높게 나타난다. 피라미드식 지배구조에서 친족의 배치는 핵심가족을 위주로 하며, 핵심가족과의 관계가 보다 더 긴밀하다. 이것은 집단의 핵심인물이 피라미드식 간접수단을 통해 기업소유권을 강화하고 지배할 필요성에 부합한다.

〈표 6〉 집단기업 지주회사에서의 이사회 촌수 통계

촌수	방계인척	직계인척	직계혈족	방계혈족
1	−	3 (3.2%)	27 (29%)	−
2	11 (11.8%)	−	3 (3.2%)	18 (19.4%)
3	4 (4.3%)	−	−	12 (12.9%)
4	8 (8.6%)	−	−	6 (6.5%)
5	−	−	−	−
5+	1 (1.1%)	−	−	−

〈표 7〉 집단기업어서의 이사회 촌수 통계

촌수	방계인척	직계인척	직계혈족	방계혈족
1	−	3 (1.3%)	83 (36.1%)	−
2	22 (9.6%)	−	−	49 (21.3)
3	6 (2.6%)	−	−	24 10.4%)
4	17 (7.4%)	−	−	20 (8.7%)
5	1 (0.4%)	−	−	2 (0.9%)
5+	3 (1.3%)	−	−	−

Ⅳ. 맺음말

이 연구는 오늘날 대만의 대형 집단기업에 있어서의 고위 이사·감사의 친족 분포에 대한 분석을 통해 전통적인 한족 친족문화가 기업조직 안에서 발휘하는 영향력을 검토하는 데 목적이 있다. 분명한 것은, 기업조직이 확장하고 성장할지라도 전통적 가족기업은 지배권을 계속 공고히 하기 위해 새로운 전략을 취하기 마련이라는 점이다. 그러나 이 연구를 통해 대형 가족기업집단들이 여전히 농후한 가족적 특색을 띠고 있다는 것이 밝혀졌다는 점은 흥미롭다. 이 연구에서 다음과 같은 세부적인 사항이 밝혀졌다. 첫째, 대만의 대형 가족집단기업에서 가족 간의 지배권 배분은 부계 가족을 중심으로 이루어지며, 지주회사는 가부장적 부계의 권위를 보여줄 뿐만 아니라 가족성원이 결합하는 경우를 보여준다. 여성 성원이 드러나는 경우는 비교적 적다. 친족을 동원할 때, 통상적으로 인척보다 부계혈족을 더 많이 신뢰한다. 그러나 인척관계가 여전히 상당한 비율을 유지하고 있으며, 극단적인 친족론자들이 말하는 것처럼 순전히 부계 중심으로만 이루어진 것은 아니라는 점에 주목할 필요가 있다. 이것은 대만이 이민사회가 탄력성을 유지하는 곳이자 기업 주권이 강한 곳임을 반영한다. 이 외에, 이 연구에서는 기업의 친족 동원이 친소원근에 따라 차이를 나타내고 있으며, 촌수가 비교적 가까운 친족이 상대적으로 용이하게 동원된다는 점이 밝혀졌다. 또 피라미드식 지배구조에서 상층부에 있을수록 단일 가계의 성원이 중심을 이루며 상호 간의 촌수도 훨씬 더 밀접한 편이다. 피라미드식 지배와 법인투자사의 설립, 집단기업의 다층적 지배는 한족 친족이 분가별로 구성되었음을 보여주는 것이며, 가족이라는 각도에서 볼 때 각 법인의 통제권이 단일한 집안으로 집중되고 있음을 보여주고 있다.

참고문헌

李宗榮(2011), "台灣企業集團間親屬網絡的影響成因", 『台灣社會
　　學刊』, 第46期, 115－166.

李宗榮・朝元照雄譯(2010), "市場の中の血緣關係－－台灣におけ
　　る企業グループ間の親族ネットワークの考察", 渡辺利夫・
　　朝元照雄編, 『台灣経済讀本』, 95～130쪽, 日本東京: 勁草
　　書房.

陳其南・邱淑如(1984), 『企業組織的基本型態與傳統家庭制度』,
　　收錄於工.

商時報經營叢書小組編, 『中國式管理』, 工商時報叢書小組.

陳柔縉(1999), 『總統的親威: 台灣權貴家族』, 台北市: 時報文化出
　　版公司.

費孝通(1991), 『鄕土中國』, 香港: 三聯書局.

Chandler, A.(1990), Scale and Scope: the Dynamics of Industrial
　　Capitalism. Cambridge: Harvard University Press.

Claessens, S., Djankov, S. and Lang, L. (2000), "The separation of
　　ownership and control in East Asian Corporation", Journal of
　　Financial Economics, 58, 81－112.

Greenhalgh, Susan (1988), 'Families and Networks in Taiwan's
　　Economic Development', in Contending Approaches to the
　　Political Economy of Taiwan, edited by Edwin A. Winckler
　　and Susan Greenhalgh. Armonk, N.Y.: M.E. Sharpe.

Hamilton, Gary G. (1997), 'Organization and market process in
　　Taiwan's capital economy', in The Economic Organization of

East Asian Capitalism. Edited by Marco Orru, Nicole W. Biggart and Gary G. Hamilton. Thousands Oakes, CA: Sage.

Hamilton, Gary and Cheng Shu Kao (1990), "The Institutional Foundations of Chinese Business: The Family Firm in Taiwan", Comparative Social Research, 12, 95 — 112.

La Porta, Rafael, Florencio Lopez de Silanes, and Andrei Shleifer. 1999. "Corporate Ownership Around the World", Journal of Finance, 54(2): 471 — 517.

Wong, Siu — lun (1985), "The Chinese Family Firm: A Model", The British Journal of Sociology, 36, 58 — 72.

3

중국 기업문화, 리더십스타일 및
조직유효성 간의 관계에 관한 실증연구*

이상윤

요약

본 연구는 전통문화 유산, 중국기업 경영자 리더십, 중국 기업문화, 조직유효성 간의 관계 등에 대한 다자간 분석을 통해 깊이 있고 체계적인 연구를 진행하기 위해 북경시, 상해시, 산동성 청도시, 섬서성 서안시, 해남성 해구시 등 중국 5개 지역 기업을 대상으로 구조방정식 모형과 회귀분석을 통한 실증분석을 실시하였다.

본 연구는 유가사상, 도가사상, 리더십 스타일, 기업문화 및 조직유효성 간의 관계에 대하여 구조방정식 모형과 회귀분석을 이용한 실증분석을 실시하여 다음과 같은 결과를 보여주었다.

첫째, 전통문화 유산으로서 유교사상의 규범은 특히 중국 기업문

* 본 논문은 인적자원관리연구 제19권 제5호 95~118쪽에 게재된 논문임.

화 중 집단문화에 대해 정의 영향을 주는 것으로 나타났다. 둘째, 도가사상의 원형은 중국 기업문화 중 발전문화에 대해 정의 영향을 보여주었다. 셋째, 인자형 리더십, 도덕적 리더십은 기업문화 중 집단문화에 대해 정의 방향으로 영향을 보여주었다. 넷째, 발전문화는 조직유효성에 정의 영향을 주는 결과를 보여주었다. 다섯째, 도덕적 리더십은 조직유효성에 정의 영향을 주는 것으로 나타났다.

본 연구는 중국 전통문화 유산인 유가사상과 도가사상을 실증분석 모형에 포함시키고 유가사상, 도가사상, 리더십 스타일의 중국 기업문화에 대한 영향 및 이들 간의 관계, 이들 변수의 다자간의 관계의 조직유효성에 대한 영향을 분석해 봄으로써 기업문화와 리더십에 대한 입체적인 연구를 진행하였다.

핵심용어: 중국기업, 유가사상, 도가사상, 기업문화, 리더십

Ⅰ. 서론

글로벌시장에서 중국기업과의 경쟁과 협력이 치열하게 이루어지고 있는 현실에서 중국 현지 투자자 또는 중국 기업 연구자가 한국기업의 경쟁기업 또는 전략적 협력파트너로서 중국 기업의 경영관리 특성, 특히 기업문화와 리더십을 체계적으로 이해하는 것은 매우 중요하며 이는 경쟁과 협력의 성패에 직접적 영향을 줄 수 있는 요인이 될 수 있다. 이러한 의미에서 중국 기업문화에 대한 심도 있는 분석

과 연구는 상당한 의미가 있다고 할 수 있을 것이다. 최근까지 중국 기업 연구자들을 통한 중국기업의 조직행위 관련연구가 진행 중이지만 여전히 리더십과 기업문화의 유형화와 관련된 연구가 주류를 이루고 있다.

그중 기업문화 및 리더십의 유형화를 통한 연구는 복잡하고 동태적인 조직구조를 연구하고 비교하는 데 있어 장점을 가지고 있으나 리더십과 기업문화에 대한 역동적이고 심도 있는 연구에는 제약으로 작용할 수도 있을 것이다.

본 연구는 기업문화 및 리더십 관련 선행연구를 서구연구 및 중국연구를 통하여 고찰해 보고 중극 기업문화의 특성을 이해하기 위해 전통문화 유산으로서의 유가사상과 도가사상, 가장(家長)형 리더십인 인자형, 도덕적, 권위적 리더십 및 서구적 리더십인 변혁적 리더십 등 중국기업 경영자의 리더십 등 변수의 중국 기업문화에 대한 영향, 이들 변수 간의 다자간 관계의 조직유효성에 대한 영향을 분석하였다.

이러한 중국 전통 문화 유산, 사회경제적 요인, 중국 경영자 리더십, 기업문화 간의 관계와 이들 변수의 조직유효성에 대한 영향을 체계적이고 심도 있게 고찰하는 실증분석은 학계, 연구계 및 실무계가 중국기업의 경영관리 특성에 대한 깊이 있는 이해를 증진시킬 수 있다는 측면에서 그 가치가 있다고 할 수 있다.

본 연구는 중국기업과의 경쟁과 협력이 나날이 치열하게 이루어지는 가운데 중국 기업 연구자, 중국 현지 투자자 및 중국 현지기업 관리자가 한국기업이 중국기업과의 협력, 중국 현지기업 설립 시 중국기업의 특성을 객관적으로 이해하고 중국기업과의 협력과 의사소

통을 강화할 수 있는 안목을 가지는 데 도움을 줄 수 있다는 측면에
서 그 의미를 가진다고 할 것이다.

Ⅱ. 이론 및 가설 도출

2.1 서구 연구

선행연구 고찰과 관련하여 기업문화 및 리더십 이론의 체계를 세
운 서구연구를 먼저 고찰해 보고 중국 및 대만지역에서 진행된 기업
문화와 리더십 관련 연구를 고찰해 보고자 한다.

문화의 정의에 대해서는 각 연구자의 견해가 달라 일치하는 정의
를 내리기는 어려운 측면이 있어 연구자에 따라 다양한 정의가 존재
하고 있다. Hofstede(1983)는 후천적으로 습득된 사회구성원들의 집
단적인 심적 프로그래밍(collective mental programming)이라고 정의
하였으며 Parsons(1973)는 사회구성원의 행동과 사회체계를 형성하고
이들을 연결, 조정해 주는 총합요소라는 견해를 제시하였다.

Schein(1985)은 기업문화를 일정한 패턴을 갖는 조직 활동의 기본
가정 또는 전제, 믿음이라고 정의하면서 이들 가정들은 오랜 기간
동안 조직구성원들이 타당한 것으로 생각해 왔기 때문에 당연하게
받아들여지며 새로운 구성원 역시 조직의 문제를 해결하는 올바른
방법을 학습하게 된다는 견해를 보여주었다.

기업문화에 대한 연구 가운데 기업문화를 정태적이고 비교 가능한

유형으로 구분하여 분석, 비교하는 유형화를 통한 연구가 상당히 이루어지고 있다. Harrison(1972)은 기업의 공식화 및 집권화 정도에 따라 기업문화를 네 가지 유형으로 구분하였다. Harrison은 기업문화를 공식화 정도가 높고 집권화 정도가 높은 관료문화, 공식화 정도가 높고 분권화 정도가 높은 행렬(matrix)문화, 공식화 정도가 낮고 집권화 정도가 높은 권력문화, 공식화 정도가 낮고 분권화 정도가 높은 핵화(atomized)문화로 구분하였다.

Deal & Kennedy(1982)는 모험적인 활동을 전개하는 정도(고－저)와 피드백을 받는 기간(장기－단기)에 따라 모험도가 높고 피드백 기간이 장기인 투자형 기업문화, 모험도가 높으나 피드백 기간이 단기인 모험형 기업문화, 모험도가 낮으나 피드백 기간이 장기인 관료형 기업문화, 모험도가 낮고 피드백 기간도 단기인 근면형 기업문화로 구분하였다.

Quinn(2006)은 기업문화를 유연성을 강조하는 경향과 안정성과 통제를 강조하는 경향으로 구분하는 축으로 나누어 유연성이 높고 내부적 유지를 중요시하는 집단문화, 유연성이 높고 외부적 포지셔닝을 중요하게 여기는 발전문화, 안정성 및 통제를 중요하게 여기고 내부적 유지를 지향하는 위계문화, 안정성과 통제를 중요하게 여기고 외부적 포지셔닝을 중요하게 생각하는 합리문화로 구분하였다.

Hofstede(2010)는 권력 거리, 집단주의/개인주의, 남성문화/여성문화, 불확실성 회피경향, 단기적 성향/장기적 성향 등 다섯 가지 차원을 통해 문화를 구분할 수 있으며 이러한 문화의 차원 들이 기업/직장(work place)의 가치에 어떠한 영향을 주는지 고찰할 수 있는 이론적인 틀을 제시하였다.

기업문화의 유형화 연구추세와 유사하게 리더십 이론과 관련된 유형화 연구가 많이 진행되어 왔다. 그중 Likert(1961)는 리더십 스타일을 종업원 중심적(employee-centered)인 리더십과 직무 중심적(job-centered)인 리더십의 두 가지 유형으로 구분하였다.

Tannenbaum & Schmit(1973)는 리더십을 전제적 리더십에서 민주적 리더십까지의 2개의 양극단으로 하여 전제적 리더십인 경우 리더의 권한영역이 가장 넓고 민주적 리더십인 경우 부하의 자유재량영역이 가장 넓을 수 있으며 실제로 리더십은 양극단 중 연속선상에서 하나로 표시될 수 있다는 견해를 보여주었다.

Burns(1978)는 리더와 추종자 간의 관계를 서비스에 대한 보상의 교환 측면을 강조하는지, 추종자에게 영향을 미치고 변화와 변혁을 중요하게 여기는지에 따라 거래적 리더십(transaction leadership)과 변혁적 리더십(transformation leadership)으로 구분하였으며 Bass(1985)는 리더십 이론에 기초하여 변혁적 리더십, 거래적 리더십, 카리스마적 리더십 간의 개념적인 차이점과 구체적인 이론적인 틀을 보여주었다.

Bass(1985)는 변혁적 리더십은 리더가 추종자들에게 장기적인 비전을 제시하고 그 비전의 달성과 변혁을 성공시키기 위해 거래적 관계에 기초한 거래적 리더십과는 다르게 비전의 실현을 통해 추종자들이 내적인 보상을 받게 하는 리더십이며 이와 비교하여 카리스마적 리더십은 리더와 추종자들 간의 강력한 감정적이고 정서적인 유대를 통해 영향력을 발휘하는 리더십으로 변혁적 리더십을 구성하는 하나의 부분이 될 수 있다는 견해를 제시하였다.

A. Nahavandi(2012) 또한 변혁적 리더십은 다음의 세 가지 구분을 통해 구성된다는 견해를 보였다. 첫째 부분으로는 리더의 카리스마와 영감을 통해 변화에 대한 저항을 극복하고, 둘째 부분으로서 지적인 자극을 통해 새로운 아이디어를 생산하고 권한위임을 하며, 셋째 부분으로서 구성원 개인에 대한 배려를 통해 모티베이션과 사기진작을 하게 된다는 견해를 보여주었다.

Hersey(2008)는 리더, 추종자가 맡은 과업을 포함하는 상황을 고려하는 상황이론(contingency theory)을 제시하였는데 개인과 조직의 성숙도를 4단계로 구분하고 이러한 성숙도에 따라 상이한 리더십을 행사할 때 효과적이라는 견해를 보여주었다.

Schein(2005)은 리더십의 기업문화에 대한 영향을 고찰하면서 1차적 내재화 메커니즘과 2차적 구체화 및 강화 메커니즘이 있다는 점을 지적하였다. 그는 초기기업에서 리더가 기업 내 문화적 요소를 내재화시키는 방법에 대하여 1차적 내재화 메커니즘으로 리더가 주기적으로 관심을 갖고 측정, 리더가 조직의 중요한 일에 대응하는 방식, 희소한 자원을 배분하기 위한 리더의 기준, 역할 모델링, 교육 및 코치행위, 보상과 지위를 할당하기 위한 리더의 기준, 채용, 선발, 승진, 퇴직, 커뮤니케이션에 대한 리더의 기준 등을 제시하였다. 그는 또한 1차적 내재화 이후의 2차적 구체화 및 강화 메커니즘이 조직의 설계와 구조, 유기적인 시스템과 프로세스, 조직적인 의례와 의식, 물리적 공간과 외관 및 빌딩의 설계, 사람과 행사에 대한 이야기, 전설, 설화 등, 조직의 철학과 가치 및 신조에 대한 사훈 등을 포함할 수 있다는 견해를 제시하였다.

2.2 중국 연구

서구에서 먼저 시작된 기업문화 및 리더십 관련 연구는 중국 및 대만에서 받아들여진 후에 중국 및 대만에서 기업문화 및 리더십 이론체계를 통한 연구가 지속적으로 이루어지고 있다. 다만 국내에서의 기업문화와 리더십 관련 연구와 마찬가지로 유형화된 기업문화와 리더십에 대한 연구가 대부분인 실정이며 기업문화와 리더십 간의 매개변수, 내재적 인과관계에 대한 연구는 활발하지 않은 실정이다. 특히 현재까지 중국 대륙에서 체계적인 실증분석을 통한 기업문화와 리더십 분야의 연구가 제한적인 실정이다. 이에 따라 같은 중국 문화권에 속한 대만기업의 실증연구 결과와 중국 대륙 기업의 실증연구 결과를 함께 살펴보고자 한다.

본 연구에서는 중국, 대만의 중국 기업문화 관련 연구에 대해 검토해보고 중국, 대만의 리더십 관련 연구 결과를 살펴보고자 한다. 이러한 검토를 통해 기업문화, 리더십 및 조직유효성 간의 상관관계를 고찰해 보고 기존연구에서 기업문화와 리더십 유형 중 조직유효성에 유의한 영향을 주는 기업문화 유형과 리더십 유형을 파악해 보고자 한다. 이러한 중국 및 대만기업에서 조직유효성, 조직성과 등 조직 관련 변수에 유의하게 영향을 주는 리더십 유형, 기업문화 유형의 분석을 통해 리더십, 기업문화 유형과 조직유효성 간의 내적 관계에 대한 고찰을 진행하고자 한다.

기존 연구 가운데 리아오슈시엔(廖述賢, 2008) 등은 기업문화를 Wallach(1983) 모형을 적용하여 관료형 기업문화(Burocratic Culture), 혁신형 기업문화(Innovative Culture), 지원형 기업문화(Supportive Culture) 측면으로 구분하고 지식취득 변수를 내적 창조, 외부취득 요인으로 구성하며 조직학습은 학습에의 몰입, 비전 공유, 조직의 개방된 사고 등 3개 요인으로 구성하며 조직혁신은 제품, 시장, 절차, 행위, 전략 등 5개 요인으로 구성하였다. 리아오슈시엔(廖述賢, 2008) 등이 대만소재 은행, 보험업종의 23개 기업을 대상으로 하여 546부의 설문지를 통해 실증분석한 결과에 따르면 관료형 기업문화는 지식취득에 대해 부(−)의 영향을 주며 혁신형 기업문화, 지원형 기업문화는 모두 지식취득에 대해 정(+)의 영향을 주는 것으로 나타났으며 관료형 기업문화, 혁신형 기업문화, 지원형 기업문화와 학습에의 몰입도는 각각 부(−), 정(+), 정(+)의 상관관계를 보여주었다. 관료형 기업문화, 혁신형 기업문화, 지원형 기업문화의 조직학습에 대한 효과를 포함한 조직혁신에 대한 전체영향(總影響)의 방향 역시 부(−), 정(+), 정(+)의 순으로 나타났다.

또한 양쥔루(楊君茹, 2011) 등은 Schein(1985)의 기업문화 모형 중 잠재적 단계의 가정인 조직, 환경과의 관계에 대한 가정, 사실, 진리의 본질에 대한 가정, 인간본성에 대한 가정, 인간 활동의 본질에 대한 가정, 인간관계의 본질에 대한 가정 등 5개 요인을 통하여 기업문화를 정의하였으며 직원만족도는 직원의 사기, 조직 몰입도, 이직 의지 등 3개 요인으로 구성하였다. 양쥔루(楊君茹, 2011) 등은 중국 4개 지역소재 기업에서 502개 설문지를 수집하여 실증분석을 실시하였으며 기업문화를 구성하는 5개 요인의 11개 세부요인 가운데 6개 세부요인인 엄격한 규칙 및 규범, 공평공정, 진취적인 정신, 직원에 대한 관심, 협력적인 팀워크, 개인적인 관계와 직원만족도 간의 관계에 대한 분석을 진행한 결과 엄격한 규칙 및 규범은 직원 만족도에 유의한 정의 영향을 주지 못하였고 6개 세부요인 모두 이직의지에는 유의한 영향을 주지 못하는 것으로 나타났으며 공평공정, 진취적인 정신, 직원에 대한 관심, 협력적인 팀워크, 개인적인 관계의 5개 세부요인 모두는 직원의 사기와 조직 몰입도에 정(+)의 영향을 주는 것으로 나타났다.

차이밍티엔(蔡明田, 2000) 등, 지앙강린(蔣岡霖, 2001), 린지아우(林家五, 2004) 등의 연구 결과에서는 기존의 대만기업 및 중국기업에 대한 기업문화 관련 실증분석 결과에서 보여주는 것과 유사하게 내부적 인간관계, 안정성을 중요시하는 기업문화 유형, 외부환경에 대한 적응력, 혁신성, 외부환경 적응에 대한 지원능력을 중요시하는 기업문화의 조직유효성 및 조직성과 등 조직 관련 변수에 대한 영향이 가장 뚜렷하게 나타났다.

A. S. Tsu(2006) 등은 중국 2개 대학의 542명의 MBA 학생을 대상으로 실증연구를 실시하였다. 이 연구에서는 기업문화 유형을 높은 수준의 통합된 문화(Highly integrative culture), 적절한 수준의 통합된 문화(Moderately integrative culture), 시장 지향적 문화(Market oriented culture), 위계적 문화(Hierarchy culture) 등 네 가지로 구분하고 기업의 규모, 기업의 운영기간, 기업의 유형 등 요인을 포함시켜 각 기업문화 유형이 기업 성과[1]에 어떠한 영향을 보여주는지에

대한 연구를 수행하였다. 이 실증연구의 결과에서 높은 수준의 통합된 문화(Highly integrative culture), 시장 지향적 문화(Market oriented culture), 적절한 수준의 통합된 문화(Moderately integrative culture)의 순으로 기업성과에 유의한 영향을 주는 것으로 나타났다.

이러한 결과를 통해 중국기업의 기업문화는 내적 관계와 안정성을 중요시하는 집단문화, 외부환경에 대한 적응과 성장을 중요시하는 발전문화의 조직유효성(또는 조직성과)에 대한 영향이 뚜렷해질 수 있다는 것을 보여주었다.

기존의 기업문화 관련 연구의 조류와 마찬가지로 리더십을 유형화하고 리더십 스타일과 조직성과, 조직유효성 관련 변수와의 관계에 대한 분석을 하는 연구가 주를 이루고 있으며 중국기업의 리더십과 관련하여 정보쉰(鄭伯壎, 2005) 등이 제시한 가장(家長)형 리더십 이론이 중국기업의 리더십 특성을 설명하는 주요한 이론체계 중의 하나가 되고 있다.

천송(陳嵩, 2006) 등은 서구 리더십 이론에 대비하여 정보쉰(鄭伯壎, 2005)이 제시한 가장(家長)형 리더십 이론을 이용하여 리더십 스타일을 권위형 리더십 스타일, 인자형 리더십 스타일, 도덕적 리더십 스타일로 구분하고 영업사원의 목표지향(Goal Orientations) 변수는 학습 목표 지향, 증명 목표 지향, 회피 목표 지향의 3개 요인으로 구성하였다. 이들의 실증분석 결과 인자형 리더십은 학습 목표 지향과 증명 목표 지향에 유의하게 정의 영향을 주며 전권형 리더십은 학습 목표지향에는 유의하게 부의 영향을 주며 증명 목표 지향, 회

---

1) A. S. Tsu(2006) 등은 수익, 매출액 증가, 시장 점유율, 기업의 포지셔닝, 직원의 도덕성, 매출액 규모, 자산의 증가 등 7개 요인으로 기업성과를 정의하였다.

피 목표 지향에는 유의하게 정의 영향을 주는 것으로 나타났다.

수잉방(蘇英芳, 2006) 등은 신(新)카리스마 리더십을 구성하기 위해 전략적 리더십 스타일과 도덕적 리더십 스타일을 결합하였고 가장형(가부장적) 리더십 스타일은 인자형, 도덕적, 권위형 리더십 스타일의 3개 요인으로 구성하였다. 수잉방(蘇英芳, 2006) 등은 리더십 인지효과를 조직수준의 리더십 인지효과와 개인 수준의 인지효과 2개 요인을 포함시켜 구성하였으며 대만 가오시웅의 134개 기업을 대상으로 112개 설문지를 회수하여 분석을 실시하였다. 이들의 실증분석 결과, 신카리스마 리더십 스타일보다는 가장형(가부장적) 리더십 스타일이 조직 및 개인 수준의 리더십 인지도에 더욱 효과적이었으며 인자형 리더십, 도덕적 리더십, 권위형 리더십의 순서로 조직수준 및 개인수준의 리더십 인지도에 정의 영향을 주는 것으로 나타났다.

팡미아오링(方妙玲, 2007)은 윤리적 리더십이 상급자에 대한 신뢰, 직원개인의 수요(경제, 성취, 우의 등 3개 요인)의 실현와의 관계를 통해 조직몰입도에 대한 영향을 분석하였다. 팡미아오링(方妙玲, 2007)은 윤리적 리더십을 개인의 도덕적 수양, 윤리행위의 표현 등 2개 요인으로 구성하였으며 조직몰입도는 정서적인 몰입과 지속적인 몰입의 2개 요인을 포함시켜 분석을 실시하였는데 이러한 분석의 결과 도덕적 수양의 정도, 윤리행위의 표현은 상급자에 대한 신뢰에 정의 영향을 미치지만 상급자에 대한 신뢰는 정서적인 몰입에만 정의 영향을 미쳤으며, 이에 따라 도덕적 수양의 정도 및 윤리행위의 표현은 매개변수인 상급자에 대한 신뢰를 통해 정서적인 몰입에 영향을 미치는 결과를 보여주었다.

이 외에도 우완이(吳萬益, 2006) 등 주다오송(祝道松, 2008) 등의 연구자들이 중국기업의 리더십에 대한 연구를 진행하였으며 기존의 대만기업 및 중국기업에 대한 리더십 분야 실증분석 결과에서 보여주는 것과 같이 구성원에 대해 은혜를 베풀고 개인적이고 장기적인 관심을 보여주는 인자형 리더십과 리더가 높은 도덕적 수준과 수양을 보여주어 구성원의 존경을 받고 구성원들이 자발적으로 리더의 행위를 배우게 되는 도덕적 리더십의 조직유효성 또는 조직성과 등 조직 관련 변수에의 영향이 가장 뚜렷하게 나타났다.

J. Wang(2011) 등은 2009~2010년 중 중국 광동성, 절강성, 상해시 중소기업 리더의 리더십에 대한 연구를 수행하였으며 57명의 응답자(피면접자)에 대한 연구 결과는 민주적 리더십(Democratic, 45명 응답), 권위적 리더십(Authoritative, 35명), 코치형 리더십(Coaching, 35명), 친화적 리더십(Affiliative, 33명), 고압적 리더십(Coercive, 31명), 선도적 리더십(Pacesetting, 19명), 위임형 리더십(Delegative, 17명)의 순으로 리더십 스타일을 보이는 것으로 나타났다.

M. Wu(2011) 등은 중국 23개 민영기업에 대한 실증분석을 실시하여 지각되는 상호작용의 공정성(Perceived Interactional Justice), 관리자에 대한 신뢰(Trust-in-Supervisor)를 매개변수로 하고 권위적 리더십, 인자형 리더십, 도덕적 리더십 등 세 가지 리더십을 가장형(가부장적) 리더십으로 하여 직구성과(Work Performance)에 대한 영향을 연구하였다.

이 연구에서 권위적 리더십은 관리자에 대한 신뢰에 대해 부의 영향을 보여주었고 인자형 리더십과 도덕적 리더십은 상호작용의 공정성(Perceived Interactional Justice)에 대해 정의 영향을 보여주고 이를 통하여 관리자에 대한 신뢰에 정의 영향을 보여주었으며 관리자에 대한 신뢰는 직무성과에 대해 정의 영향을 보여주었다.

이러한 기존의 실증분석의 결과는 중국기업에 적합할 수 있는 기업문화 및 리더십의 유형이 존재할 수 있음을 보여준다.

이하에서는 중국 전통유산, 중국 경영자 리더십이 어떻게 중국 기업문화에 영향을 주며 중국 기업문화가 조직유효성에 어떠한 영향을 주는지에 대해 고찰해 보고자 한다.

2.3 가설 도출

중국 문화유산으로서의 유교사상은 중국에 지대한 영향을 미쳐 왔다(L. Miles, 2006; J. Weber, 2009). 이러한 큰 영향에 비해 유교사상의 중국기업문화에의 영향에 대한 체계적인 분석은 중국 또는 한국에서 매우 제약적이다.

기업문화는 조직 구성원의 행동을 규정하는 내재적이고 묵시적인 규범에 구성원 자신도 인식하지 못하는 과정 중에 내면화되고 다시 강화되는 행동기준이며 행위방식이다(Schein, 1985; Morgan, 2004; Forsyth, 2006).

유교사상의 규범은 중국 기업문화에 내재적이고 묵시적인 깊은 영향을 주어 왔으며 중국문화의 기저를 이룬 유가사상의 관점에서 유가사상의 규범을 살펴보고자 한다. 유가사상의 규범은 중국인의 조직운영 방식으로서 내부지향적이며 유연함을 보여주는 집단주의적

문화와 내부지향적이며 체계적인 운영을 보여주는 위계주의적 문화 등으로 나타나게 된다.

유가 사상은 자연, 특히 물(水)에서 '道'에 이르기까지, 도에 따라 '德'을 갖추고 모든 '德'의 통칭인 '仁'을 갖추기까지 도덕 원칙에 충실한 도덕범주, 즉 규범을 제시하였다. 천리푸(陳立夫, 1981)는 맹자가 '상서(尙書)'의 오상(五常)의 성(性)인 仁義禮智信 규범을 공자에 이어서 사단(四端)의 개념으로 전승하였다는 견해를 제시하였다.

유교사상의 첫 번째 규범인 '仁(benevolence)[2]'은 공자가 제시한 道德상의 가장 높은 경지(善)를 의미한다.

'仁'의 개념은 공자 이전에도 존재하고 있었으며 춘추시대 이전에는 친지를 존중하고 연장자를 공경하며 민중을 사랑하며 군주에게 충성하는 품성 및 의례, 학문, 미덕 모두를 통칭하여 '인'이라고 하였다. 공자는 이러한 인의 개념을 실천하는 과정 중의 지도 원리로 하여 도덕 중에 관철되도록 한 것이다.[3]

전통적인 가치로서의 '인' 규범은 인자한 마음으로서의 인간적인 배려와 상하 간 위계질서에 대한 존중의 형태를 통하여 집단문화와 위계문화의 특성을 나타내어 준다.

유교사상의 두 번째 규범인 '義(righteousness)'는 공정성을 의미한다. '의' 규범은 공정성, 정당성 및 합리성 등을 의미하고 있으나 중국 조직운영의 합리성, 공정성은 절대적이고 객관적인 서구적 기준이 아닌 상황에 따른 상대적인 합리성과 공정성을 의미한다(백권호,

---

2) '인', '의', '예', '지'의 영문번역어는 J. Legge(1992)의 四書를 기준으로 하였다.
3) 仁 — 維基百科: http://zh.wikipedia.org/wiki/

2009). 이에 따라 유교사상의 규범이 중국 기업문화 중 합리주의의 형태로도 나타나게 되나 이는 엄격한 의미의 서구적 기준과는 차이가 존재한다.

세 번째 규범인 '禮(propriety)'는 유가사상에서 자신부터 '인(仁)' 하게 되는 개인적 가치자각을 강조하면서 개인을 중심으로 자연스럽게 확대되어 개개인의 특수한 처지와 관계를 고려하고 인륜질서를 건립하고 유지하는 것을 의미한다. '禮'의 기능은 다름을 표시하는 것이며 개인적 사정을 고려하기 때문에 개인주의(personalism) [4]를 의미할 수 있다(余英時, 2007).

전통적인 가치로서의 '예' 규범은 구성원 개인과 개인적 사정에 대한 배려와 인간적인 관계 등 형태를 통하여 중국 기업문화 중 집단문화의 특성을 보여주게 된다.

네 번째 규범인 '智(wisdom, knowledge)'는 총명하고 지혜로움을 뜻한다.[5]

공자는 군자가 행해야 하는 세 가지가 있으며 이것은 각각 덕성을 가져서 걱정을 하지 않으며 총명하여 미혹되지 않으며 용감하여 겁내지 않음이라고 하였다. 이러한 세 가지 덕성 중 '智'는 총명하여 미혹되지 않음을 의미하며 조직 리더가 지식과 지혜를 추구함을 의미한다.

이처럼 유교사상의 규범은 중국기업의 기업문화에 내재적이고 묵

---

4) 余英時는 개인주의(personalism)를 서구의 개인주의(또는 개체주의: individualism)와 구분하여 전자는 개인은 구체적이고 모든 개인은 특수하다는 개념을 가지고 있는 반면 후자는 사회상의 개체는 인간의 상통성(相通性)을 의미하는 추상적인 개념으로 보고 있다.

5) (東漢) 許愼 저, 湯可敬 편(1997), 說文解字今釋, 湖南: 岳麓書社, 482~483.

시적으로 깊은 영향을 주어 왔으며 특히 중국 기업문화 중 구성원에 대한 배려, 인간관계, 내부지향성 등의 특징을 통해 집단문화에 정의 영향을 주게 될 것으로 보인다. 이러한 영향을 고려하여 다음과 같은 가설을 설정하였다.

> 가설1: 중국 유가사상 규범은 기업문화 중 집단문화에 정(正)의 영향을 줄 것이다.

중국 문화유산으로서의 도가사상은 중국에서 매우 큰 영향을 주어 왔다(H. Movius, 2006; C. Shilling 등, 2007; 백권호, 2009). 이러한 큰 영향에 비하여 도가사상의 기업문화에의 영향에 대한 체계적인 연구는 중국과 한국에서 모두 부족한 실정이다.

중국 초기철학자인 공자, 맹자, 노자, 장자, 묵자, 순자, 관자 등은 모두 물에 대한 관심과 사고를 통해 자연과 사회에 대한 일반적인 원칙의 원형을 형성하였다. 중국인들은 이러한 도가사상의 원형, 즉 물의 성질을 군자의 덕성 이외에도 인간관계 처리의 원칙과 조직운영의 원리로 적용하였으며 이러한 특성이 현재에 이르기까지 지대한 영향을 주고 있다(張慧遠, 2007).

도가사상의 원형이 가지는 첫 번째 특징은 물이 장애물을 피해 흐른다는 것이다. 물이 장애물을 피해가는 자연의 특징은 도가사상의 싸우지 않는(不爭) 철학과 같은 맥락이다.

이러한 도가사상의 원형이 보여주는 첫 번째 특징은 외부환경에의 적응력으로서 중국 기업문화 중 발전문화의 형태를 나타내어 준다.

두 번째 특징은 물은 유약하지만 다투지 않는다는 것이다.

上善若水, 水善利萬物而不爭, 處衆人之所惡, 故幾於道, 居善地, 心善淵, 與善仁, 言善信, 正善治, 事善能, 動善時, 夫唯不爭, 故無尤(老子 八章).

물의 특징은 모든 물질 중에 가장 유연하지만 가장 강하다는 점이다. 물이 어떠한 물체와 만나게 되어도 굴복하고 다투지 않으나 강자에게 패하는 경우가 없으며 위험을 피하면서도 승리를 이루게 된다는 것이다.

세 번째 특징은 물은 일정한 형태가 없다는 점이다.

물은 유연하지만 강인하고 통로를 찾아가며 주위의 용기나 물골(관개수로)의 형상에 따라 형태를 구성하게 된다. 물은 강인함과 적응력을 가지고 있으며 이는 사람이 주위 환경에 따라 적응하는 능력을 의미하게 된다.

위에서 언급하였던 도가사상의 원형이 보여주는 두 번째 및 세 번째 특징은 유연함과 무위적인 가치를 통한 외부환경 변화에 대한 적응력을 보여줄 수 있다. 이에 따라 이러한 도가사상의 원형이 가지는 특징은 중국 기업문화 중 발전문화의 특성을 보여주게 된다.

이와 같이 도가사상의 원형은 중국기업의 기업문화에 심대한 영향을 주어 오고 있으며, 특히 중국기업의 조직운영 원리 및 외부환경에의 적응력 등의 형태로 나타나고 있으며 중국 기업문화 중 발전문화에 정의 영향을 주게 될 것으로 보인다. 이러한 영향을 고려하여 다음과 같은 가설을 설정하였다.

가설2: 중국 도가사상 원형은 기업둔화 중 발전문화에 정의 영향
을 줄 것이다.

중국기업은 기업 내부의 조직관리에 집중하는 경향을 보여주고 있
으며 중국기업에서 기업 경영자의 리더십은 기업문화에 매우 강한
영향을 주고 있다. 중국기업의 기업문화는 유사한 기업형태, 예를 들
면 민영기업이라고 해도 경영자가 사용하는 리더십에 따라 상당히
다른 기업문화를 보여주고 있다.

이에 대해 Schein(2005)은 리더가 특히 기업초기에 리더십을 통해
기업문화에 영향을 주게 된다는 견해를 제시하였다. 본 연구 또한
중국기업 경영자가 리더십을 통해 기업문화에 영향을 주게 된다고
본다. 본 연구는 이를 고찰하기 위해 같은 중국문화에 속하는 대만
학자인 정보쉰(鄭伯壎, 2005)이 제시한 중국의 전통적 리더십인 가
장형(가부장적) 리더십과 현대적 서구 리더십으로서의 변혁적 리더십
을 살펴보고자 한다.

먼저 가장형(가부장적) 리더십은 인자형 리더십, 도덕적 리더십,
권위적 리더십으로 구분된다. 이러한 가장형 리더십은 각각 인자형
리더십은 구성원에 대한 관심과 장기적인 관계를 통해 관계 지향적
인 특성을 보여주고 도덕적 리더십은 리더의 도덕적 기준, 구성원의
존경과 학습을 통해 도덕 지향적인 특성을 보여준다. 권위적 리더십
은 리더의 권위와 구성원에 대한 통제를 통해 권위 지향적인 특성을
나타내게 된다. 이에 비해 변혁적 리더십은 현대적인 서구의 리더십
으로서의 리더가 장기적인 비전을 제시하고 비전의 실현 과정 중 자

발적인 충성과 내적인 보상을 하게 되는 혁신 지향의 리더십이다.

중국기업은 조직관리 특징에서 볼 때 내부지향적이며 경영자 리더십에 강한 영향을 받고 있기 때문에 기업 경영자가 실시하는 리더십은 가장형(가부장적) 리더십(유교사상의 영향을 깊게 받은 결과임) 중 인자형 리더십(관계지향), 도덕적 리더십(도덕지향), 권위형 리더십(권위지향) 등 3개 요인을 조합한 형태로 기업 내부 조직운영과 기업문화 형성에 지대한 영향을 주게 된다. 이 외에도 개혁개방 이후 중국이 서구 경영학 사조를 도입하면서 서구적 리더십인 변혁적 리더십은 중국기업의 경영자가 선택할 수 있는 리더십으로 작용하게 된다.

중국기업은 내부적인 조직관리를 매우 중요하게 생각하며(백권호, 2009), 특히 관계 지향적인 인자형 리더십과 도덕 지향적인 도덕적 리더십은 중국 기업문화 중 인간관계와 팀워크 등 내부적인 관계를 중요시하는 집단문화를 강화시키는 작용을 할 것으로 보인다. 인자형 리더십, 도덕적 리더십은 기업문화 중 집단문화에 영향을 주며 변혁적 리더십은 발전문화에 영향을 주는 요인으로 작용할 수 있을 것이다. 이러한 영향을 고려하여 다음과 같은 가설을 도출하였다.

가설3: 중국기업 경영자 리더십 중 인자형 리더십과 도덕적 리더십은 기업문화 중 집단문화에 정의 영향을 줄 것이다.

개혁개방 이후 중국이 서구 경영학을 받아들임에 따라 중국 경영자 들은 내적인 통합과 안정성을 중요시하는 전통적인 조직운영 이외에 비전을 제시하고 변화와 변혁을 중요하게 여기는 서구적 리더십 스타일을 받아들이게 될 것이다. 이에 따라 중국기업 경영자 들은 가장형 리더십 이외에도 변혁적 리더십을 구사하게 될 것이며 이는 기업문화 중 성장, 혁신, 창의성을 중요하게 생각하는 발전문화에 정(+)의 영향을 줄 것으로 생각된다. 이러한 요인을 고려하여 다음과 같은 가설을 설정하였다.

> 가설4: 중국 기업 경영자 리더십 중 변혁적 리더십은 기업문화 중 발전문화에 정의 영향을 줄 것이다.

M. Wu(2011) 등의 실증연구는 인자형 리더십과 도덕적 리더십은 상호작용의 공정성과 관리자에 대한 신뢰를 통하여 직무성과에 대한 정의 영향을 보여주었다.

양쥔루(楊君茹, 2011)의 실증연구 역시 공평공정, 진취적인 정신, 직원에 대한 관심, 협력적인 팀워크, 거인적인 관계 등 5개 요인이 직원 사기와 조직 몰입도의 조직유효성 변수에 정(+)의 영향을 주고 있음을 보여주었다.

이상윤(2011a)의 실증연구 [6] 또한 집단문화 발전문화 및 합리문화가 과업만족도, 승진만족도, 생활만족도 등 조직유효성에 정(+)의 영향을 주고 있다는 결과를 보여주었다.

기존의 실증연구 결과와 같이 인간관계와 팀워크 등 내부적인 관

---

6) 이상윤(2001a)은 조직유효성에 대한 분석을 위해 Edington(1986)이 미시건대학의 건강(Fitness)연구센터에서 개발한 라이프스타일 분석 문항을 이용하였다. 설문 문항은 과업만족도, 직무만족도, 승진 만족도, 관리감득만족도, 생활만족도, 건강만족도로 구성되어 있으며 그중 과업만족도, 직무만족도, 승진만족도, 관리감독만족도, 생활만족도 등 5개 요인을 통해 조직유효성을 평가하였다.

계를 중요시하는 집단문화, 성장, 혁신, 창의성을 중요시하는 발전문화 등은 조직유효성에 대해 긍정적인 영향을 줄 것으로 사료된다. 이러한 영향을 고려하여 다음의 연구가설을 설정하였다.

　　가설5: 중국 기업문화 중 집단문화, 발전문화는 조직유효성에 정의
　　　　　　영향을 줄 것이다.

A. S. Tsu(2006) 등의 실증연구 결과는 높은 수준의 통합된 문화(Highly integrative culture), 적절한 수준의 통합된 문화(Moderately integrative culture), 시장 지향적 문화(Market oriented culture), 위계적 문화(Hierarchy culture) 등 네 가지로 기업문화 중 높은 수준의 통합된 문화(Highly integrative culture), 시장 지향적 문화(Market oriented culture), 적절한 수준의 통합된 문화(Moderately integrative culture)의 순으로 기업성과에 유의한 영향을 보여주었다.

수잉방(蘇英芳, 2006) 등은 인자형 리더십, 권위적 리더십, 도덕적 리더십의 순서로 리더십 인지도에 정(＋)의 영향을 주게 된다는 실증분석 결과를 제시하였다.

이상윤(2011b)은 참여형 리더십(S3), 코치형 리더십(S2), 위임형 리더십(S4), 지시형 리더십(S1) 등 순으로 리더십 스타일의 조직성과에 대한 영향이 나타난다는 실증분석 결과를 제시하였다. 이러한 요인을 고려하여 아래와 같은 가설을 설정하였다.

가설6: 중국기업 경영자 리더십 중 인자형 리더십, 도덕적 리더십
은 조직유효성에 정의 영향을 줄 것이다.

Ⅲ. 분석방법

1.1 표본 및 자료수집

북경시, 상해시, 산동성 청도시, 섬서성 서안시, 해남성 해구시 등
중국 5개 지역 소재 기업 중 137개 기업 재직자를 대상자으로 직접
적인 설문조사를 실시하며 1기업강 1부에서 4부까지의 설문지를 작성
하며 최대 4부 이내의 설문지 작성을 기준으로 설문지를 취합하였다.
첫째로 북경시는 중국의 수도로서 호북지역에 위치한 정치, 경제
분야의 주요도시라는 점에서 선택하였다. 둘째로 상해시는 중국 최
대의 상공업 도시로서 화동지역의 대표적인 경제분야 중심지라는 점
에서 선택되었다. 셋째로 서안시는 중국 정부가 추진하는 서부 대개
발을 고려할 때 서북지역의 정치적, 경제적 주요 도시 중 하나라는
점에서 선택하였다. 네 번째로 산동성 청도시는 산동성 내 개혁, 개
방이 가장 먼저 시작된 도시의 하나로서 대외협력과 경제발전의 측
면에서 주요도시라는 점에서 선택하였다. 해남성 해구시는 해남성이
개혁개방이 비교적 일찍 이루어진 지역으로서 화남지역에 위치한 주
요 도시라는 점에서 선택하였다.
첫 번째 단계에서는 pilot test를 2012년 6월 1일부터 10일까지 70

부의 설문지를 회수하여 신뢰성 분석을 실시하였으며, 이를 통해 5
개 지역의 정식 설문조사 이전에 설문지의 유가사상, 도가사상 등
중국의 전통 문화 유산, 리더십 스타일, 기업문화, 조직유효성 등 요
인이 통계적으로 유의한지를 파악하였다.

두 번째 단계로서의 설문조사는 2012년 6월 1일부터 7월 25일까
지 구조방정식 모형을 이용한 실증분석을 통한 가설검정을 위해 중
국 5개 지역의 재직인원을 통해 실시하였으며 이를 통해 총 184부의
유효설문지가 회수되었다.

설문지의 작성자는 105명이 남자이고 76명은 여자로 나타났으며
3명은 응답하지 않아 결측치로 나타났다.

설문지 작성자의 소속업종은 제조업(32개 기업, 17.4%), 금융업(28
개 기업, 15.2%), 정보제공, 소프트웨어, 정보기술서비스업(27개 기
업, 14.7%), 도·소매업(25개 기업, 13.6%), 교통운수, 창고, 우편업
(10개 기업, 5.4%), 농림목축업 및 어업(9개 기업), 과학연구 및 기술
서비스업(8개 기업), 인프라산업(7개 기업), 부동산업(7개 기업), 교육
업(7개 기업), 문화체육업(7개 기업), 임대 및 비즈니스 서비스업(5개
기업), 건축업(4개 기업), 위생 및 사회서비스업(4개 기업), 주민서비
스 및 기타서비스업(3개 기업), 수박 및 음식업(1개 기업) 등으로 나
타났다.

1.2 변수의 조작적 정의

본 연구는 유가사상, 도가사상 등 전통 문화 유산, 경영자 리더십,

기업문화와 조직유효성 간의 종합적이고 체계적인 분석을 위하여 구조방정식을 이용한 실증분석을 실시하고자 한다. 이를 위하여 다음의 각 변수에 대한 조작적 정의를 하고 설문조사를 통해 각 변수에 대하여 Likert 5점 척도로 측정하였다.

1) 기업문화 변수

본 연구와 관련하여 중국 기업문화의 유형을 정의하기 위해 경쟁가치 이론체계(Quinn, 2006)를 적용하였다. 경쟁가치 이론체계는 다양한 조직기능이 어떻게 다른 기능과 동시에 조화와 긴장감을 이루게 되는지 보여주며 다른 조직의 측면들의 상관관계, 일치성, 모순을 어떻게 진단하고 관리할 것에 대한 tool을 제공하게 하는 체계이다.

기업문화를 측정하는 요인은 Quinn(2006)의 경쟁가치 이론체계에 근거하여 집단문화와 발전문화, 위계문화와 합리문화로 구분된다. 기업문화는 내부적 유지/외부적 포지셔닝의 축과 유연성(개인적 측면)/안정성(통제)의 축으로 나누어져 집단문화, 발전문화, 위계문화, 합리문화로 구분할 수 있다.

① 집단문화(group culture)

집단문화는 인적 자원, 인간관계, 팀워크, 응집력을 중요하게 여기며 충성심과 전통을 통해 응집력을 내는 요인이 되는 문화를 의미한다. 집단문화에서 직장은 가족의 연장선상에 있는 것 같은 인간적인 장소로서 인식되며 조직의 수장은 멘토와 같은 역할을 수행한다.

② 발전문화(development culture)

발전문화는 유연성, 비(非)집중화, 확장, 성장, 발전 등의 가치를 중요시하며 몰입과 발전을 통해 전체로서 모이게 되는 문화를 의미한다. 발전문화에서 직장은 다이내믹하고 기업가정신이 풍부한 장소로서 인식되며 조직의 수장은 혁신가 또는 risk taker의 역할을 수행한다.

③ 위계문화(hierarchical culture)

위계문화는 통제, 중심화, 공식화, 구조화, 안정성, 계속성, 절차 등을 중요하게 여기며 공식적인 규정과 정책을 통해 모이게 되는 문화를 의미한다. 위계문화에서 직장은 매우 공식적이고 구조화된 장소로 작용하며 조직의 수장은 조정자이고 조직책임자의 역할을 수행한다.

④ 합리문화(rational culture)

합리문화는 지시, 목표설정, 목표의 명확성, 효율, 생산성, 수익성을 강조하며 임무와 목표완수를 통해 응집력을 발휘하는 문화를 의미한다. 합리문화에서 직장은 생산(제작) 지향적인 장소로 여겨지며 조직의 수장은 생산관리자(또는 제작전문가) 또는 기술자의 역할을 수행한다.

2) 리더십 변수

본 연구는 정보쉰(鄭伯熏, 2005)이 제시한 중국의 전통적 가장형

(가부장적) 리더십인 인자형 리더십, 도덕적 리더십, 권위적 리더십과 함께 서구적인 리더십인 변혁적 리더십을 포함시켜 네 가지 리더십을 조합하여 리더십을 구사할 것이라는 점을 고려하여 다음의 네 가지 요인으로 리더십을 정의하였다.

① 인자형 리더십(benevolent leadership, 관계지향): 인자형 리더십은 구성원 개인에 대한 복지, 관심을 제공해 주고 장기적인 관계를 중요시하는 리더십 스타일이다.

② 도덕적 리더십(virtuous leadership, 도덕지향): 도덕적 리더십은 리더의 높은 도덕적 기준과 도덕적 수양을 보여주며 구성원이 존경심을 가지고 자발적으로 리더의 행위를 학습하게 하는 리더십을 구사함을 의미한다.

③ 권위적 리더십(authoritative leadership, 권위지향): 권위적 리더십은 리더가 절대적인 권위를 가지고 구성원에 대한 엄격한 통제를 하며 구성원은 절대적인 복종을 해야 하는 리더십 스타일을 의미한다.

④ 변혁적 리더십(transformative leadership, 혁신지향): 변혁적 리더십은 리더가 비전을 변화와 변혁을 이루는 과정 중 구성원의 자발적인 충성을 중요하게 생각하는 리더십 스타일을 의미한다.

3) 조직유효성 변수

조직유효성을 측정하기 위한 변수는 Edington(Horowitz & Edington, 1986)의 라이프스타일 분석 모형과 이상윤(2011a)의 조직유효성 측정 문항을 참조하고 중국인의 가치기준을 고려하여 일부항목을 수정하였다.

현재까지 전통적인 가치, 규범은 아직도 상당한 수준으로 중국인의 사고방식에 영향을 주고 있으며 중국기업의 조직유효성 및 조직성과를 높이기 위해서는 전통적 가치(화합, 도덕, 예절 등)와 현대적 가치(개인의 성취, 혁신, 지적 추구 등)를 모두 고려한 조직운영 방식을 고려해야 할 것으로 보인다. 이러한 중국인이 전통적 가치인 화합, 도덕 등과 함께 현대적인 가치로서의 성취, 혁신 등의 영향을 받아 가치기준이 형성됨을 고려하여 과업, 승진/보상, 생활 등 등 3개 측면에서 만족도를 측정하고자 한다.

① 과업만족도: 과업만족도는 담당하고 있는 일을 통해 느끼는 만족도의 크기를 측정하는 요인이다. 이는 과업을 통해 즐거움, 성취감, 창조적, 만족스러움 등에 대한 만족의 정도를 보여준다.

② 승진 및 보상만족도: 승진 및 보상만족도는 승진기회 및 보상에 대한 만족도의 크기를 측정하는 요인이다. 이는 승진, 보상의 기회, 공정한 정책, 보상과 평가의 공정성 등의 요인을 통해 만족도의 크기를 파악한다.

③ 생활만족도: 생활만족도는 현재 영위하고 있는 생활에 대한 만족도의 크기를 측정하는 요인이다. 이는 흥미와 즐거움, 노력에 대한 보답, 최선을 다할 기회 등의 요인을 통해 만족도의 크기를 측정한다.

4) 중국 유가사상의 규범

본 연구는 유교사상 규범이 중국기업의 경영관리와 조직관리를 통해 기업문화에 여전히 큰 영향을 주고 있음을 고려하였다. 이에 따라 중국 기업문화에의 영향을 분석하기 위해 네 가지 요인을 통해 유교사상의 규범(norm)을 정의하였다.

① '仁(benevolence)' 규범: 仁은 道德性(善)을 의미하며, 인 규범은 기업의 리더는 도덕적, 인격적으로 성숙해야 함을 의미한다.

② '義(righteousness)' 규범: 義는 공정성, 정당성, 합리성을 의미하고, 의 규범은 업무와 보상에 대한 공정한 배분을 중요시해야 함을 의미한다.

③ '禮(propriety)' 규범: 禮는 개인을 배려하고 관계를 고려함을 의미하며, 예 규범은 개인적 사정을 고려하기 때문에 조직운영 시 구성원 개인에 대한 배려와 관계에 대한 고려를 중요시함을 의미한다.

④ '智(wisdom, knowledge)' 규범: 智는 조직과 리더 수준의 지혜 및 지식추구를 의미하며, 지 규범은 경영관리의 과정 중 리더와 조직에 대해 지식과 지혜에 대한 추구를 진행해야 함을 의미한다.

5) 중국 도가사상의 원형

본 연구는 중국 문화유산으로서의 도가사상은 중국기업 경영자가 유연하고 조화로운 조직운영을 추구하는 과정 중 조직운영과 기업문화에 매우 큰 영향을 주어 왔고 주고 있음을 고려하였다. 이에 따라 세 가지 요인을 통해 도가사상의 원형을 정의하였다.

① 주위환경에의 적응력: 물은 유연하지만 강인하고 주위의 용기나 물골의 형상에 따라 형태를 구성하는 특성을 보여준다. 이러한 적응력은 기업조직이 주위 환경에 따라 적응하는 능력을 의미한다.

② 유연함: 물은 유연하지만 강한 특성을 가지고 있다. 이러한 유연성은 부드러운 업무 처리와 대인관계를 중요시하는 중국기업 조직

운영의 철학을 보여준다.

③ 무위적임: 물은 길을 따라 흐르며 다투거나 싸우지 않으나 위험을 피하면서 승리를 이루는 특성을 보여준다. 이러한 무의(無爲)적 특징은 부하의 능력을 믿고 권한을 위임하는 경영관리의 특성을 보여준다.

Ⅳ. 실증분석 결과

본 연구는 경영자 리더십, 기업문화, 조직유효성, 전통 문화 유산 등 측정변수의 신뢰성 검증을 위해 Cronbach's α검정을 실시하였다. <표 1>과 같이 측정도구에 대한 신뢰성 분석결과 승진 및 보상만

〈표 1〉 신뢰성 분석 결과

변수	문항수	Cronbach's α 계수
인자형 리더십	4	.812
도덕적 리더십	4	.888
권위적 리더십	4	.787
변혁적 리더십	4	.704
집단문화	4	.805
발전문화	4	.737
합리문화	4	.757
위계문화	4	.501
과업만족도	5	.828
승진 및 보상만족도	5	.904
생활만족도	5	.792
유가사상 규범	4	.787
도가사상 원형	3	.616

족도는 신뢰성 계수가 0.904로 가장 높게 나타났으며, 신뢰성 계수가 0.501인 위계문화 변수를 제외하고는 전체적으로는 신뢰성 계수가 0.6 이상의 수준으로 높게 나타났다. 이에 따라 설문지의 문항이 신뢰할 수 있다고 판단하였다.

다음에는 다중회귀분석 결과를 통해 기업문화 유형, 리더십 스타일의 조직유효성에 대한 영향, 우가사상, 도가사상, 리더십 스타일의 기업문화에 대한 영향을 살펴보고 이러한 결과에 따라 이들 변수 간의 다자간 관계를 구조방정식 모형을 통해 분석하고자 한다.

첫 번째로 다중회귀분석을 통해 네 가지 기업문화 유형인 집단문화, 발전문화, 합리문화, 위계문화의 과업만족도, 승진 및 보상만족도, 생활만족도 등 조직유효성에 대한 영향을 살펴보았다.

기업문화의 과업만족도에 대한 영향을 다중회귀분석을 통해 살펴보면 표준화계수 베타는 집단문화, 발전문화, 합리문화, 위계문화의 표준화계수 베타는 각각 0.233(*)[7], 0.379(*), −0.181, 0.136으로 나타났으며 집단문화, 발전문화가 유의한 영향을 주는 것으로 나타났다.

기업문화의 승진 및 보상만족도에 대한 영향을 다중회귀분석을 통해 살펴보면 표준화계수 베타는 집단문화, 발전문화, 합리문화, 위계문화의 표준화계수 베타는 각각 0.364(**), 0.224(*), −0.009, 0.098로 나타났으며 집단문화, 발전문화가 유의한 영향을 주는 것으로 나타났다.

기업문화의 생활만족도에 대한 영향을 다중회귀분석을 통해 살펴보면 표준화계수 베타는 집단문화, 발전문화, 합리문화, 위계문화의

---

7) *는 p<0.05이며 **는 p<0.01이다.

표준화계수 베타는 각각 0.373(**), 0.256(**), −0.262(**), 0.217(**)로 나타났으며 집단문화, 발전문화, 위계문화가 유의한 영향을 주는 것으로 나타났다.

기업문화 중 집단문화와 발전문화는 세 가지 조직유효성에 모두 유의하게 영향을 주며 합리문화는 부(−)의 방향으로 영향을 주며 위계문화는 과업만족도, 승진 및 보상만족도에 유의한 영향을 주지 못하는 것으로 나타났다.

두 번째로 다중회귀분석을 통해 네 가지 리더십 유형인 인자형 리더십, 도덕적 리더십, 권위적 리더십, 변혁적 리더십의 과업만족도, 승진 및 보상만족도, 생활만족도 등 조직유효성에 대한 영향을 살펴보았다.

리더십 유형의 과업만족도에 대한 영향을 다중회귀분석을 통해 살펴보면 표준화계수 베타는 인자형 리더십, 도덕적 리더십, 권위적 리더십, 변혁적 리더십의 표준화계수 베타는 각각 0.123, 0.253(*), −0.064, 0.104로 나타났으며 도덕적 리더십이 유의한 영향을 주는 것으로 나타났다.

리더십 유형의 승진 및 보상만족도에 대한 영향을 다중회귀분석을 통해 살펴보면 표준화계수 베타는 인자형 리더십, 도덕적 리더십, 권위적 리더십, 변혁적 리더십의 표준화계수 베타는 각각 0.244(**), 0.324(**), 0.036, 0.072로 나타났으며 인자형 리더십과 도덕적 리더십이 유의한 영향을 주는 것으로 나타났다.

리더십 유형의 생활만족도에 대한 영향을 다중회귀분석을 통해 살펴보면 표준화계수 베타는 인자형 리더십, 도덕적 리더십, 권위적 리더십, 변혁적 리더십의 표준화계수 베타는 각각 0.258(**), 0.223(*), −0.234, −0.004로 나타났으며 인자형 리더십과 도덕적 리더십이 유의한 영향을 주는 것으로 나타났다.

리더십 유형 중 도덕적 리더십은 세 가지 조직유효성에 모두 유의하게 영향을 주며 인자형 리더십은 승진 및 보상만족도와 생활만족도에 유의하게 영향을 주며 권위적 리더십, 변혁적 리더십은 조직유효성에 유의한 영향을 주지 못하는 것으로 나타났다.

세 번째로 다중회귀분석을 통해 유가사상 규범, 도가사상 원형, 리더십 스타일의 기업문화에 대한 영향을 살펴보았다.

유가사상 규범, 도가사상 원형, 경영자 리더십 스타일의 집단문화에의 영향을 다중회귀분석을 통해 살펴보면 인자형 리더십, 도덕적 리더십, 권위적 리더십, 변혁적 리더십의 표준화계수 베타는 각각 0.203(**), 0.389(**), −0.248(**), 0.205(**)로 나타났으며 인자형 리더십, 도덕적 리더십, 변혁적 리더십이 유의한 영향을 주는 것으로 나타났으며 유가사상 규범, 도가사상 원형의 표준화계수 베타는 각각 0.041, 0.038로 나타났다.

유가사상 규범, 도가사상 원형, 경영자 리더십 스타일의 발전문화에의 영향을 다중회귀분석을 통해 살펴보면 인자형 리더십, 도덕적 리더십, 권위적 리더십, 변혁적 리더십의 표준화계수 베타는 각각 0.144(*), 0.309(**), 0.335(**), 0.205(**)로 나타났으며 인자형 리더십, 도덕적 리더십, 변혁적 리더십이 유의한 영향을 주는 것으로 나타났으며 유가사상 규범, 도가사상 원형, 권위적 리더십의 표준화계수 베타는 각각 0.001, 0.072, −0.117로 나타났다.

유가사상 규범, 도가사상 원형, 경영자 리더십 스타일의 합리문화
에의 영향을 다중회귀분석을 통해 살펴보면 도가사상 원형, 변혁적
리더십의 표준화계수 베타는 각각 0.193(*), 0.507(**)로 나타났으며
도가사상 원형, 변혁적 리더십이 유의한 영향을 주는 것으로 나타났
으며 유가사상 규범, 인자형 리더십, 도덕적 리더십, 권위적 리더십의
표준화계수 베타는 각각 0.038, 0.005, 0.120, 0.010으로 나타났다.

리더십 스타일 중 인자형 리더십, 도덕적 리더십, 변혁적 리더십은
집단문화, 발전문화에 유의하게 영향을 주며 변혁적 리더십은 합리
문화에 유의하게 영향을 주는 것으로 나타났다.

위의 회귀분석 결과는 기업문화 유형 중 집단문화, 발전문화가 조직
유효성에 유의하게 영향을 주며 리더십 스타일 중 인자형 리더십, 도
덕적 리더십이 조직유효성에 유의하게 영향을 주는 것을 보여주었다.

또한 유가사상 규범, 도가사상 원형, 경영자 리더십 스타일을 독립
변수로 기업문화를 종속변수로 하는 회귀모형에서 인자형 리더십,
도덕적 리더십, 변혁적 리더십은 집단문화 및 발전문화에 유의하게
영향을 보여주었다.

이에 따라 두 번째 단계에서는 유가사상 규범, 도가사상 원형, 리
더십 스타일(인자형 리더십, 도덕적 리더십, 변혁적 리더십), 기업문
화(집단문화, 발전문화) 및 조직유효성(과업만족도, 승진 및 보상만족
도, 생활만족도)을 포함한 구조방정식 모형을 통해 유가사상 규범,
도가사상 원형, 리더십 스타일과 기업문화 사이의 다자간 관계와 이
들 변수의 조직유효성에 대한 영향을 구체적이고 체계적으로 고찰해
보고자 한다.

<그림 1>은 경영자 리더십, 전통 문화 유산, 기업문화, 조직유효성 간의 관계를 보여주고 있다. 각각 인자형 리더십(Ben), 도덕적 리더십(Virt), 변혁적 리더십(Trans) 등 리더십 스타일, 도가사상의 원형(Tau), 유가사상 규범(Conf) 등 중국 전통 문화 유산과 집단문화(Group), 발전문화(Growth) 등 기업문화, 과업만족도(Job), 승진 및 보상만족도(Pron), 생활만족도(Life) 등 조직유효성 간의 관계를 계수로써 나타내 주고 있다.

구조방정식 모형의 적합도는 아래의 적합지수를 비교하여 판단할 수 있다.

첫째, GFI(goodness－of－fit－index)는 예측된 모델에 의해 설명되는 관측모델의 상대적인 분산과 공분산의 양을 보여주어 일반적으로 0~1.0의 값을 가지며 0.9 이상일 때 우수한 적합도를 보여준다고 판단된다.

둘째, RMR(root mean square residual)은 표본자료에 의해 모형이 설명될 수 없는 분산과 공분산의 양을 의미하여 0.05 이하일 때 좋은 적합도를 보여준다고 판단된다.

셋째, CMIN/DF는 χ^2과 자유도(degree of freedom: df)의 비율인 χ^2/df이며 일반적으로 3 이하인 경우 좋은 적합도를 보여준다고 판단된다.

이에 따라 구조방정식 모형의 적합도는 수용 가능한 것으로 판단되고 경로계수의 방향성과 유의성을 확인하고자 한다.

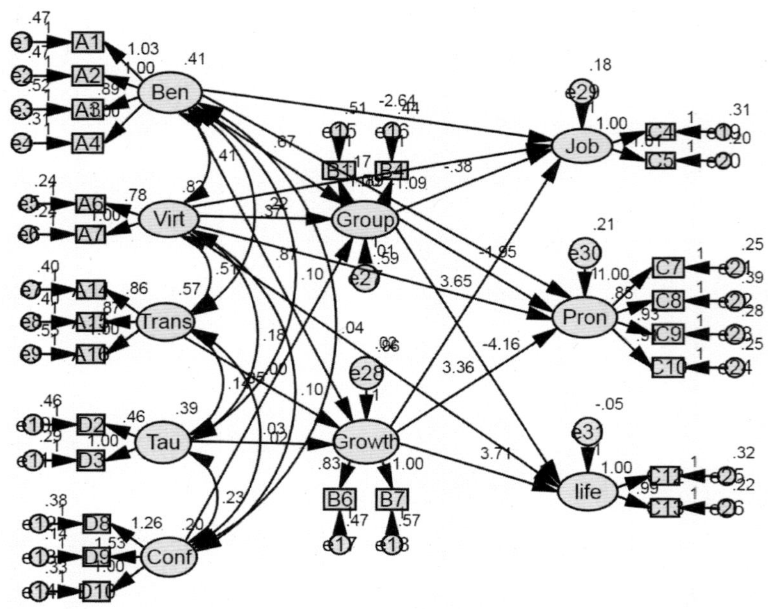

〈그림 1〉 구조방정식 모형 분석결과

〈표 2〉 절대적합지수와 간명적합지수

Model	RMR	GFI	AGFI	PGFI
Default model	.048	.830	.780	.643
Saturated model	.000	1.000		
Independence model	.249	.285	.228	.264

〈표 3〉 CMIN 관련 적합지수

Model	NPAR	CMIN	DF	P	CMIN/DF
Default model	79	521.102	272	.000	1.916
Saturated model	351	.000	0		
Independence model	26	2535.084	325	.000	7.800

1) 유가사상 규범과 집단문화와의 관계

유가사상 규범은 기업문화 중 집단문화에 정의 영향을 주는 것으로 나타났으며, 구조방정식을 통한 분석 결과 유가사상 규범의 집단문화에 대한 계수는 0.051로서 정의 영향을 주는 것으로 나타났으나 유의하지 않은 결과를 보여주었다.

다만, 유가사상 규범의 집단문화에 대한 영향을 단순회귀분석으로 살펴본 결과 유가사상 규범의 집단문화에 대한 표준화계수는 0.193이며 유의한(p<0.009) 결과를 보여주었다.

〈표 4〉 구조방정식 측정변수 간 계수추정치 및 유의성

측정변수 간 영향			계수추정치	표준오차	P-value
Conf	→	Group	.051	.055	.352
Ben	→	Group	.668	.134	***
Trans	→	Growth	.005	.043	.914
Virt	→	Group	.219	.087	.012
Tau	→	Growth	.031	.042	.465
Ben	→	Growth	.866	.121	***
Group	→	Job	−.383	2.179	.860
Group	→	Pron	−1.948	1.554	.210
Group	→	Life	−4.156	2.237	.063
Growth	→	Job	3.652	1.921	.057
Growth	→	Pron	3.357	1.368	.014
Growthl	→	Life	3.715	1.625	.022
Ben	→	Job	−2.639	2.644	.318
Virt	→	Job	.171	.508	.736
Ben	→	Pron	−1.088	1.489	.465
Virt	→	Pron	.594	.425	.162
Virt	→	Life	.957	.677	.157

따라서 '중국 유가사상 규범은 기업문화 중 집단문화에 정의 영향을 줄 것이다'라는 가설 1은 부분적으로 채택되었다.

2) 도가사상 원형과 발전문화와의 관계

도가사상의 원형은 기업문화 중 발전문화에 정의 영향을 주는 것으로 나타났으며 구조방정식을 통한 분석 결과 도가사상 원형의 발전문화에 대한 계수는 0.031로서 정의 영향을 주는 것으로 나타났으나 유의하지 않은 결과를 보여주었다.

다만, 도가사상 원형의 발전문화에 대한 영향을 단순회귀분석으로 살펴본 결과는 도가사상 원형의 발전문화에 대한 표준화계수는 0.256이며 유의한($p < 0.001$) 결과를 보여주었다.

따라서 '중국 도가사상 원형은 기업문화 중 발전문화에 정의 영향을 줄 것이다'라는 가설 2는 부분적으로 채택되었다.

3) 인자형, 도덕적 리더십과 집단문화와의 관계

인자형, 도덕적 리더십은 기업문화 중 집단문화에 정의 영향을 주는 것으로 나타났으며 구조방정식을 통한 분석 결과 인자형 리더십의 기업문화 중 집단문화에 대한 계수는 0.668이며 유의한($p < 0.001$) 결과를 보여주었다. 도덕적 리더십의 집단문화에 대한 계수는 0.219이며 유의한($p < 0.05$) 결과를 보여주었다.

이러한 분석 결과에 따라 '중국 기업 경영자 리더십 중 인자형 리더십, 도덕적 리더십은 기업문화 중 집단문화에 정의 영향을 줄 것이다'라는 가설 3은 채택되었다.

4) 변혁적 리더십과 발전문화와의 관계

변혁적 리더십은 기업문화 중 발전문화에 정의 영향을 주는 것으로 나타났으며 구조방정식을 통한 분석 결과 변혁적 리더십의 발전문화에 대한 계수는 0.031이나 유의하지 않은 결과를 보여주었다.

이러한 분석 결과에 따라 '중국 기업 경영자 리더십 중 변혁적 리더십은 기업문화 중 발전문화에 정의 영향을 줄 것이다'는 가설 4는 채택되지 않았다.

변혁적 리더십의 발전문화에 대한 단순회귀분석 결과는 변혁적 리더십의 발전문화에 대한 영향이 유의한 것으로 나타났다. 이는 구조방정식은 계수 추정 시 최대우도법(Maxium likelihood estimation)을 사용하지만 회귀분석은 최소자승법을 사용하는 등 추정방법에서 차이를 보임에 기인한 결과라고도 해석할 수 있다.

또한 구조방정식을 통한 분석 시 인자형 리더십의 발전문화에 대한 계수가 0.866으로서 유의하게(p<0.001) 나타났다. 이러한 결과는 구성원에 대한 배려와 장기적인 인간관계를 중시하는 인자형 리더십이 조직의 발전과 성장을 중시하는 발전문화에 정의 영향을 주는 요인이 되었다는 것을 보여준다고 할 수 있다.

5) 집단문화, 발전문화와 조직유효성 간의 관계

① 집단문화와 조직유효성 간의 관계

기업문화 중 집단문화는 과업만족도, 승진 및 보상만족도, 생활만족도 등 조직유효성에 부(−)의 영향을 주었으며 유의수준 0.05에서 모두 유의하지 않게 나타났다.

② 발전문화와 조직유효성 간의 관계

기업문화 중 발전문화는 과업만족도, 승진 및 보상만족도, 생활만족도 등 조직유효성에 정의 영향을 주었으며 발전문화의 과업만족도에 대한 계수는 3.652이지만 유의하지 않게($p > 0.05$) 나타났다. 발전문화의 승진 및 보상만족도에 대한 계수는 3.357이며 유의하게($p < 0.05$) 나타났다. 발전문화의 생활만족도에 대한 계수는 3.715이며 유의하게($p < 0.05$) 나타났다.

이에 따라 집단문화의 조직유효성에 대한 계수는 모두 부의 방향이며 유의하지 않은 결과를 보여준 반면 발전문화의 과업만족도, 승진 및 보상만족도, 생활만족도 등 조직유효성에 대해 정의 영향을 주었으며 특히 승진 및 보상만족도, 생활만족도에 대한 계수는 모두 유의한 결과를 보여주었다.

따라서 '중국 기업문화 중 집단문화, 발전문화는 조직유효성에 정의 영향을 줄 것이다'는 가설 5는 부분적으로 채택되었다.

6) 인자형, 도덕적 리더십과 조직유효성 간의 관계

① 인자형 리더십과 조직유효성 간의 관계

인자형 리더십은 과업만족도에 부의 영향을 주었으며 유의하지 않게 나타났다. 인자형 리더십은 승진 및 보상만족도에 부의 영향을 주었으며 유의하지 않은 결과를 보여주었다. 인자형 리더십의 생활만족도에 대한 영향 또한 유의하지 않게 나타났다.

② 도덕적 리더십과 조직유효성 간의 관계

도덕적 리더십은 과업만족도어 정의 영향을 주었으며 도덕적 리더
십의 과업만족도에 대한 계수는 0.171로 나타났으나 유의하지 않은
결과를 보여주었다. 도덕적 리더십의 승진 및 보상만족도에 대한 계
수는 0.594이었으나 유의하지 않은 결과를 보여주었다. 도덕적 리더
십의 생활만족도에 대한 계수는 0.957로 비교적 큰 영향을 주었으나
역시 유의하지 않은 결과를 보여주었다

따라서 '중국 기업 경영자 리더십 중 인자형 리더십, 도덕적 리더
십은 조직유효성에 정의 영향을 줄 것이다'라는 가설 6은 부분적으
로 채택되었다.

V. 결론

본 연구는 유가사상, 도가사상 등 전통문화 유산, 전통적인 가부장
적 리더십인 인자형, 도덕적·권위적 리더십 및 변혁적 리더십 등 중
국기업 경영자의 리더십 등 변수 간의 관계, 이들 변수 간의 관계의
기업문화에 대한 영향, 유가사상, 도가사상, 리더십 스타일, 기업문화
의 조직유효성에 대한 영향을 심층적이고 입체적으로 분석하였다.

유교사상의 규범은 특히 중국 기업문화 중 구성원에 대한 배려,
장기적이고 내부적인 인간관계, 내부지향성 등의 특징을 통해 집단

문화에 정의 영향을 주는 요인이 되고 있다.

도가사상의 원형은 현재에 이르기까지 중국기업의 기업문화에 깊은 영향을 주어 오고 있으며 중국기업의 조직운영 원리 및 외부환경에의 적응력 등의 형태를 통하여 중국 기업문화 중 발전문화에 영향을 주는 요인이 되고 있다.

중국기업 경영자가 사용하는 전통적 리더십 스타일 중 인자형 리더십, 도덕적 리더십은 기업문화 중 집단주의에 정의 영향을 주고 서구적 리더십인 변혁적 리더십은 발전문화에 정의 영향을 주는 요인으로 작용하게 된다.

본 연구는 유가사상 규범, 도가사상 원형, 중국기업 경영자의 리더십, 기업문화, 및 조직유효성을 포함한 구조방정식 모형을 적용하여 실증분석을 진행하였다.

첫째로 유가사상 규범은 기업문화 중 집단문화에 대한 정의 방향으로 영향을 보여주었고 회귀분석을 통한 분석에서는 유의한 결과를 나타내었으나 구조방정식을 통한 분석에서는 유의하지 않게 나타났다.

둘째로 도가사상의 원형은 기업문화 중 발전문화에 대해 정의 방향으로 영향을 보여주었고 회귀분석을 통한 분석에서는 유의한 결과를 나타내었으나 구조방정식을 통한 분석에서는 유의하지 않게 나타났다.

셋째로 인자형, 도덕적 리더십은 집단문화에 대해 정의 영향을 보여주었으며 도덕적, 인자형 리더십의 집단문화에 대한 계수는 모두 유의하게 나타났다.

넷째로 변혁적 리더십의 발전문화에 대한 계수는 정의 방향으로 나타났으나 유의하지 않은 결과를 보여주었다.

다섯째로 발전문화는 과업만족도, 승진 및 보상만족도, 생활만족도 등 조직유효성에 대해 정의 영향을 보여주었으며 발전문화의 승진, 보상만족도, 생활만족도에 대한 영향은 유의하게 나타났다.

여섯째로 도덕적 리더십은 승진 및 보상만족도, 생활만족도에 대해 정의 영향을 주는 것으로 나타났으나 도덕적 리더십의 승진 및 보상만족도, 생활만족도에 대한 계수는 유의하지 않게 나타났다.

또한 앞에서 기술한 구조방정식 모형과 회귀분석의 결과를 종합하면 각 측정변수 간의 관계는 다음과 같다.

본 연구의 실증분석 결과 중국 전통 문화 유산, 중국 경영자 리더십 스타일, 중국 기업문화 유형 및 조직유효성 간에는 다음과 같은 관계를 보여주게 된다.

유가사상 규범은 인자형 리더십에 정의 영향을 주고 도가사상 원형은 변혁적 리더십에 정의 영향을 주게 된다.

인자형 리더십은 집단문화와 발전문화에 유의하게 정의 영향을 주게 되며 도덕적 리더십은 집단문화에 유의하게 정의 영향을 주게 된다.

도덕적 리더십은 승진 및 보상만족도와 생활만족도에 정의 영향을 주게 되며 발전문화는 승진 및 보상만족도와 생활만족도에 유의하게 정의 영향을 주게 된다.

본 연구는 학계 및 실무계에 다음과 같은 시사점을 준다고 할 수 있다.

첫째, 중국기업의 기업문화는 집단문화의 성향이 강하고 유연하며 성장과 발전을 중요시하는 발전문화를 보여주고 있으며 특히 성장과 발전을 중요시하는 발전문화의 특성은 조직유효성에도 정(+)의 영향을 주고 있다. 한국기업 및 중국기업 연구자들은 중국기업의 이러한 경영관리 특성을 이해하는 것이 조직유효성 제고에 긍정적인 영향을 줄 것으로 보인다.

둘째, 리더십 스타일 중 도덕적 리더십이 조직유효성, 특히 승진 및 보상만족도, 생활만족도에 대해 정의 영향을 주는 것으로 나타났으며 이는 리더의 도덕성, 솔선수범이 구성원이 느끼는 조직유효성을 높이는 데 긍정적으로 작용할 것으로 보인다.

셋째, 구성원에 대한 개인적 배려와 장기적인 관계를 중시하는 인자형 리더십은 집단문화와 발전문화에 대한 영향을 통해 조직유효성을 높일 수 있을 것이다. 이는 관계를 중요시하는 리더십을 행사하는 것이 구성원의 만족도와 조직유효성의 제고에 긍정적인 영향을 주게 될 것임을 보여준다.

넷째, 유가사상 및 도가사상은 인자형 리더십과 변혁적 리더십을 통해 간접적으로 조직유효성 제고에 긍정적으로 작용하고 있다. 이는 유가사상 및 도가사상이 리더십 및 기업문화 간의 관계를 통해 조직운영에 현재까지 지속적으로 영향을 주고 있음을 보여준다고 볼 수 있다. 특히 이는 유가사상은 집단주의에 정의 영향을 주고 도가사상은 발전문화에 정의 영향을 주며 발전문화의 조직유효성에 대한 영향이 뚜렷하게 나타난 것을 통해서도 발견될 수 있을 것이다.

다섯째, 기존의 상당수 연구가 리더십 유형 또는 기업문화 유형 간의 관계, 또는 리더십 스타일 또는 기업문화 유형의 조직유효성(또는 조직성과)에 대한 영향을 분석하는 데 머무른 데 비해 본 연구는 유교사상, 도가사상을 포함하여 전통문화 유산, 리더십 스타일, 기업문화 간의 다자간 관계와 이들 각 변수 및 직간접적 관계의 조직유효성에 대한 영향을 체계적으로 분석했다는 점에서 학문적 시사점이 있다고 생각한다.

이러한 중국 전통 문화 유산, 사회경제적 요인, 중국 경영자 리더십, 기업문화 간의 관계와 이들 변수의 조직유효성에의 영향에 대한 체계적이고 총체적인 실증분석은 학계 연구자와 실무자가 중국기업의 기업문화 및 조직운영 특성에 대한 심도 있는 이해를 증진시킬 수 있다는 측면에서 차별적인 가치가 있다고 할 수 있다.

이에 따라 본 연구는 중국기업과의 경쟁과 협력이 나날이 치열하게 이루어지는 가운데 중국 기업 연구자, 중국 현지 투자자 및 중국 현지기업 관리자가 중국기업의 경영관리 특성을 구체적으로 파악하는 데 있어 도움을 줄 수 있으며 중국기업과 전략적 제휴, 중국 현지투자 시 중국기업의 특성을 객관적으로 이해할 수 있고 중국기업과의 협력과 의사소통을 강화할 수 있는 안목을 제시한다는 측면에서 가치가 있다고 판단된다.

참고문헌

백권호·장수현(2009), "중국 기업문화의 특성과 경영 현지화 -정, 리, 법 패러다임과 '관시'의 비판적 재고찰", 『중국학연구』, 제47권, 249-280.

이상윤a(2011), "최고경영자의 리더십 유형, 조직문화 유형 및 조직유효성에 대한 실증분석 -중국 3개 지역 기업을 중심으로", 『국제지역연구』, 제15권 제3호, 93-124.

이상윤b(2011), "조직 성숙도, 조직 리더십스타일 및 조직성과에 대한 실증분석 -중국 4개 지역 기업을 중심으로", 『중소연구』, 제35권 제3호, 71-107.

余英時 저, 김병환 역(2007), 『동양적 가치의 재발견』, 서울, 동아시아, 106-110, 112-120.

陳立夫 저, 정인재 역(1986), 『중국철학의 인간학적 이해』, 서울, 민지사, 64.

D. R. Forsyth 저, 남기석·안미영·이종택·이진환·최훈석·홍기원 역(2006), 『집단역학』, 서울, 시그마프레스, 201-208.

E. H. Schein 저, 딜로이트 컨설팅 코리아 역(2005), 『기업문화 혁신전략』, 서울, 도서출판 일빛, 125-186.

G. Morgan 저, 박상언·김주엽 역(2004), 『조직의 8가지 이미지』, 서울, 지샘, 213-224.

廖述賢·吳啓絹·胡大謙·樂薏崗(2008), "組織文化、知識取得、組織學習與組織創新關聯性之研究", 『臺灣: 人力資源管理學報』, 第8券 第4號, 1-29.

方妙玲(2007), "倫理領導、信任、個人需求實現組織承諾的影響",

『臺灣: 企業管理學報』, 第74券, 1－40.

蘇英芳(2006), "魅力領導、家長式領導、 德性領導與領導效應之研究", 『臺灣: 中山管理評論』, 第14卷 第4號, 939－968.

楊君茹・費明勝(2011), "企業文化緯度構建及其對員工滿意度影響的實證分析", 『中國: 財經論叢』, 第4卷, 99－104.

吳萬益・林志成・傅貞夙(2006), "領導形態與組織文化對組織承諾與組織績效影響之研究－以臺灣不同國籍製藥廠爲例", 『臺灣: 企業管理學報』, 第7卷, 35－76.

林家五・彭玉樹・熊欣華・林裘緒(2004), "企業文化形成機制:從認知基模到共享價値觀的形成", 『臺灣: 人力資源管理學報』, 第4卷 第3號, 91－115.

蔣岡霖(2001), "企業文化影響招募與甄選對人材需要之差異分析－以臺灣食品業爲研究對象", 『臺灣: 中華管理學報』, 第2卷 第2號, 1－17.

張慧遠(2007), "從神話到哲學:中國古代水思想探析", 『中國: 求索』, 第3卷, 155－157.

鄭伯壎・姜定宇(2005), 『華人本土心理學』, 臺灣, 桂冠出版社, 789－831.

陳嵩・李佩芬(2005), "上司家長式領導風格對銷售人員目標取向之影響－以壽險業爲例", 『臺灣: 企業管理學報』, 第71卷, 1－34.

蔡明田・余明助(2000), "企業文化、組織生涯管理與組織績效之關係研究－以臺灣高科技產業爲例", 『臺灣: 管理評論』, 第19卷 第3號, 51－75.

祝道松・盧正宗・游怡婷(2008), "領導形態、審計結構與審計人員角色壓力對工作滿意度關係之研究", 『臺灣: 會計與公司治理』, 第5卷 第1號, 1－32.

黃石公 저, 李慧・李彦舟 역(2009), 『素書』, 北京: 經濟日報出版社, 15－16.

許愼 저, 湯可敬 편(1997), 『說文解字今釋』, 湖南: 岳麓書社, 482

－483.

J. Legge 저, 楊伯峻 역(1992), 『四書(The Four Books)』, 湖南, 湖南
　　出版社, 320－321.

A. Nahavandi(2012), The Art and Science of Leadership, New Jersey:
　　Pearson Education Inc., 180－195.

A. S. Tsui, H. Wang, K. R. Xin(2006), "Organizational Culture in
　　China: An Analysis of Culture Dimensions and Culture Types",
　　Management and Organization Review(P. R. China), 2:3, 345
　　－376.

B. M. Bass(1985), "Leadership: Good, Better, Best", Leadership dynamics,
　　26－40.

C. Shilling, P. A. Mellor(2007), "Cultures of embodied experience:
　　technology, religion and body pedagogics", The Sociological
　　Review, 55:3, 531－549.

E. H. Schein(1985), Organizational Culture and Leadership, San
　　Francisco: Jossey Bass, 9－10.

G. Hofstede(1983), "The Culture Relativity of Organizational Practices
　　and Theories", Journal of International Business Studies (Fall).

G. Hofstede, G. J. Hofstede, M. Minkov(2010), Culturess and
　　Organizations: Software of the Mind: Intellectual Cooperation
　　and Its Importance for Survival, McGraw－Hill Companies, 53
　　－276.

H. Movius, M. Matsuura, J. Yan, D. Y. Kim(2006), "Tailoring the
　　Mutual Gains Approach for Negotiations with Partners in
　　Japan, China, and Korea", Negotiation Journal, October, 389
　　－435.

J. M. Burns(1978), Leadership, New York: Harper & Row.

J. Wang, L. L. Davies, N. K. Kakabadse, Z. Xie(2011), "Leader
　　Characteristics and Styles in the SMEs of the People's Republic
　　of China During the Global Financial Crisis", Strategic Change,

20, 17 − 30.

J. Weber(2009), "Using Exemplary Business Practices to Identify Buddhist and Confucian Ethical Value Systems, Business and Society Review", 114:4, 511 − 540.

K. S. Cameron, R. E. Quinn, D. Jeff, and V. T. Anjan(2006), Competing Values Leadership: Creating Value in Organizations, Cheltenham, UK: Edward Elgar Publishing, 14 − 40.

L. Miles(2006), "The Application of Anglo − American Corporate Practices in Societies Influenced by Confucian Values", Business and Society Review, 111:3, 305 − 321.

M. Wu, X. Huang, C. Li, W. Liu(2011), "Perceived Interactional Justice and Trust − in − supervisor as Mediators for Paternalistic Leadership", Management and Organization Review(P. R. China) 8:1, 97 − 121.

P. Hersey, K. H. Blanchard, D. E. Johnson(2006), Management of Organizational Behavior: Leading Human Resources, New Jersey: Prentice Education. Inc., 127 − 229.

R. Harrison(1972), "Understanding Your Organization's Character", Harvard Business Review (May − June), 119 − 128.

R. Likert(1961), New Patterns of Management, New York: McGraw Hill Book Company Inc.

R. T. Blackburn, S. M. Horowitz, D. W. Edington, D. M. Klos(1986), "University − faculty and Adimistrator responses to Job Restraints", Research in Higher Education, 25, 31 − 41.

R. Tannenbaum, W. H. Schmit(1973), "How to Choose a Leadership Pattern", Harvard Business Review (May − June), 167.

T. E. Deal, A. A. Kennedy(1982), Corporate Cultures: The Rites and Rituals of Corporate Life, Mass: Addison − Welsey.

T. Parsons(1973), Culture and Social System Revisited, in L. Schneider(ed.), The Idea of Culture in the Social Science, London: Cambridge

University Press.

Y. H. Cho, J. K. Yoon(2001), "The Origin and Function of Dynamic
    Collectivism: An Analysis of Korean Corporate Culture", Asia
    Pacific Business Review (Summer), 7, Issue 4, 70－80.

참고 사이트

仁一 維基百科: http://zh.wikipedia.org/wiki/

Abstract

An Empirical Study on the relationships among Chinese Corporate Cultures, Leadership Styles, and Organizational Effectiveness

An empirical study was carried out to analyze the relationship among Confucianism thoughts, Taoism thoughts, Chinese corporate leadership styles, Chinese corporate cultures, organizational effectiveness through Structural Equation Modeling and Regression Analysis.

As a result, first, it partly shows the effect of Confucianism norms on Group Culture. Second, the effect of Taoism prototype on Development Culture was shown partly. Third, Benevolent leadership and Virtuous leadership have significant effects on Group Culture of Chinese firms. Fourth, Development Culture have significant effects on the organizational effectiveness, which includes promotion and compensation satisfaction, and life satisfaction. Fifth, Virtuous leadership has effects on the organizational effectiveness.

This study provides an empirical model that can the effects of analyze the effects of Confucianism thoughts, Taoism thoughts, and Chinese corporate leadership styles on Chinese corporate cultures, the relationships among these four variables and the effects of these relationships on organizational effectiveness.

Key words: Chinese firms, Confucianism thoughts, Taoism thoughts, Corporate cultures, Leadership styles

4

Intensity of Social Network Use by Involvement: A Study of Young Chinese Users*

Choo−Hui Park** ·Yong June Kim***

Abstract

This research focuses on the use of social network sites (SNS) among young Chinese users. There are two objectives of this study. First, the paper examines the characteristics and current situations of SNS in China. The second is to examine the relationship between the types of involvement and the intensity of SNS use. This study uses data from 200 samples, mostly young Chinese users in Beijing,

* This paper published in 「International Journal of Business and Management」, Vol.8, No.6
** Keimyung University
*** Sungkyunkwan University Graduate School of Business

China. Factor analysis suggests four factors: personal involvement in usefulness and usage, physical involvement in trust, and situational involvement in relationships. The total variance explained by all four factors is 67.82 percent. Personal involvement on usefulness accounts for most (33.12%) of the explained variance, followed by physical involvement in trust (13.47%). In general, correlation results show that there are significant relationships between the intensity to use SNS and all types of involvement. Personal involvement in usefulness shows a very strong relationship with the intensity of SNS use(cor =.93). Through regression, the result suggests that only personal involvement in usefulness and physical involvement in trust are in the model, with a value of 88.5 percent for R^2, which significantly explains the intensity of SNS use. The results from this study provide insightful information on how different types of involvement can influence users' intensity of SNS use. The mostly frequently used social network sites among participants for this study are Renren, QQ(Qzone) and Sina Space.

Keywords: social network sites, involvement, adoption, intensity of use, young Chinese people

Ⅰ. Introduction

Social Networking Sites (SNS) have significantly expanded as a communication tool since 2006. Nowadays, the importance of SNS has become a major issue within society, as well as a significant study topic for many researchers. Social network sites integrate digital communication; in addition, the most important characteristic of SNS is that they enable users to make their social networks visible and build connections among individuals (Shi, Lee, Cheung & Chen, 2010). SNS such as Facebook, Myspace, LinkedIn in the US, Cyworld in Korea, Friendster in Asia, Hi5 in Spanish-speaking countries, and QQ, RenRen, Kaixin001 in China are the most frequently used SNS among people worldwide (Yanqiu, 2011). The 2008 comScore survey regarding global SNS usage showed that Asia has been a part of the world where this phenomenon is flourishing (Lin, Chiu & Lim, 2011). China has its own versions of Facebook and their social networking landscape is much more diverse in terms of users and purposes. Many of Chinese people are motivated to be involved in social network sites for many different reasons, such as connecting with friends and family, socializing with new friends, and accessing information, among many others. China has the largest number of Internet users around the world (Zeng, Huang, & Dou, 2009; Chen & Haley, 2010). According to the China Internet

Network Information Center (CNNIC), the total number of netizens had reached 485 million within a population of 1.3 billion people, and the number of SNS users had reached 230 million in July 2011 launched by iResearch, reported that the number of social networking services had reached (Zhang, 2011). Furthermore, iUserTracker, a user online behavior measurement system 410 million in second quarter 2012, with a year−by−year growth rate of 9.0% and over 93% user penetration (iResearch report, 2012). They believe that social networking services have become one of the most frequently used services among Chinese Internet users. Moreover, Chinese society has changed dramatically within the past 30 years (Chen & Haley, 2010), and one distinctive indicator of such societal change in people's lives is the shift in value systems, which can be explained by how people use SNS.

To gain deeper insight into Chinese SNS, it is necessary to explore the current situation of SNS in China, as well as the main users of these SNS. In this research, the first objective focuses on understanding Chinese SNS and their characteristics. The second objective is to explore in detail the characteristics of SNS adoption, especially for the young Chinese generation, which is one of the most active user segments, accounting for approximately 90 percent of those aged between 16 and 30 years (Yanqiu, 2011). Understanding which factors influence online social networking site use will explain users' underling adoption factors, based on the types of involvement toward SNS. However, little research exists in the types of involvement as variables to measure user behavior in relation to the intensity of SNS use. Understanding young Chinese people's involvement in SNS and the relationships between the types of involvement and intensity of SNS use will help to explain and fill the gap from previous research based on some of the underlying adoption factors of SNS in China.

II. Literature Review

2.1 Definition of Social Network

The network approach can be explained by sociology, anthropology and role theory. First, sociology emphasizes patterns of interaction and communication as the key to understanding social life. Second, in Anthropology, exchange theory emphasizes the content of relationships joining individuals. Finally, role theory defines organizations as fish nets of interrelated offices. Furthermore, the social network approach views organizations in society as a system of objects (e.g., people, groups, organization) joined by a variety of relationships (Tichy, Tushman & Fombrun, 2012). An important characteristic of SNS is that they enable users to make their social networks visible and build connections among individuals (Shi, Lee, Cheung & Chen, 2010). Social networks exist in a cyber space, thereby allowing individuals to build their profiles and share texts, images, photos, videos, blogs and links with other website members; in fact, they are currently the world's fastest growing personal networking tools (Lin & Lu, 2011; Sledgianowsky & Kulviwat, 2009). Boyd and Ellison (2008) define social network sites as web-based services that allow individuals to construct public or semi—public profiles so that users can share connections, view and traverse their connections within a system.

2.2 Social Network Sites in China and Relevant Literatures

The Chinese government maintains relatively strict control over information flows on the Internet and some popular social network sites, such as Facebook, which is not available in mainland China (Chen & Haley, 2010). Even though some popular international social networking sites such as Facebook, Myspace, Twitter and others are not accessible, young Chinese people have alternatives in China's versions of Facebook, Twitter and You Tube such as Renren, Kaisin001, and many others that are available (Yanqiu, 2011). The various Chinese social network sites established since 2007 and China's top social networks sites are Qzone (Tencent), Renren, Pengyou,

SinaWeibo, Kaixin001, and 51.com among others (Appendix 1). Qzone is China's largest social network, with 637 million active users for Tencent's QQ Messenger, and Renren is China's leading real－name social network, which is currently setting the gold standard for SNS in China (Techrice, 2011). In terms of segmentation, Renren is most popular with university students (Yanqiu, 2011). In 2005, Renren was initially a clone of Facebook called Xiaonei (校内); however, since 2009, the site's name was switched to Renren, as well as its strategy with the aim to target college students as the main users, just as Facebook was before opening the site to the general public. Chinese SNS can be divided into several categories in terms of different target groups with its orientations. Such types are as follows: college student－oriented, entertainment－oriented, business －oriented, and dating or marriage matching－oriented (Zhong, 2010). Also, unlike Facebook, a handful of social networks have attracted segmented audiences, ranging from upscale urban youth to university students and migrant workers (The China Business Review, 2011).

In recent years, researchers have conducted comparison studies based on cultural differences and motivations of SNS use among China, Korea and the United States (Ji, Hwangbo, Yi, Rau, Fang & Ling, 2010; Kwon & Kim, 2011; Lee Y, 2011). Moreover, Yanjqui (2011) studied political issues shared in a leading domestic SNS site in China and concluded that SNS creates an alternative community space for political discussions that have never existed in the mass media before. Business models of Chinese SNS (Zhong, 2010) and campus SNS in China have been explored by using an extended TAM model (Hou, Fan, Lee & Suh, 2009). Also, the relationships among the big five personality factors, self-esteem, narcissism and sensation seeking have been examined via Chinese university students' SNS use (Wang, Jackson, Zhang & Su, 2012). Lin and Lu(2011) explored factors affecting users' behavior of continuously joining SNS by applying network externalities and motivation theory by using structural equation modeling(SEM): enjoyment, the number of peers, and usefulness were identified as important influential factors for continued intention to use SNS. The previous studies examined the relationship between students' demographic characteristics and SNS experiences among SNS users and non—users. Results showed no significant relationship between the two variables (Hargittai, 2007). The actual usage of SNS examined was based on the hedonic perspective, such as perceived trust, playfulness, critical mass, ease of use, usefulness and adoption intention (Sledgianowski & Kulviwat, 2009). The adoption and non—adoption factors of social network sites for Singapore's working adults were identified (Lin, Chiu & Lim, 2011). Cheung, Chiu and Lee (2011) explained why students use SNS (Facebook) by social influence theory, the gratifications paradigm and social presence theory.

Online social networking site netizens use SNS for many purposes. Social networking sites typically provide users with a profile space, facilities for uploading content (e.g., photos, music), messaging in various forms and the ability to make connections with other people (Joinson, 2008). In addition, SNS give individuals a venue to identify with others and gain a sense of belonging, such as connecting with family, friends and society (Vanlenzuela, Park & Kee, 2009). For the young generation, users spend a significant amount of time on selected social network sites and have relatively positive attitudes toward those sites (Chen & Haley, 2010). A previous study identified the intensity of SNS use. From this study, it was found that Facebook intensity suggested Facebook use as important for bonding social capital; specifically, positive relationships between life satisfaction, social trust, and participation in civic and political activities among college students were identified. Yet, associations between Facebook variables and social capital were small (Ellion, Steinfield & Lampe, 2007; Valenzuela, Park & Kee, 2009). Understanding users' SNS adoption factors can be explained by gender and age (Mantsumitrchai, Park & Chiu, 2012). Also, the popularity of social networking has resulted in a significant decrease in time spent elsewhere online (Chiu, Lin & Silverman, 2012), A Boston Consulting Group study found that Chinese Internet users are online for an average of 2.7 hours per day, considerably more than other developing countries, and more on par with usage patterns in Japan and the United States (The China Business Review, 2011).

Ⅲ. Hypostheses and Research Design

3.1 Hypotheses

3.1.1 Involvement

In previous research, many of the different definitions of involvement, such as involvement in advertisements, products, purchases and brands have been identified; the reasons for such diverse definitions and measures of involvement are perhaps due to the different applications of the term involvement. There are three categories in which to classify involvement, such as personal, physical and situational (Zachkowsky, 1985). The important characteristic of SNS is that they enable users to experience an amount of involvement with social networks and build connections among individuals. This research tries to identify the three different categories of involvement in order to explain the underlying factors involving the relationship between an individual's involvement and the intensity of SNS use.

H1: There are relationships between the intensity of SNS use and the types of involvement (personal, physical, and situational).

3.1.2 Personal Involvement

According to Zachkowsky (1985), personal involvement basically concerns inherent interests, values, or needs that motivate one toward an object; in other words, when an individual feels that a system is useful, he or she will think positively about it. Thus, the usefulness of a system has great influence and is positively related to the adoption of information technology (Lin & Lu, 2011).The perceived usefulness of SNS affects positive intentions to use them (Kang & Lee, 2010). Usefulness, such as the benefits of SNS use interact with the society, community and events, and trends for SNS use were found among females and young people (Mantsumitrchai, Park & Chiu, 2012). Such usefulness has been considered as important in determining an individual's acceptance and usage of information technology (Sledgianowski & Kulviwat, 2009).

H2a: Personal involvement in usefulness positively influences the intensity
of SNS use.

For SNS use, activities such as sending and receiving messages, finding people, posting and sharing pictures, viewing profiles, chatting and joining groups were identified, and users liked to share photos and videos on SNS; in particular, females and younger generations engaged much more actively in these activities (Joinson, 2008; Mantsumitrchai, Park & Chiu, 2012; Lin & Lu, 2011; Boyd & Ellison, 2008).

H2b: Personal involvement in usage positively influences the intensity of SNS use.

3.1.3 Physical Involvement

The definition of physical involvement concerns the characteristics of the object that cause differentiation and increase interest (Zachkowsky, 1985). Trust represents a willingness to be placed in a position of vulnerability, based on having positive expectations of another party's future behavior (Zhou, Lu & Liu, 2010). Trust in or reliability of SNS is considered to be another important physical factor to increase the rate of SNS adoption (Mantsumitrchai, Park & Chiu, 2012), even though users' perceived risks of using SNS are low. Social network sites have privacy control settings built into the profile options, which enable users to choose who can view and add content to their personal websites, and perceived trust is a significant predictor of intent for SNS use (Sledgianowski & Kulviwat, 2009).

H3: Physical involvement in trust positively influences the intensity of SNS use.

3.1.4 Situational Involvement

Situational involvement is something that temporarily increases relevance or interest toward an object, which refers to how an individual reacts in different situations upon evaluation (Zachkowsky, 1985). Females and younger people are more likely to show their personal information only to their friends and relatives (Mantsumitrchai, Park & Chiu, 2012). Such a characteristic on SNS, relevant to the relationships among people, can influence the intensity of SNS use.

H4: Situational involvement in relationships positively influences the intensity of SNS use.

3.1.5 Intensity of SNS Use

Valenzuela, Park and Kee (2009) used an intensity measurement scale as a dependent variable, which was adapted and modified from Ellison, Steinfield and Lampe (2007). The scale was based on level of agreement with several statements related to users' emotional attachment to sites. In this research, three items from questionnaires related to attachment were used to measure intensity: I feel I am part of the SNS community; I am proud to tell people I am on SNS; and, Using SNS is part of my daily activity, and I will keep on using SNSs, were added to increase the validity of the questionnaires. The categories used 1=strongly disagree to 5=strongly agree Likert scales.

3.2 Research Design

3.2.1 Stage 1: Qualitative Method

To understand which factors motivate people to use social network sites by level of involvement, this research used a questionnaire from previous research (Mantsumitrchai, Park & Chiu, 2012; Lin & Lu, 2011). The research questionnaire had items that were modified and deleted in order to fit this study by using a pretest on 12 Chinese students currently studying at Keimyung University in Daegu, Korea. This pretest helped identify some of the factors that would be relevant to characteristics of young Chinese people in mainland China. Some demographic factors, such as income level and behavioral factors in the number of years of SNS use, along with the names of social network sites commonly used in China and intensity factors, were identified. In order to recognize a relationship between the involvement factors and the intensity in social network site use, the intensity measurement items I'm proud to tell people I am using SNS; Using social networks is part of my daily activity: and I feel I am part of the SNS community (Valenzuela, Park & Kee, 2009) were adopted and modified. In addition, the item, I will keep on using SNSs, was added to measure intensity. Even though previous research questionnaires have been based on targeted specific social network sites, such as

Facebook users, the pretest of the adopted and modified questionnaire for this research made the instrument appropriate for use. Based on previous studies, there are many reasons why people use SNS, but for this study, after the pretest, 26 questions were used to measure underlying factors, and four questions were asked to measure the intensity of SNS use.

Due to the language barrier, at first the survey was created in Korean and was then translated into Chinese by the parallel translation method. The translation had been done by second—and third—generation Chinese and Korean bilingual students from S University and a professor from D University in Korea. These translated surveys were used for the pretest for this study, as well. The parallel translation means that more than two translators were used for the back translation; the results were compared, and differences were discussed (Cateora, Gilly& Graham, 2009).

3.2.2 Stage 2. Quantitative Method

The purpose of this research was to target Chinese SNS users. Surveys were collected from mainland China. The 26 questions, and four questions to measure intensity of use, using a 5—point Likert scale, and other demographic and behavioral questions were finalized in Chinese. Due to the distance barrier; data were collected by the O Research Company in Beijing. Two hundred data were collected between October 15 to 21, 2012 for one week, and the main target sample were university students who studied in the Beijing area. The most representative population of this study consisted of university students who using social network sites. The data were delivered in Excel format via email for analysis. For this research, the SPSS statistics version 20 was used in the analysis.

Ⅳ. Analysis and Results

There were two hundred students who participated in the survey. By gender, 63 percent of the participants were female, and 65 percent of the respondents were between 20−23 years old. The majority of the participants were undergraduate students (n＝141, 70.5%). Approximately 52% of the participants had no income. Eighty−eight percent of the respondents had been using social network sites (SNS) recently. A total of 75.5% of users reported spending less than two hours per day on SNS, and 11.5% reported spending more than 3 hours per day on SNS. Additionally, nearly 67% of the participants reported using SNS for less than three years. Most of the SNS respondents used were Renren, QQ(Qzone) and SinaSpace. Table 1 provides a profile of the respondents for this study.

<Table 1> Demographic information of respondents and their SNS use

	Frequency	Percent	Cumulative Percent
Gender			
Male	74	37.0	37.0
Female	126	63.0	63.0
Total	200	100.0	
Age			
Less than 19	6	3.0	3.0
20−23	131	65.5	68.5
Above 23	63	31.5	100.0
Total	200	100.0	
Education			
Highschool	13	6.5	6.5
Undergraduate	141	70.5	77.0
Graduate	29	14.5	91.5
Ph. D.	2	1.0	92.5
Missing	15	7.5	100.0
Income per month(Chinese yuen)			
Less than 1,500	34	17.0	17.0
1,501−3,000	23	11.5	28.5
3,001−5,000	22	11.0	39.5
5,001−8,000	11	5.5	45.0
More than 8,000	6	3.0	48.0
Have no income	104	52.0	100.0
Total	200	100.0	
Have you been using SNS recently?			
Yes	176	88.0	88.0
No	24	12.0	100.0
Total	200	100.0	
How much time do you spend on SNS per day on average?			
〈 30minutes	58	29.0	29.0
30mins−1hr	46	23.0	52.0
1−2hrs	47	23.5	75.5

2−3hrs	26	13.0	88.5
More than 3hrs	23	11.5	100.0
Total	200		
How many friends do you have on SNS?			
Less than 49	46	23.0	23.0
50−99	31	15.5	38.5
100−299	63	31.5	70.0
300−399	26	13.0	83.0
400−499	12	6.0	89.0
More than 500	22	11.0	100.0
Total	200		
How long have you been using SNS?			
〈 6months	29	14.5	14.5
6−12months	13	6.5	21.0
1−3years	92	46.0	67.0
4−6years	52	26.0	93.0
More than 7years	14	7.0	100.0
Total	200		
The SNS most used by respondents			
Sina Space	53	26.5	26.5
Renren	73	36.5	63.0
Kaixin	5	2.5	65.5
QQ	61	30.5	96.0
Douban	4	2.0	98.0
Kakaotalk	2	1.0	99.0
Pengyou	0	0.0	99.0
Other	2	1.0	100.0
Total	200		

4.1 Reliability of Measures

The reliability test was used to ensure the degree of consistency among the measures for all 26 questions. Cronbach's alpha for the reliability test was .961 (Table 2). For the internal consistency evaluation, the corrected item to the total correlation for each of the 26 items was above .30, indicating the reliability for each construct. Thus, the reliability measure met the requirement (see Hair et al., 1998). Hotelling's T−square (Table 3) showed a significant level with the calculated F−value of 7.80. Thus, the set of variables met the fundamental requirements for the factor analysis.

〈Table 2〉 Result in reliability statistics

Cronbach's Alpha	Cronbach's Alpha Based on Standardized Items	N of Items
0.961	0.962	26

〈Table 3〉 Hotelling's T−squared test

Hotelling's T−Squared	F	df1	df2	Sig.
221.838	7.803	25	175	0.000

4.2 Factor Analysis

Factor analysis with varimax rotation as an extraction was used to identify the factors. The Kaiser−Meyer−Olkin Measure of Sampling

Adequacy (KMO) and Bartlett's Test of Sphericity showed statistical significance at the .01 level. Following Hair's (1998) suggestion, the cutoff point of at least .60 was used for the factor loadings. The result indicated four factors with an eigenvalue greater than 1 (see Table 4). The entire explanation of all four factors was 67.82 percent.

〈Table 4〉 Factor analysis results

	F1	F2	F3	F4
1. Personal Involvement (Usefulness)				
1. Using SNS is entertaining.	0.68			
2. I will use SNS if my family and relatives are using them.	0.69			
3. SNS is a good way to keep in touch with friends.	0.62			
4. It is interesting to check others' status and information through SNS.	0.71			
5. SNS are a form of interaction with society, the community, and events.	0.78			
6. SNS let me connect with my family, friends and relatives.	0.77			
7. SNS are useful.	0.80			
8. SNS are a way to express myself.	0.71			
9. I enjoy chatting with people through SNS.	0.79			
10. It is a trend to use SNS.	0.83			
11. I will use SNS if my friends are using them.	0.78			
2: Physical Involvement(Trust)				
1. I am willing to share personal information on SNS.		0.61		
2. Using SNS is safe and secure.		0.79		

3. People using SNS are trustworthy.	0.62			
3: Situational Involvement (Relationships)				
1. I like face−to−face communication rather than using the Internet.			0.74	
2. I prefer to show my personal information only to my friends.			0.63	
3. I prefer to show my personal information only with to relatives.			0.66	
4. SNS can harm relationships. (couples/friends)			0.67	
4: Personal Involvement (Usage)				
1. I like sharing photos through SNS.				0.68
2. I like sharing videos through SNS.				0.66
Eigenvalues	3.16	3.50	2.96	2.55
% variance	33.12	13.47	11.42	9.81
Cumulative variance	33.12	46.59	58.01	67.83
Cronbach Alphas	0.958	0.96	0.961	0.959

The first factor, personal involvement in usefulness, consisted of eleven items with an eigenvalue of 8.612, which accounted for 33.12 percent of the total variance. The second factor, physical involvement in trust, included three items that accounted for 13.47 percent of the variance. The third factor, situational involvement (relationships), contained four items, contributing to 11.42 percent of the variance. The last factor, personal involvement (usage), consisted of two items, which contributed 9.81 percent to the total variance explained. Table 5 shows the results of the means and standard deviations for the factors and their items.

<Table 5> Means and standard deviations for the factors and items (n=200)

Factors	Mean	S.D.
Usefulness (Factor 1)-Independent Variables	3.46	.917(Cronbach's alpha = .96)
Using SNS is entertaining.	3.42	1.1
I will use SNS if my family and relatives are using them.	3.57	1.12
SNS is a good way to keep in touch with friends.	3.25	1.17
It is interesting to check others' status and information through SNS.	3.59	1.1
SNS are a form of interaction with society, the community, and events.	3.53	1.07
SNS lets me connect with my family, friends and relatives.	3.42	1.11
SNS are useful.	3.43	1.04
SNS are a way to express myself.	3.42	1.01
I enjoy chatting with people through SNS.	3.37	1.05
It is a trend to use SNS.	3.64	1.12
I will use SNS if my friends are using them.	3.51	1.08
Trust (Factor 2)	2.79	.90(Cronbach's alpha =.74)
I am willing to share personal information on SNS.	2.85	1.13
Using SNS is safe and secure.	2.66	1.1
People using SNS are trustworthy.	2.89	1.08
Relationship (Factor 3)	3.35	0.87
(Cronbach's alpha = .76)		
I like face-to-face communication rather than using the Internet.	3.31	1.12
I prefer to show my personal information only to my friends.	3.64	1.18
I prefer to show my personal information only to my relatives.	3.32	1.18
SNS can harm relationship. (couples/friends)	3.16	1.1
Usage (Factor 4)	3.22	1.09
(Cronbach's alpha = .79)		

I like sharing photos through SNS.	3.21	1.17
I like sharing videos through SNS.	3.16	1.15
tensity of Social Network Site Use (Dependent Variables)	3.31	.94 (Cronbach's alpha = .88)
I am proud to tell people I am on SNS.	2.96	1.02
Using SNS is part of my daily activity.	3.39	1.12
I will keep on using SNS.	3.54	1.14
I feel I am part of the SNS community.	3.35	1.11

Note: A value of "5" indicates "strongly agree," and a value of "1" indicates "strongly disagree" on Likert scales.

4.3 Correlation

Correlations were used to test the relationship between the dependent variable (intensity of SNS use) and the independent variables, which were the four factors. Pearson correlations showed that there were significant correlations between the intensity of SNS use and all of the four factors at the .01 level. Among the four factors, the findings show that personal involvement in usefulness, the first factor, had the strongest correlation (cor = .933) with the intensity of SNS use. The second strongest correlation (cor = .719) with the intensity of SNS use was personal involvement in usage, which was the fourth factor identified by the factor analysis. In summary, the intensity of SNS use had significant relationships with all types of involvement. Thus, the first hypothesis (H1) was supported. Table 6 shows the correlation results.

〈Table 6〉 Pearson correlations

	Intensity	Usefulness	Trust	Relationship	Useful
Intensity	1	.933**	.703**	.592**	.719**
Usefulness	.933**	1	.668**	.607**	.724**
Trust	.703**	.668**	1	.402**	.587**
Relationship	.592**	.607**	.402**	1	.519**
Usage	.719**	.724**	.587**	.519**	1

**: Correlation is significant at the 0.01 level (2-tailed)

4.4 Regression Analysis

To test all of the hypotheses, regression analysis was performed. The criterion variable was the intensity of SNS use, and the predictive variables were all of the four factors: personal involvement in usefulness and usage, physical involvement in trust, and situation involvement in relationships.

An ANOVA indicated that the model as a whole (which included two variables) was significant (F=374.94, p < .01). The regression analysis showed that only two independent variables, usefulness and trust, were significant predictor variables with an R square of .885. The regression coefficient of the first independent variable, usefulness, was .803, and the coefficient for the second independent variable, trust, was .139.

<Table 7> Regressions predicting the intensity of SNS use from personal involvement, physical involvement, and situational involvement

Independent Variables	Unstandardized Coefficient (Beta)	t	Sig.
(Constant)	−0.135	−1.327	0.186
Usefulness	0.803	18.59	0
Trust	0.139	3.987	0
Relationship	0.036	1.066	0.288
Usage	0.049	1.563	0.12
N = 200	R square = .885		
	Adj. R square = .883		

In conclusion, the two hypotheses, H2a and H3, were supported. Personal involvement in usefulness and physical involvement (trust) influenced the intensity of SNS use. Two hypotheses, H2b and H4, were rejected. Personal involvement in usage and situational involvement in relationships were not significant predictor variables. Table 7 shows the results of the regression model. Table 8 summarizes the hypothesis testing.

<Table 8> Summary of hypothesis testing

Hypotheses	Results
H1: There were relationships between the intensity of SNS use and the types of involvement (personal, physical, and situation).	Supported
H2a: Personal involvement in usefulness positvely Influences the intensity of SNS use.	Supported
H2b: Personal involvement in usage positively influences the intensity of SNS use.	Not supported
H3: Physical involvement in trust positively influences the intensity of SNS use.	Supported
H4: Situational involvement in relationships positively Influences the intensity of SNS use.	Not supported

V. Discussion

China has been the fastest—growing market for social network sites for the past few years and will continue to grow. Understanding the Chinese people's perceived usefulness of SNS use will provide insightful ideas about the behaviors of users and perceptions toward SNS in China. Social networking services have become one of the most frequently used services among Chinese Internet users, as they are developing their personal networks through social networking sites (SNS). The underlying adoption factors of users, based on the types of involvement and relationships between the intensity of SNS use, are explored in this paper. The empirical results demonstrate that the intensity of SNS use is significantly affected by the types of involvement. The relationships between personal, physical, situational involvement and intensity of SNS use were significantly correlated, but the regression results identified that only personal involvement in usefulness and physical involvement in trust were the influencing factors of the intensity of SNS use. The factor of personal involvement in usage shows an association with intensity of SNS use, but it was not statically significant in terms of explaining the factors contributing to the intensity of SNS use in China. Even though sharing photos and videos are represented as good usage reasoning for SNS, such activities do not significantly influence intensity. Physical involvement in trust (Information shared on SNS is reliable; I am willing to share personal information on SNS; Using SNS is safe and secure; and, People using SNS are trustworthy) is an important factor to explain the intensity of SNS use, but the results show that users in general do not think that social network sites are reliable or trustworthy. From the results, users do not strongly trust information sharing on SNS and do not think that SNS are safe and secure. Nevertheless, users are willing to use social networks sites because of their usefulness. It is quite interesting to find a relationship between the intensity of SNS use and trust. Also, the situational involvement factor of relationship did not significantly influence intensity. Users prefer to show their own personal information only to friends, and relatives, thereby explaining why users prefer face—to—face communication to using the Internet. Users also think that SNS can harm relationships with couples and friends. If users do not have strong connections with friends and relatives through SNS, it possibly may decrease their intensity of SNS use.

Overall, the results suggest that personal involvement in SNS usefulness and physical involvement in trust are the most important factors to explain the intensity of SNS use among young Chinese people. Even though trust in SNS is not strongly shown in this research, Chinese users tend to feel that their inherent interests and values, which are reflected in SNS, motivate them to keep on using

SNS. Identifying with others and gaining a sense of enjoyment, social interaction, connecting with family, friends, and society, and gaining insight into the circumstances of others are all reasons that can motivate people to use SNS (Valenzuela, Park & KEE, 2009). This study extends the previous literature about the relationship between adoption factors by using types of involvement and intensity of SNS use to explain the adoption behavior of Chinese people. Understanding the most vibrant market segment in China will lead to more international SNS enterprises that will be able to gain more access to the Chinese market. For the limitations of this research, the study mainly uses university students, who are a homogenous group; thus, the findings of this study may not be generalizable to the Chinese population as a whole.

For future research, conducting surveys from other cities in China will help us have a better understanding of Chinese social network site users' behaviors. Such comparison studies in Beijing, Shanghai and Guangzhou would be interesting, since the top three cities with most users compare to other areas in China (Yanqiu, 2011). And, the meanings of social network sites are relatively broad, since China's social networking landscape is much more diverse in users and purposes; therefore, investigating diverse social network sites or comparing different types of SNS may offer a better understanding of Chinese users.

References

Ari, S., Davis, L. & Cindy, C. (2012). *China's social-media boom.* McKinsey & Company.

Boyd, D. M. & Ellison, N. B. (2008). "Social network sites: Definition, history, and scholarship", Journal of Computer-Mediated Communication, 13, 210−230.

Cateora, G. & Graham. (2009). *International marketing (14th ed.).* McGraw Hill.

Christy, M. K. C., Pui−Yee, C., & Matthew, K. O. L. (2011). "Online social network: Why do students use Facebook?" Computers in Human Behavior, 27, 1337−1343.

Hair, J., Anderson, R., Tatham, R., & Black, W. (1998). *Multivariate data analysis (5th ed.).* Upper Saddle River, NJ, Prentice−Hall.

Hargittai, E. (2007). "Whose space? Difference among users and non-users of social network sites", Journal of Computer−Mediated Communications. 13, 276−297.

Hargittai, E. & Litt, E. (2011). *The tweet smell of celebrity success: Explaining variation in Twitter adoption among a diverse group of young adults.* New Media Society, Sage Publications.

Hou, Fan, Lee., & Suh. (2009). "Determinants affect intention to campus SNS in China. The Korean Society for Quality Management," Fall conference proceeding paper.

Huan, C. & Eric, H. (2010). "The lived meanings of Chinese social network sites (SNSs) among urban white−collar professionals: A story of the happy network", Journal of Interactive

Advertising, 11(1), 11－26.

Ji, Hwangbo, Yi, Rau, Fang & Ling. (2010). "The influence of cultural differences on the use of social network services and the formation of social capital", International Journal of Human-Computer Interaction, 26 (11－12), 1100－1121.

Jin－Liang, W., Linda, A. J., Da－Jun, Z. & Zhi－Qiang, S. (2012). "The relationships among the big five personality factors, self－esteem, narcissism, and sensation－seeking to Chinese university students' uses of social networking sites (SNSs)", Computers in Human Behavior, 28, 2313－2319.

Joinson, A. N. (2008). "Looking at, looking up, or keeping up with people? Motives and uses of Facebook", Proceeding paper at Online Social Networks, Florence, Italy.

Kang & Lee (2010). "Understanding the role of an IT artifact in online service continuance: An extended perspective of user satisfaction", Computers in Human Behavior, 26, 353－364.

Kwon, S. & Kim, T. (2012). "A comparative study on the national culture of SNS users: Comparison of Korea", China and the U.S. Journal of Information Technology Applications & Management, 18(4), 131－147.

Lee, Y. (2011). "The impact of Chinese cultural dispositions on the SNS eWOM behavior", International Area Studies Review, 15(3), 493－511.

Lin, K. & Lu, H. (2011). "Why people use social networking sites: An empirical study integrating network externalities and motivation theory", Computers in Human Behavior, 27, 1152－1161.

Mansumitrchai, S., Choo－Hui, Park & Candy, Lim, Chiu. (2012). "Factors underlying the adoption of social network: A study of Facebook users in South Korea", International Journal of

Business and Management, 7(24), 138－153.

Na, S., Matthew, K. O. L., Christy M. K. C. & Huaping C. (2010). "The continuance of online social networks: How to keep people using Facebook?" Proceedings of the 43rd Hawaii International Conference on System Sciences.

Nicole, B. E., Charles, S. & Cliff, L. E. (2007). "The benefits of Facebook friends: Social capital and college students use of online social network sites", Journal Computer－Mediated Communication, 12, 1143－1168.

Noel, M. T., Michael, L. T. & Charles, F. T. (1979). "Social network analysis for organizations", Academy of Management Review, 4(4), 507－519.

Sebastin, V., Namsu, P. & Kerk, F. K. (2009). "Is there social capital in a social network site? Facebook use and college students' life satisfaction, trust, and participation", Journal of Computer－Mediated Communication, 14, 875－901.

Sledgianowski, D. & Kulviwat, S. (2009). "Using social network sites: The effects of playfulness, critical mass and trust in a hedonic context", The Journal of Computer Information Systems, 49(4). ProQuest Central Basic.

Techrice. (2012). "'China's top 15 social networks'", Retrieved from http:techrice.com/2011/03/08/chinas-top-social-networks/

The China Business Online Review. (2011). "Social media in China: The same, but different", Retrieved from http://www.thomascrampton.com/china/social-media-china-business-review/

Trisha, T. C. L., Vicki, C. H. C. & Wendy, L. (2011). "Factors affecting the adoption of social network sites: Examining four adopter categories of Singapore's working adults", Asian Journal of Communication, 21(3), 221－242.

Yanqiu, Z. (2011). "Young people and SNS political communication in China: Participatory practices in alternative community—oriented spaces", Communications & Convergence Review 2011, 3(2), 144—155.

Zaichkowsky, J. L. (1985). "Measuring the Involvement Construct", Journal of Consumer Research, 12(December), 341—35.

Zhong, Z. (2010). "Social Networking Services (SNS) in China", International Journal of e—Business Management, 4(1), 66—69.

Zhou, Li. & Liu. (2010). "The effect of flow experience on mobile SNS user's loyalty", Industrial Management & Data System, 110(6), 930—946.

Appendix

Appendix 1. China's top 15 social networks

China's Top 15 Social Networks

		Type	User Demographics	Active Users (millions)	Reg. Users (millions)	Alexa CN Rank
1	Qzone (Tencent)	Nickname SNS	Teens	190 [2]	481 [3]	#12 (Qzone only est.)
2	RenRen	Real-name SNS	Students, white-collars	95 [1]	170 [1]	#16
3	Pengyou	Real-name SNS	Students, white-collars	80 [2]	131 [3]	#36
4	Sina Weibo	Microblog	White-collars	65	120	-
5	Kaixin001	Real-name SNS	White-collars	40 [1]	95	#19
6	51.com	Real-name SNS	Lesser-tier cities, rural users	40	178	#51
7	Douban	Nickname SNS	Urban youth	20	40	#22
8	Taomee (Seer, Mole, etc.)	Children's SNS / Games	Children, mothers	20 [2]	180	-
9	Tencent Weibo	Microblog	Lesser-tier cities	20 [2]	100	-
10	Jiayuan	Dating SNS	White-collars	11 [2]	30	#43
11	Tao Jianghu (Taobao)	E-commerce SNS	All	10 [2]	1200 (all Taobao)	-
12	Bai Shehui (Sohu)	Real-name SNS	White-collars	5 [2]	30	-
13	Zhenai	Dating SNS	White-collars	3 [2]	26	#370
14	Baihe	Dating SNS	White-collars	2 [2]	23	#412
15	iPartment	Avatar / dating SNS	Urban youth	1 [2]	20	#514

1 - iResearch iUserTracker   2 - TechRice Estimate (via reports, traffic, experts, and guesswork)
3 - Tencent claims these as "actives", but TechRice believes this is closer to registered users
© TechRice March 2011

Source: http://techrice.com/2011/03/08/chinas—top—15—social—networks

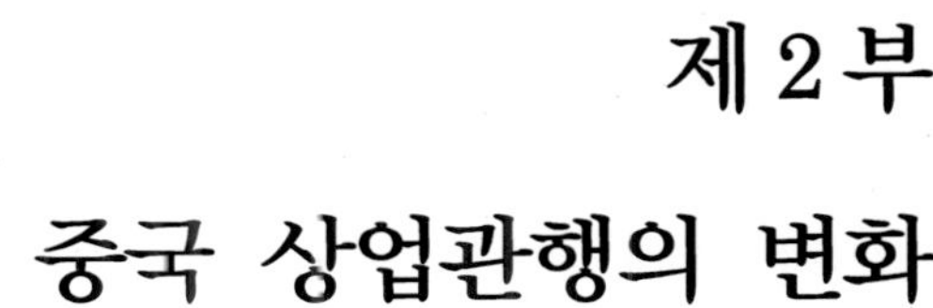

제 2 부
중국 상업관행의 변화

5

중국 전통상인과 현대기업의 사회적 책임에 관한 연구*

김용준 · 홍성화 · 김주원

Ⅰ. 서론

주지하다시피, 중국은 개혁개방 이후 경제가 고도로 성장하는 과정에서 지역 간, 계층 간 소득 격차가 심화되었고(Cui and Liu, 2001; Wei, Ran, 1997), 에너지와 자원 낭비, 환경오염 등 많은 사회적인 문제점에 직면해 있다. 이러한 문제가 커지면 커질수록, 경제개발의 주축인 기업에 대해서 환경보호, 제품안전, 공익활동 등 '사회적 책임(CSR)'을 이행할 것을 요구하는 목소리가 점점 커지고 있는 것도 현실이다. 이와 같은 상황에도 불구하그 중국에 진출해 있는 여러 다국적 기업들은 중국적인 기업환경이 지닌 역사성과 특수성에 대해서 올바로 인식하지 못한 채, '사회적 책임'에 관한 전략을 체계적으

---

* 본 논문은 「경영사학」 제26권 제3호에 게재된 논문이다.

로 수립하지 못한 경우가 대다수였다. 예컨대 CSR활동에 관한한 중국 기업에 비해서 더 깊은 역사적 전통을 지니고 있는 다국적기업일지라도, P&G, 하겐다즈, 코닥, 도요타 등은 중국에서 불법행위, 제품의 품질불량, 부적절한 광고 등이라는 측면에서 전략 부재라는 모습을 보이면서 고전을 면치 못하는 경우가 많았다. 이들 기업들이 이러한 모습을 보였던 것은 여러 가지 이유가 있겠지만, 특히 CSR활동과 관련된 중국의 독특한 환경과 문화적 요인을 제대로 파악하지 못하여, 올바른 기업전략을 수립하지 못했기 때문이라고 할 수 있다(정상은, 2007). 이에 본고에서는 중국의 기업환경이 지닌 역사적인 특수성에 입각해서 사회적 책임활동에 관해서 살펴보고자 한다.

몇몇 중국 관련 연구자들은 중국의 정치형태가 권위적이지만 실제로 구성원의 생활 그 자체에 미치는 파급력은 의외로 작다는 점을 오래전부터 지적해 왔다(村松祐次, 1949). 이 점은 법적·제도적 장치를 정비해 가면서 소속 구성원들을 제어하고 경제활동을 법적으로 보장을 해 왔던 근대 서구의 국가(Douglas North, 1990)와 대비되는 점이라고 할 수 있겠다. 반면 현대 경영학 속에서 기업행동에 관한 분석은 '기업'이라는 형태를 최초로 만들어낸 서구 근대의 경험에서 도출되었다. 그러므로 기업활동이 원래 태생인 구미권에만 머무르려 한다면 그것으로도 괜찮을지도 모르지만, 서구적 전통과는 전혀 다른 역사적 환경을 지니고 있는 중국에서라면, 기존의 경영학에서 서술된 기업 행동 패턴과는 다른 방법을 취해야만 할 것이다.

전통중국에서 중앙정부는 인민들의 구체적인 삶에 대해서 개입도가 상당히 낮은 편이었다. 따라서 대규모로 재난이 발생한다든가, 교량이나 종교 시설 등을 건립해야 된다든가 하는 시기에서는 국가를 대신해 다른 누군가가 이를 담당하지 않으면 안 되었고, 이러한 역할을 어느 정도 충실히 이행해 왔던 것이다. 따라서 중국사 속에서는 자선 활동을 비롯한 CSR의 활동이 여타의 국가보다 더 분명한 전통을 지니고 있었다.

중국 상인들은 역사적 시각으로 볼 때 윤리의식의 중요성과 자선행위의 중요성을 인식하고 있었다. 예컨대 명대 후기의 상업서에 나타난 중국 상인의 윤리의식은 '경제 활동의 가능성' 확보를 위한 측면이었으며, 또한 타인에게 강요하는 당위적이면서 금욕적인 실천이기보다는 '자기와 주변에 대한 배려'로서의 윤리였다(홍성화, 2008). 이는 중국의 상인들의 지역사회를 위한 윤리적인 자선활동이 지속적인 경제활동을 가능하게 하는 요인이었다는 점을 분명히 인식하고 있었던 것이다. 이는 또한 중국의 전통 상업 문화에서의 윤리적 자선행위가 현대 기업문화와 시장문화의 사회적 책임활동과 깊은 연관성이 있음을 엿볼 수 있다. 이에 본 연구는 중국경영에서의 사회적 책임 주체의 변천에 대하여 전통 상인과 현대 기업을 중심으로 살펴보고자 한다. 또한 중국의 역사적 환경을 제시하고 중국만의 독특한 CSR 문화를 제시함으로써 중국에 진출하고 있는 기업에 새로운 경영전략을 수립할 수 있는 시사점을 제시하고자 한다.

Ⅱ. 중국 내 기업의 사회적 책임 활동에 관한 이론적 배경

2.1 중국 현대기업의 사회적 책임 환경 및 인식의 변화

우선 전통상인과 현대기업의 CSR을 설명하는 데 필요한 이론적 전제들을 검토해 보고자 한다. CSR에 대한 정의는 각 기업이 활동하는 시대나 지역사회의 역사와 전통, 문화와 가치관이 서로 상이하기 때문에 한마디로 정의하기가 매우 어렵다. 특히 대부분의 기업들은 산업화가 진전됨에 따라 CSR이 중요하다는 의식을 갖게 되었으며 그 개념도 다양한 관점에서 정의되었다. 보통 사회적 책임이란 우리 사회의 목적과 가치의 관점에서 바람직하다고 여겨지는 일련의 행동과 바람직한 정책을 따르며 의사결정을 하거나 원칙을 추구하는 것에 대한 기업인의 의무이다(Bowen, 1953). 또한 CSR은 기업의 활동으로 인해 발생하는 사회문제의 관점과 기업과 사회의 관계를 지배하게 되는 윤리원칙의 관점에서 생각하는 것이다(Eells and Walton, 1961). 그런데 기업과 사회의 관계를 역사적으로 볼 때 산업화 초기 단계인 경제발전 초기에는 기업의 목적이 이윤극대화의 추구, 산업화가 급속히 진행되는 경제성장기에는 종업원 등 이해관계자의 이익 추구, 그리고 후기 산업사회에 들어서는 CSR을 강조하는 흐름이 되었다(Hay and Gray, 1974). 이와 같은 흐름 가운데 Carroll(1979)은 CSR의 차원을 경제적 책임, 법적 책임, 윤리적 책임, 그리고 재량적 책임 등으로 비교적 다양하게 분류하여 정의한 바 있다. 그에 따르면 경제적 책임의 테두리 안에서 경제활동을 수행하는 것을 의미한다. 더 나아가서 윤리적 책임은 법적이란 기업이 재화와 용역을 생산할 기본적인 경제단위로서의 책임을 의미하며, 법적 책임이란 법과 규제인 강요 및 규정이 없다고 하더라도 사회통념에 의해 형성된 윤리적 기준을 자발적으로 기업이 따라야 하는 것을 의미하며, 그리고 재량적 책임이란 기업에 대해서 명백한 메시지를 갖고 있지 않지만 기업의 개별적 판단이나 선택에 맡겨져 있는 책임으로서 사회적 기부행위, 약물남용방지 프로그램, 보육시설 및 사회복지시설운영, 문화 활동 등에 자발적으로 참가하는 것을 각각 의미한다고 한다. 이를 통해서도 '사회적 책임'에는 여러 가지 단계와 종류가 있다는 점을 알 수 있다. 그리고 문근찬(2011)은 기업의 사회적 책임을 내층과 외층의 가치 체계를 구분하면서, CSR의 내층은 기업의 일차적 목적인 경제적 기능으로부터 출발한 관점의 사회적 영역으로서 이 부분은 종업원에 대한 책임, 사회적 책임의 우선순위, 기업윤리에 대한 불신, 신중함의 윤리와 전문가의 윤리, CSR로서 완전고용의 중요성 등의 CSR영역과 윤리에 폭넓은 바탕을 두었고, 외층은 기업의 일차적 목적과 직접 연관 짓지 않은 사회 정의의 가치로부터 출발한 사회적 책임 영역으로 확장하였다.

한편, 시대에 따라서 사회적 책임의 여러 가지 종류에 대한 사회적 인식이나 강조도 변화를 보이고 있다. 단적으로 말하자면, 소극적 인식, 피동적 수용, 자발적 관리에서 성장전략에 적극적으로 통합시키는 차원으로 인식이 점차 전환되고 있으며, 현재는 CSR활동을 기업의 중요 전략적 차원으로 활용하고 있는 것이 추세라고 할 수 있다. 특히, 최근에 중국 정부와 기업들이 사회적 책임경영에 적극적으로 눈을 돌리고 있는 추세로 볼 때, 중국 내의 CSR에 대한 태도와 인식단계는 자발적 관리단계를 넘어 성장전략에 통합하는 단계로 진입했음을 알 수 있다. 이는 중국이 WTO가입 이후 국제적인 CSR기준과 방침들을 적극 도입하기 시작했고, 또한 중국 정부의 균형발전과 조화로운 사회건설 정책이 중요 이슈로 등장하였다는 점이다. 그리고 2000년대에 들어서 중국소비자 단체가 도시바 노트PC 불매운동을 전개하면서 표면적으로는 품질문제를 거론하였지만 근본적으로는 도시바가 미국소비자와 중국소비자를 차별대우하고 있다는 불만에 기인했다는 것이며, 또한 2005년에 네슬레, P&G, 존슨앤존슨, 소니 등 주요 다국적기업들이 중국에서 심각한 위기상황에 직면한 상황과, 2006년에 코닥 카메라 품질관련 사건과 P&G의 SK-Ⅱ사건 등 위기사건이 있었던 상황, 그리고 최근 인터넷 보급 확대, 각종 미디어들의 신속한 보도, 중국내 시민단체의 활동범위 확대 등은 사건과 파장을 더욱 크게 하면서 특히, 다국적기업과 관련 단체 간 충돌이 빈번해지고(정상은, 2007), 아울러 소비자 파워가 강해지는 등 여러 상황에 따라 중국에 진출한 다국적 기업들은 전략적인 CSR활동을 강화해야 할 것으로 풀이할 수 있겠다.

또한, 최병헌(2008)은 다국적기업인 도요타, 폭스바겐, GM 등을 대상으로 중국 내 CSR유형 분석을 한 결과, 이들 기업들의 CSR 유형은 중국의 사회 공익과 기업의 사적 이익 간 상호 공존과 협력을 중시하는 전략적 CSR로 분류하였다. 아래에서는 CSR에 대한 태도와 인식단계를 조금 더 자세하게 <표 1>로 나타내 보았다.

〈표 1〉 CSR에 대한 태도와 인식단계

태도	인식단계
소극적 인식	정상적인 경영활동 외에 어떠한 기업의 사회적 책임도 짊어지지 않으려 하며 CSR활동이 기업의 이윤창출에 전혀 도움이 되지 않음.
피동적 수용	고객, 정부 등의 관련분야 요구 때문에 부득이하게 일부 사회적 책임을 짊어지지만 이 외의 사회적 책임은 기업에 전혀 도움이 되지 않음.
자발적 관리	긍정적 이미지 제고, 비용절감 등이 대한 사회적 책임의 적극적인 역할을 인식하며 계획적으로 사회적 책임을 수행
성장전략에 통합	사회적 책임활동 자체를 기업의 주요 경쟁력으로 인식하며 사회적 책임과 기업의 성장전략을 상호 결합하여 완벽한 사회적 책임체제를 구축

자료: "Multinational Corporation in China and Their Corporate Social Responsibility Practices", 『SERI Beijing Office』, 2006.8. p.3. 재인용.

위의 <표 1>에서 보듯이, CSR에 대한 태도가 시대에 따라서 기업의 성장전략으로까지 변화하였던 것은 기업의 사회적 영향력이 확대됨에 따라 환경, 노동, 소비자, 지역사회 등 다양한 측면에서 이해관계자('stakeholders')의 이익을 반영하며 환경 건전성과 사회적 책임을 다하는 것이 장기적인 생존을 위한 필수적 요건이 되었기 때문이다. 이를 인식한 다국적 기업들은 부패방지, 인권보호, 환경, 노동 분야 등에서 윤리경영을 통한 사회적 책임을 강화하고 있다. 즉 경제적 가치보다는 광범위한 인간적 가치를 우선시해야 한다는 것이다 (Buono and Nicholas, 1990). 이는 CSR이 기업 내외부의 이해관계자들을 포함시키는 개념이라고 볼 수 있으며 다양한 이해관계자들을 기업의 공공행위로 만족시키기 위해 기업이 행하는 자기표시 및 인상적 경영기법이라고 할 수 있다(Sinder et al., 2003). 그리고 기업 내부와 외부의 이해관계자들을 의해 기업의 수익성을 손상시키지 않는 범위 내에서 좀 더 넓은 의미의 높은 삶의 질을 추구하며 이들을 윤리적이거나 책임감 있는 방식으로 대하는 것이라고 할 수 있으며, 기업의 내부관계자들, 즉 직원들에 대한 복지후생의 증진에 주안점을 둠과 동시에 기업 본연의 활동인 이윤추구에 손상을 가하지 않는 범위를 추가한 것(Hopkins, 2004)이다. Maignan and Ferrell(2004)에 의하면 CSR에 대한 개념은 광범위하며 기업에 직간접적으로 영향을 주고받을 수 있는 이해관계자의 관점이 중요하다고 한다. 즉 이들은 CSR에 대한 개념을 규범적이고 성과만을 강조하는 측면보다는 오히려 사회적 책임, 이해관계자에 대한 책임, 윤리를 기반으로 하는 사회적 책임활동, 경영과정으로서의 사회적 책임활동이라고 주장하고 있다. 이하에서는 이해관계자에 대해서 조금 더 자세히 살펴보기로 하자.

2.2 CSR활동과 이해관계자 이론

본고에서는 CSR활동을 이해관계자 이론과 연관 지어 설명하고자 한다. 우선 CSR 활동에 대한 이론적 배경들부터 살펴보면 다음과 같다. 김성수(2009)는 기업의 사회적 책임의 이론사적 변천과정을 제1기 태동기, 제2기 생성기, 제3기 형성기(성장기), 제4기 논쟁기, 제5기 정착기 등으로 구분하였다. 특히 제1기 태동기는 산업자본주의와 자유방임주의시대, 제2기 생성기는 수정자본주의시대, 제3기 형성기(성장기)는 1960년대 이후와 현대자본주의시대, 제4기 논쟁기는 1980년대 이후 20세기 중기, 제5기 정착기는 1990년대 이후 20세기 말의 각 시대적 배경 및 특징을 고려하여 사회적 책임의 주요 특성을 언급하였다(<표 2> 참고).

〈표 2〉 사회적 책임 이론의 사적 전개 과정

단계 및 시기	배경	주요 특성
제1기: 태동기	산업자본주의와 자유방임주의시대	개인적 효용을 중시하여 각 개인이 각자의 이윤 및 이익 극대화에 열중함. 이것이 경제주체의 책임을 다하는 것으로 봄.
제2기: 생성기	수정자본주의시대	개인의 이익이 사회적 이익과 불일치할 경우, 사회적 조화를 이루기 의해서는 개인의 부의 극대화에만 초점을 맞춰서는 안 됨. 오히려 사회적 책임의 윤리적 측면이 부각됨.
제3기: 형성기 (성장기)	1960년대 이후와 현대자본주의시대	사회적 책임에 대하여 학술적으로나 실무적으로 체계화되고 이론적으로 형성됨. 기업의 사회적 책임활동에 대한 조사항목을 개발하고 조사
제4기: 논쟁기	1980년대 이후	사회적 책임의 긍정이론과 부정이론의 논쟁. 사회적 책임이 기업의 자주성과 공정성을 실현시키며, 기업 자체의 사회공헌 의지와 노력으로 자본주의 시장경제의 근거를 검증하는 데 기여함.
제5기: 정착기	1990년대 이후 20세기 말	사회적 책임의 개념과 이론을 시대에 맞춰 조율하고, 21세기 혁신적 변화를 기대하면서 사회적 책임의 새로운 개념과 실천적 활용 및 공헌이 진화되어 가고 있는 가운데 기업의 기본적 기능의 성실수행과 기업 활동의 비윤리적 행동금지, 기업능력의 사회적, 윤리적 활용을 수행하는 내용으로 정착됨.

기업의 사회적 책임의 변천과 관련하여, 김성수(2009)는 지금까지 대부분의 기업이 '이익중심의 천동설 경영'을 하였으나 21세기는 '사회적 책임 중심의 지동설 경영'으로 패러다임이 전환될 것이라고 한다. 이는 궁극적으로 기업이야 달로 이해관계자 중심, 즉 고객, 지역사회, 종업원, 주주, NGO, 협력기업 등을 중심으로 운영되는 것을 의미한다. 즉, 21세기의 사회적 책임의 방향은 이해관계자를 중심으로 한 지동설 경영으로 운영하면서 사회봉사와 사회공헌활동을 해야

한다는 것이다. 이와 관련하여 최근 중국 내에서 투자자, 노동자, 소비자 같은 기업의 주요 이해관계자들의 변화와, 이에 대응하는 기업의 적극적 움직임이 과연 어떤 의미를 지니고 있는지 살펴보는 것이 중요하다. 중국내 기업의 사회적 책임 경영은 과거와는 확연히 다른 조짐을 보이고 있으며, 이 점은 중국 기업이나 다국적 기업 역시 마찬가지라고 할 수 있다.

Maignan과 Ferrell(2004)은 성공적인 기업의 사회적 책임활동의 성과를 위해서는 소비자에만 한정하는 근시안적 관점보다 다원적 이해관계자의 관계를 강조하는 관점을 제안했다. 이는 CSR활동에 대한 개념이 광범위하며, 규범적이며, 성과만을 강조한다는 점에서 비판을 제기하며, 기업에 직간접적으로 영향을 주고받을 수 있는 이해관계자의 관점의 중요성을 역설한 것이다. 이해관계자라는 개념을 파악하기 위해서는 기업을 둘러싸고 있는 공중(Publics)들의 관계를 인식해야만 한다. 공중은 기업과 직·간접적으로 관련된 이해관계자들을 말하며 내부이해관계자는 종업원이고, 외부이해관계자는 언론, 고객, 공급업자, 투자자, 금융기관, 정부, 지역사회 등으로 구분한다. 또한 이해관계자는 1차 이해관계자와 2차 이해관계자로 양분할 수 있는데, 1차 이해관계자는 주로 기업운영에 직접적으로 영향을 끼치는 직원 및 종업원, 기업소유인, 관리자, 소비자, 공급업자 등을 말하며, 2차 이해관계자는 기업운영에 간접적으로 영향을 미치는 NGO, 정부, 지역사회 등으로 구분하고 있다(Freeman, 1984).

또한 Donald와 Preston(1995)에 의하면, 이해관계자이론은 규범적 접근과 도구적 접근으로 크게 나타날 수 있다고 한다. 먼저, 규범적 접근은 기업이 지속 가능한 조직으로 존재하기 위해 다양한 이해관계자의 이해에 관심을 가지는 것을 강조하면서 도덕적 원칙 및 윤리적 원칙이 기업의 의사결정에 반영되어야 함을 주장하고 있다. 그리고 도구적 접근은 이해관계자에 대한 이해와 우호적 관계구축을 함으로써 궁극적으로 기업의 성과가 향상된다는 것을 강조하고 있다. 흔히 20세기의 기업목표가 강한 기업이 되는 것이었다면, 21세기의 기업목표는 착한 기업이 되어 존경과 사랑을 받는 것이라고 한다. 이에 관련하여 Sisodia(2008)에 의하면, 사랑받는 기업은 단기적인 수익창출만 추구하는 것이 아니고 지속가능한 경영과 성장을 유지하는 기업이 되어야 하며 특히 고객, 직원, 주주 및 투자자, 파트너 그리고 지역사회 등 기업을 둘러싼 모든 이해관계자들이 고루 이익을 얻도록 하는 것이 중요하다고 한다.

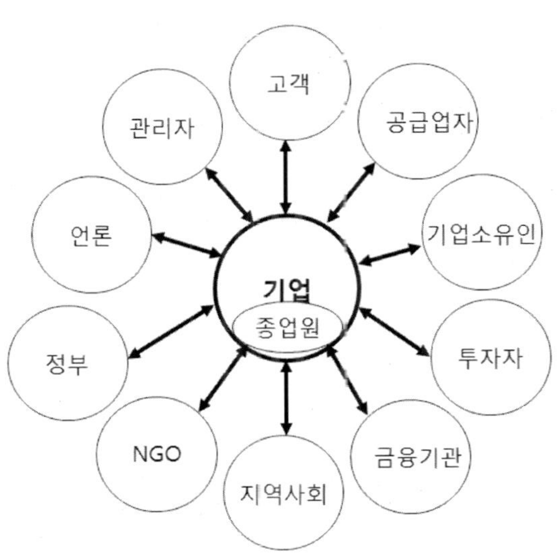

〈그림 1〉 기업을 둘러싸고 있는 공중들(publics)

한편, Ⅲ장에서는 중국 전통상인을 둘러싸고 있는 이해관계자인 현지상인, 외래상인, 중개업자, 특권상인, 그리고 지역사회라는 범주에서 전통 중국 상인이 어떻게 사회적 책임을 이행하였는가를 살펴보고자 한다.

Ⅲ. 중국 전통 지역사회와 상인의 사회적 책임

중국사에서는 오랫동안 많은 토지와 재산 혹은 사병이나 노복을 거느리고 일정 지역을 지배하는 '지역유력자'가 항상 존재해 왔다. 한대(漢代)의 호족, 위진남북조시대의 귀족, 송대의 형세호, 명청시대 신사가 바로 그러한 존재였다. 이들은 대체로 그 자신들이 관료이거나 자제가 관료들이었는데, 이들은 지역사회에 재해가 닥쳤을 때 자신의 재산을 나누어서 기부하거나 타인이 진 빚을 탕감해 주었던 사례는 자주 발견할 수 있다. 그 때문에 명말(明末) 전사승(錢士升)이라는 인물은 "지역의 富家는 진실로 빈민이 살아갈 수 있는 원천이며…… 일찍이 나라에 이로움이 되지 않은 적이 없다"라고 할 정도였다. 明中期(16세기 중반)에 들어오면서, 이러한 지역 유력자와 함께, 지역사회에 많은 기여를 하는 새로운 일군의 집단이 등장했으니 그들은 바로 상인층이었다(정일수·김태명, 2009; 조대우, 2010). 이하에서는 명청시대 상인들이 놓인 사회적 환경과 그 속에서 사회적 책임을 이행하는 모습을 살펴보기로 하자.

3.1 전통시대 상인계층의 종류와 사회적 환경

일단 <그림 2>에서는 명청시대 상인의 범주를 간략히 정리해 보았다.

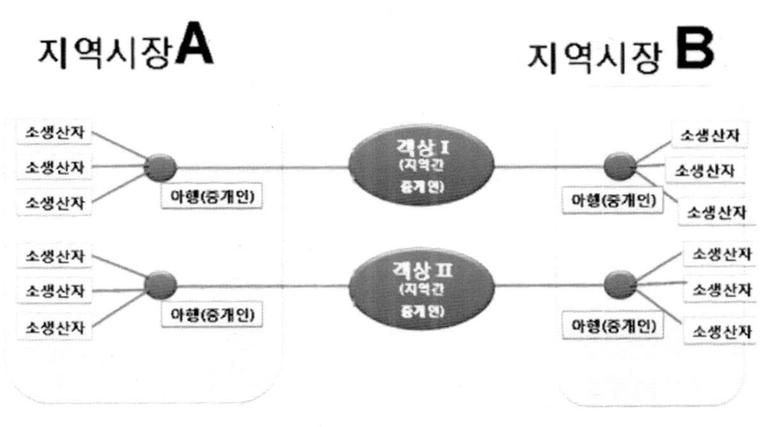

① 좌고(坐賈, 현지상인)
② 아행(牙行, agency)
③ 객상(客商)
④ 특권상인

〈그림 2〉 明淸時代 地域市場과 客商, 그리고 牙行

①과 ②는 자신의 지역을 떠나지 않으면서 상업을 영위하는 부류이다. 점포를 갖고 영업을 하는 경우도 있고 그렇지 않은 경우도 있다. ①의 경우 현재의 소매업에 해당되고, ②의 경우는 외지에서 온 객상이 자신의 지역에서 거래하는 것을 돕는 역할을 하였다. ③ 객상의 경우는 '지역 간 중개인'이라고 할 수 있는데, 특정물건을 A라는 지역에서 아행을 통해서 구입을 하고, 이를 다시 다른 지역에 가

서 판매하여 이익을 얻는 부류였다. 특히 이들이 明淸時代 중국상인 가운데 가장 두드러진 부류라고 할 수 있다. 휘주상인(徽州商人, 徽商), 산서상인(山西商人, 晉商)은 모두 이러한 객상들이었다. ④ 특권상인은 정부에 의해서 특정상품을 취급할 수 있는 권리를 얻은 상인들을 가리킨다. 대표적인 경우가 소금을 전매하는 염상(鹽商)이나, 황궁(皇宮)에 약재를 공급하였던 동인당(同仁堂), 외국 상인과의 거래를 전문적으로 담당한 廣東十三行(朴基水, 2010; 이화승 역, 2008) 등을 들 수 있다. 특히 염상의 경우, 예를 들면 안휘성 남부 출신인 휘주상인이 강소성 양주(揚州)에서 소금 전매에 참여하였기 때문에 ④ 특권상인의 경우, 그 안에는 ③ 객상의 성격도 포함하고 있었다. 즉 명청시대 상인들은 오늘날과 같이 하나의 단일한 부류가 아니라, 각각 서로 처한 상황과 거래대상이 달랐던 것이다. 따라서 이들의 행동패턴도 위의 분류처럼 각기 달라질 수밖에 없었다.

이하에서는 이들이 처한 상황을 간략하게 살펴보기로 하자. ① 좌고(坐賈)의 경우, 지역의 소규모 상인이기 때문에 현재까지 이들에 대한 사료(史料)는 상당히 발견하기 어려울 뿐만 아니라, 자본금이라는 측면에서 다른 상인들과 비교가 안 되는 상당히 미미한 존재였다. 이들의 거래상대는 지역 내 소비자들이 대부분이었을 것으로 생각된다. 이들은 거래 금액도 소규모이면서 매우 경쟁이 치열했다. ② 아행(牙行)에 대한 사료도 단편적으로 남아 있을 뿐인데 대체로 소설속의 묘사가 가장 세밀하게 이들의 거래 모습을 전하고 있다. 앞서 서술하였듯이 이들은 타지에서 온 객상(客商)들이 현지에서 물건을 구매할 때 이들에게 현지 시세와 대상 물건의 품질에 대한 정보를 제공하고, 거래의 신용을 담보한다는 매우 중요한 역할을 하였다. 이들의 주요 거래 대상은 객상과 물건을 제공하는 소생산자나 좌고(坐賈)였다.

③ 객상의 상황은 상당히 복잡한데, 이들은 앞서 ①과 ②의 경우와는 달리 외래상인이었다. 명대 중기 은경제(銀經濟)의 발달로 인해서 상품생산이 본격화되었을 때, 이들은 각지를 떠돌면서 거래했던 것으로 생각되지만 점차 이익이 가장 많이 나는 한 지점에 집중하는 경향을 보여주었고, 나중어는 특정지역에 정착하는 예도 다수 나타나게 되었다. 주지하다시피 중국은 각지의 방언과 각지의 사정이 다르기 때문에 고향이 아닌 지역은 사실 외국과 다름없다고 할 정도로 타지의 정착은 쉽지 않았다. 상품을 거래하기 이전에 이들은 현지에 적응하기 위해서 많은 노력을 기울이지 않으면 안 되었다. 이러한 노력 가운데 하나가 현지 지역사회에 대한 사회적 책임의 이행이었다.

④ 특권상인들은 정부(官)에 의해서 이미 이익이 보장된 경우였기 때문에 주로 정부를 상대로 하고 있었다. 이익을 지속적으로 보장받기 위하여 정부에 정규 액수를 납입하였을 뿐만 아니라, 재해가 있을 때 이를 원조하지 않으면 안 되었다. 중앙정부와 지역사회에 대한 사회적 책임을 이행하고 있었다고 봐도 좋지 않을까. 그리고 ③의 객상의 경우와 중첩되는 경우도 있었기 때문에 이들은 중앙정부와 지역사회 양자에 사회적 책임을 이행하고 있었다고 할 수 있다. 위의 사실을 표로 간략히 정리하 보면 다음과 같다.

〈표 3〉 명청시대 상인의 범주와 거래대상

명칭	지역적 성격	거래대상
① 좌고	현지상인	현지인과 아행
② 아행	현지상인	객상과 현지인
③ 객상	외래상인	타 지역 아행과 객상
④ 특권상인	외래상인	정부, 소비자와 생산자

아래에서는 이들 가운데 특히 명청시대 상인들을 대표한다고 할 수 있는 객상을 중심으로 왜 상인들이 지역사회에 사회적 책임을 이행해야만 하는가. 그 원인에 대해서 살펴보고자 한다.

3.2 전통적 지역사회와 상인의 사회적 책임

그렇다면 이들은 어째서 지역사회와 중앙정부에 사회적 책임을 이행하지 않으면 안 되었던 것일까. 이에 대한 사례로서, 동함(董含)의 『삼강식략(三岡識略)』 卷8, 「積財貽害」에서 서술된 두 경우를 살펴보기로 하자.

> "新安에 두 부자가 살고 있었는데, 한 사람은 程氏이고 다른 한 사람은 汪氏이다. (이 두 사람은 모두) 장사로 집안을 일으켜서 엄청난 재산을 축적하였다. (그러나) 성질이 비루하고 인색하여 재산이 나날이 늘어날지라도 인색하기 짝이 없었다. 고리대를 놓았고, 하나하나 철저하게 남김없이 계산하였다. 汪氏는 지손이 없었는데 중병에 걸렸을 때, 族人들이 다투어 일어나서 그의 재산을 남김없이 약탈하였다. 노복들은 각자 흩어져 버려서 왕씨가 침상에 누워 있어도 무엇 하나 먹을 수가 없게 되어 목만 길게 빼고 사방을 둘러볼 뿐이었다. (결국) 한을 품고 세상을 떠났다. 程氏에게는 3명의 아들이 있었는데 큰아들은 鄕里의

추천을 받았으나 賑恤에 쓸 것을 탐내어서 횡령하여 田宅이 계속 늘
어났다. 亂을 만나 원한을 품은 집안들이 서로 일어나서 이를 약탈하
였고, 그는 피살되었다. 남은 두 아들과 5명의 손자 역시 병사들에게
죽임을 당하였다.”

위의 사료에서 주목되는 사실은 다음과 두 가지이다. 첫 번째로
우선 두 상인의 운명을 통해서도 알 수 있듯이, 모두 지역사회가 안
정을 잃었기 때문에, 상인들의 기반마저 흔들리게 되었다는 사실이
다. 즉 이윤을 축적하는 행위는 지역사회의 안정으로부터 따로 떨어
져서 존재했던 것이 아니라, 그 하나의 영역으로 존재했던 것이다.
지속적인 이윤을 축적하기 위해서는 지역사회의 안정이 필수적이었
던 것이다. 반면 程氏와 汪氏의 破産은 이 점을 고려하지 않았기
때문이었다고 할 수 있다.

두 번째로는 지역사회에서 개인에게 바라는 윤리에 대한 것이다.
余英時는 “명·청 상인윤리 중에 ‘성신(誠信)’, ‘속이지 않음(不欺)’
은 중심적 지위를 차지하는 덕목”이라고 하고 있다(同, 1993, p.240).
또한 ‘誠信’의 요소로서 ‘근검’을 제시하고 있다. 물론 ‘근검’함이
상인윤리에서 중요한 위치를 차지하고 있다는 점은 말할 나위가 없
으나, 위의 『삼강식략(三岡識略)』을 보는 한, 너무나 지나치게 근검
해서 치부를 하는 경우, 도리어 지역사회에 지탄의 대상이 되었다는
점을 알 수 있다. 즉 개인적인 절검에 대해서 당시에서는 결코 높이
평가하지 않았던 것이다. 지역사회에 더한 기여야말로 당시 사람들
이 가장 높이 평가하는 윤리 항목이었던 것이다. 당시 상인들을 위
해 출판된 상업가이드인 여러 商業書에서는 다음과 같이 자선행위

와 신용을 연결시키고 있었던 것이다.

『客商一覽醒迷』「商賈醒迷」(p.310), "인색하고 시혜를 즐겨하지 않는 자는 그 성품이 대부분 탐욕스럽다. 수입을 적게 여기고 항상 부족한 것을 한탄만 한다. 도량이 넓고 널리 (시혜를) 펼치며 어려운 사람을 돕는 자는 그 마음이 대부분 어질고, 거래할 때에도 관대하니, 반드시 저절로 (더 많은) 이익이 생기기 마련이다."

또한 同治 『黟縣三志』 卷15, 「舒君遵剛傳」에서는 徽州商人 舒遵剛의 말을 다음과 같이 전하고 있다.

"돈(錢)이란 샘물(泉)과도 같다. (샘물이란) 원천(源)이 있어야 비로소 물이 흐를 수 있는 법이다. 오늘날 교묘한 속임수로 재물을 구하는 자는 그 원천을 막아 버리는 것과도 같다. 오늘날 인색하고 재물을 쓰길 꺼리는 자들과 사치하고 재물을 마구 써 버리는 자들은 모두 그 (재물의) 흐름(流)을 스스로 고갈시켜 버리고 있는 것이다. 사람들은 오로지 사치한 자의 잘못만을 알고 있을 따름이고 인색한 자의 잘못은 알지 못하고 있다. 모두 (샘물의) 원천과 흐름의 원리('源流之說')를 알지 못하기 때문이다. 그 원천을 넓히는 것을 이른바 '大道'라 할 수 있다."

錢(qian)과 泉(qian)이라는 글자가 발음이 같은데, 이를 통하여 돈이라는 것은 눈앞의 이익이 아니라, 오히려 재부의 원천이라는 것을 역설하고 있다. 이는 현대 경제학에서 화폐를 액체(liquid)에 비유해서 유동성(liquidity)이라는 개념으로 표현하는 것과 상당히 유사한 사고가 전통 중국에서도 이미 존재했다는 것을 알 수 있다. 아무튼

"以裕其源"할 수 있는 "大道"라는 것은 개인적으로는 신용, 그리고 주변에 대해서는 사회적 책임을 완수하는 것이라고 할 수 있다. 또한 위의 서술에서도 알 수 있듯이 인색함 역시 사치한 것과 마찬가지로 잘못된 것이라고 당시 사람들은 굳게 인식하고 있었다. 바꾸어 말하자면 개인적인 검약이 주위에 자선으로 연결되지 않을 때, 이는 그저 개인의 치부행위에 불과한 것이고, 그 역시 "不明于源流之說"에 불과한 것이었다. 이는 앞서 인용하였던 『삼강식략』의 상인들이 "自奉彌儉"하였는데도 이러한 비참한 결과를 낳았다는 서술에서도 알 수 있는 것이다. 이 점은 명청시대의 상인윤리에서 중요한 것은 '검약'이라기보다는 오히려 주위에 대한 자선행위라는 것을 잘 보여주는 사례라고 생각된다. 이 때문에 갹상들로서는 자선행위를 통하여 주변 사회와 조화를 꾀함으로써 사회의 극심한 유동성(流動性)에 미리 대처하지 않을 수 없었던 것이다. 즉 자선행위는 지역사회의 조화와 실은 밀접한 관련을 맺고 있던 것이다.

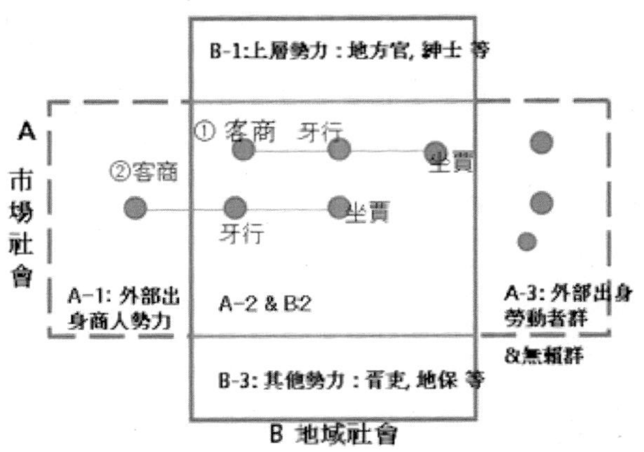

〈그림 3〉 명청시대의 시장사회와 지역사회

<그림 3>은 본고에서 상정하고 있는 명청시대 상인과 지역사회의 관계를 간략하게 나타낸 것이다. 당시 시진(市鎭)을 중심으로 한 시장사회는 누구나 자유롭게 교역에 참여할 수 있다는 의미에서 참여 자유도가 높은 공간이었다(黑田明伸, 1994). 반면 타향에서 생활하는 객상들은 대부분 그 지역에 사회적 기반을 갖지 못한 상태였다. 그들은 자신이 영업을 하는 지역의 물가나 지역적 특색, 도량형, 화폐 단위 등을 잘 알지 못하였기 때문에, 현지 출신인 아행을 중개인으로 고용하여 거래하였다. 반면, 그 지역에서 상업거래를 자유로이 할 수 있다는 것 자체가 성공을 의미하는 것은 결코 아니었다. 명청시대에서는 타지에서 온 객상들에게 상당히 불리한 점이 많았던 것이 사실이다(邱彭生, 2011). 즉 타 지역 출신인 객상들은 여러 가지 점에서 불안정하고 약자의 입장에 있었기 때문에, 다양한 상업 정보와 여러 가지 지원을 안정적으로 획득하는 것이 더욱 절실히 요망되었다. 만약 이러한 도움을 안정적으로 획득할 수 있는 경우라면 토착화에 성공하였다고 할 수 있을 것이다. 그래서 <그림 3>에서는 객상이 성공적으로 해당지역에 토착화하는 경우(① 客商)와 그렇지 않는 경우(② 客商)를 각각 나누어서 제시하였다.

이렇게 본다면 토착화를 위한 필수적인 요소로서 해당 지역사회 속에서 높은 신용의 획득이 반드시 필요하였던 것이다. 이렇게 본다면, 상인들의 시혜행위라는 것은 지역사회에서 좋은 평판을 얻기 위한 장기적인 전략에서 나왔다고 볼 수 있을 것이다(臼井佐知子, 2005). 만일 지역사회에서 개별상인이 신용을 잃는 경우가 생긴다면, 거래 자체는 물론이고, 보호를 받지 못하여 여러 가지 위험한 처지

에 빠질 수도 있는 것이다. 때문에 성공적인 토착화를 위해서는 지역사회에 대한 여러 가지 사회적 책임의 이행이 필수불가결하였던 것이다. 그렇기 때문에 吳偉業 역시 『梅村家藏稿』 50卷에서 "睦媚任恤之風, 轉見於商賈"라고 하였고, 張履祥 역시 『楊園先生全集』 卷47 「訓子語上」에서 "作家以勤儉爲主, 做人以孝友睦媚・任恤爲主"라고 하였던 것이다.

상인들의 이러한 사회적 책임의 이행은 지역사회에 대한 기여를 통하여서 자신의 주변 유대감을 강화함으로써 宗族과 지역사회 등의 자율적 질서 형성에 상당히 기여했던 것이다. 명청시대 상인들은 이러한 사회적 책임의 이행이 자신만의 안전과 장기적인 이익을 도모하는 하나의 방편이 되지 않기를 진심으로 경계하고 있기도 하였다.

만약 상거래 행위에서 이러한 사회적 책임의 이행 없이, 냉철한 계산에 입각해서 행동했다면 어떻게 되었을까. 명청시대 상인들은 자신만의 이익에 입각해서 각박하게 이윤을 추구할 때, 반드시 "원망"이 따른다는 것, 또한 경제활동의 기초라고 할 수 있는 인적 관계를 해치는 것에 대해 계속 탄복해서 경계를 하고 있었다는 점도 결코 간과되어서는 안 될 것이다.

3.3 전통 상인의 사회적 척임과 그 종류

명청시대 상인들이 이행한 사회적 책임의 종류는 매우 다양하고 많은 사례를 남겼기 때문에 이를 간단히 정리한다는 것은 거의 불가능할 정도이지만, 본 논문에서 극히 간략하게 종류와 그 이행 주체만을 살펴보고자 한다.

① 신용 준수

민국(民國)『무원현지(婺源縣志)』권42「의행(義行)」에는 강소성에서 다른 동업자가 버리려고 하는 차(茶)를 거두어서 이를 외국상인에게 팔아서 은(銀) 5만량의 이익을 거두었으며, 이를 동업자에게 그대로 준 반명탁(潘鳴鐸)의 일화를 기재하고 있다. 이 밖에도 명청시대의 문헌에는 신용을 고집스럽게 지켰는데 도리어 그것이 신용도의 상승을 가져와서 더 많은 부를 쌓았거나 복을 받았다는 서술을 다수 찾아볼 수 있다. 이에 대해서 보면,『休寧名族志』卷1에서는 다음과 같은 사례를 서술하고 있다.

> 張洲의 호는 東瀛인데 어렸을 때는 擧業에 열중하였다. ……지금을 가지고 禹航에서 장사를 하였다. 충직하고 성실한 마음으로 전당포를 운영하였고, 오랫동안 인심이 두터워서 인심을 얻었으며, 예의로써 사람들을 대하였고, 義로서 일을 처리하였다. 고로 사람들이 그와 거래하기를 즐겨하여, 나날이 장사가 나날이 번창하였다.

이와 같은 徽州商人 張洲의 예에서 알 수 있듯이, 상거래에서 윤리적 행위를 지킴으로 인해서 오히려 사업이 번창하였다는 것을 서술하고 있다.

② 종족(宗族)에 대한 기여

명청시대 상인들은 자신이 쌓은 부를 자신의 종족에게 배분하거나 종족의 사회적 진출을 위하여 기부를 하는 경우가 많았다. 이와 같은 사례는 왕세정(王世貞)의 「증정군오십수서(贈程君五十壽序)」에 "정군(程君)이 큰 상인이 되고브터 그 친족 사람들은 그 은혜를 받지 않은 이가 없었다"는 구절에서도 확인할 수 있다. 또한 특히 휘주상인(徽商)의 경우, 종업원이나 동업자를 종족에서 구하는 경우가 많았기 때문에 종족에 대한 기부는 어느 정도 재력을 쌓은 상인들에게는 피할 수 없는 일이었다고 생각된다.

③ 지역사회에 대한 기여

여기에는 많은 경우가 있기 대문에 아래처럼 여러 가지 항목으로 나누어 보았다.

㉠ 교량 건설: 지역사회에 기여하는 것 가운데 대표적인 경우로, 교량 건설을 꼽을 수 있겠다. 상해 가정현(嘉定縣)에서 정착하였던 휘주상인인 장씨(張氏)의 경우(方光祿, 2009), 여기에 교량을 건립하고 다수의 기부를 하여서 성공적으로 정착하였다는 사례를 발견할 수 있다. 특히 염상의 본거지인 강소성 양주(揚州)에서는 포지도(鮑志道)를 비롯하여 이러한 사례가 다수 발견된다.

㉡ 직접적인 원조: 휘주상인 강승동(江承東)의 경우, 湖北省 漢口에서 가난한 붕민(棚民)들에게 많은 원조를 베풀었던 사례를 발견할 수 있다. 앞서 언급하였던 염상 포지도는 지역사회에서 의총(義冢)이나 의학(義學) 등을 건립하였으며, 그의 선거(善擧)는 일일이 셀 수 없을 정도였다. 양주 주변의 회북(淮北)과 회남(淮南)지역에서는 양주 염상들에 의해서 육영당(育嬰堂), 보제당(普濟堂) 등이 만들어져 고아와 빈민을 돕는 구제사업을 적극적으로 진행되었다. 특

히 염상인 왕응경(汪應庚)의 경우, 그 기부금이 자주 10만량에 이르렀다고 한다.

ⓒ 재해 시의 구조 활동: 嘉慶 10년 회수와 황하에서 대홍수가 일어났을 때, 휘주상인인 포숙방(鮑淑芳)의 경우, 죽을 만드는 공장(鬻廠)을 만들어서 이재민을 구제하였는데 그 덕에 살아남은 사람들이 수십만이었다고 한다(民國 『歙縣志』 卷9 「人物志」).

④ 정부에 대한 원조

이 경우도 극히 사례가 많지만, 이 점은 강소성(江蘇省) 양주(揚州)에서 소금 전매업을 하였던 특권상인인 양주 염상(鹽商)의 예를 들기로 하자. 양주 염상을 대표하는 강춘(江春, 1721~1789)은 "양회(兩淮) 8대 총상" 가운데 우두머리였는데, 건륭 50년(1785), 등극 50년을 축하한다는 명목으로 그가 주동이 되어서 은 100만량이라는 막대한 금액을 건륭제에게 바쳤다. 뿐만 아니라 재해 시에도 이들의 활약은 두드러졌다. 예를 들면 건륭 3년(1738) 양주에서 재해가 들었을 때 양주염상들은 공동으로 상의를 하여서 12만량을 의연금으로 내놓았는데 그때 단독으로 왕응경(汪應庚) 한 사람이 4만 7천량을 내었다고 한다. 이 금액으로 죽을 쑤어서 나누어주는 곳인 죽창(粥廠)을 설립하였는데, 그 기간이 장장 4개월에 달했다고 한다. 역시 건륭 7년(1742) 양주부에서 수재가 발생하였을 때 왕응경 한 사람이 6만량을 내놓아서 이재민을 구휼하였다고 한다.

여기에서 주목되는 것은 대체로 자선과 선행의 주체는 객상이나

특권상인들이었다는 점이다. 좌고(坐賈)나 아행(牙行)이 지역사회에
어떤 기여를 했다는 기록은 매우 찾기 어렵다. 설령 있다고 하더라
도 앞서 객상과 특권상인들의 비중에 비견될 수준은 결코 아니라고
할 수 있다.

明代 王世貞은 "대저 徽州와 歙縣人들은 3할 정도만 고향에 남
아 있었고, 7할은 천하에서 상업을 하였으며, 재산은 1할은 고향에
있었고, 나머지 9할은 타향에 두었다"(王世貞, 『弇部山人四部稿』
卷61, 「贈程君五十序」)는 서술에서도 볼 수 있듯이, 徽州商人의
경우, 그 재산의 투자는 대부분 본적지가 아니라, 客商으로 거주하
는 僑寓地를 대상으로 하였다고 생각된다. 宗祠의 建立이나 族譜
編纂 등의 시혜행위의 경우도 이와 같지 않았을까 생각된다. 즉 종
족에 대한 기부도 역시 활발히 행하였지만, 그들의 시혜 대상은 주
로 자신의 이주지역이었던 것이다. 이들의 입장에서는 이주지역은
오늘날의 외국처럼 지극히 낯선 환경일 수밖에 없었다. 이들의 시혜
활동은 이주지역에서 지역사회의 신용을 얻으려고 하는 그들의 치열
한 노력 끝에서 나온 것이라고 할 수 있다. 종합해 보면, 전통 상인
의 사회적 책임활동은 ① 신용 준수, ② 종족(宗族)에 대한 기여, ③ 지
역사회에 대한 기여, ④ 정부에 대한 원조 등이었다. 이하 Ⅳ장에서
는 현대중국 기업의 사회적 책임에 대해서 살펴보고자 한다.

Ⅳ. 중국 현대기업의 사회적 책임 활동과 경영성과

4.1 사회적 책임활동의 추이와 인식변화

우선 최근 중국 내에서 투자자, 노동자, 소비자와 같은, 기업을 둘러싼 기업의 주요 이해관계자들이 어떻게 변모해 갔는지, 그리고 이에 대한 기업의 반응은 어떠하였는가를 살펴보고자 한다.

먼저 여러 이해관계자 가운데 투자자 쪽부터 살펴보기로 하자. 2009년 상하이증시와 선전증시는 각각 사회 책임투자지수를 내놓은 바 있다. 선전증시는 이미 2006년부터 상장기업에 대한 사회적 책임 경영 가이드라인을 내놓는 등 기업의 사회적 책임을 강화하는 데 박차를 가하고 있다. 한국 증시에 사회 책임투자 지수가 나온 것이 2009년이라는 점을 생각한다면, 사회적 책임 이행에 관한 한, 중국 기업에 대한 요구가 더 빨랐다는 점을 알 수 있다. 뿐만 아니라, 노동자에 관해서도 최근 폭스콘 사태와 노동자 연쇄파업 사태가 벌어지면서, 중국 기업은 이에 대한 적극적 대응에 나설 것으로 전망되고 있다.

물론 소비자 측에서도 변화가 감지되고 있다. 글로브스캔과 동아시아연구원 조사 결과, 2009년 중국 소비자들은 높은 기업윤리와 포괄적 사회책임을 이윤 및 일자리 창출 등 경제적 책임보다 더 중요하게 인식하고 있다고 한다. 이는 10년 전과는 뒤바뀐 결과라고 할 수 있다. 이상에서처럼 시장의 직접적 이해관계자들이 이렇게 변화하자, 기업 경영자 역시 그 인식을 전환하지 않을 수 없었다. 영국

비영리기관 어카운터빌리티의 2010년 중국 경영자 설문조사 결과를 보면, 89%가 환경 및 사회성과가 장기적으로는 경제적 성과로 이어질 것이라고 답변했다. 이는 2007년의 67%에서 무려 22%이나 급증한 것이다.

중국 본토 기업뿐만 아니라, 다국적기업들 역시 1990년대 중반 이후부터 중국 내 공급업체에 노등 및 환경에 관한 자체 국제규범 및 윤리규정을 전달하며 지킬 것을 요구했으며, 중국 내 생산기지에서는 앞장서서 사회책임경영을 실행하기 시작했다. 2000년대 들어서면서는 국제기구와 NGO들이 중국 기업의 노동 및 인권 문제에 대해 적극적으로 문제를 제기하였다. 노동조건이 새로운 무역장벽이 될 것이라는 전망도 이때 나오기 시작하였다. 특히 지속가능경영 또는 사회적 책임 경영은 ISO가 주관하는 ISO 26000 시리즈로 표준화되는 추세이다. 아래의 <표 4>는 ISO 26000의 주요 이슈 및 내용을 나타냈다. 이는 이미 CSR이 글르벌 스탠더드가 되어 선진국들은 이러한 표준을 새로운 무역장벽으르 사용하고 있음을 보여준다. 따라서 이러한 환경변화에 대해 민첩하게 대응하는 기업만이 글로벌 경쟁전략의 우위를 차지하는 데 유리할 것이라고 전망할 수 있을 것이다.

이러한 CSR에 관한 사회적 인식을 제고시키는 데 결정적인 계기를 가져온 것이 바로, 2005년 11월 지린성(吉林省) 중국석화(中國石化)의 벤젠 유출로 발생한 쑹화장(松花江) 오염사건이라고 할 수 있다. 이러한 기업들의 불법행위로 인한 환경파괴는 중국인들의 CSR에 대한 관심을 크게 제고시키는 역할을 했다. 이 사건뿐만 아니라, 중국 정부가 여러 경제사회정책의 일환으로서, 이러한 사회적 책임에 대한 제고를 적극적으로 지지하면서 가속화되었다. 2006년 후진타오 정부는 제11차 경제 5개년계획을 발표하면서 '조화사회 건설'을 국정운영 원칙으로 천명하였다. 그러면서 기업 역시 조화사회 건설에 동참하기 위한 사회책임경영에 나서야 한다는 정책 기조를 펼쳤다. 정부가 이렇게 적극적으로 나서자, 이후 중국 국영기업을 중심으로 사회책임 경영은 빠르게 확산되어 갔던 것이다.

특히 2005년 쓰촨 대지진은 기업의 사회적 책임에 대한 관심을 대대적으로 제고시키는 계기가 되었다. "친구들이여! 앞으로는 왕라오지(王老吉)를 마시고, 공상은행에서 저축하고, 쑤닝에서 가전제품을 사고, 핑안보험을 들고, 리닝 운동화를 신고, 롄샹 컴퓨터를 사고, 지리 자동차를 탑시다"라는 구호는 쓰촨지진과 관련된 의연금을 많이 낸 상위 랭킹 기업들을 지지하는 중국 네티즌들의 글이다(배영준, 2008).

〈표 4〉 'ISO 26000 주요 주제'

이슈	내용
환경	생태계와 자연환경 보존 및 회복노력, 지속 가능한 소비와 토지 이용
인권	경제, 문화, 사회적 권리 존중, 노동기본권과 공동체 권리 보장
노동문제	산업보건 및 안전, 노동조건과 인력개발
지배구조	규범준수와 정보 공개, 윤리적 행동
소비자 이슈	정확한 정보제공, 안전하고 신뢰할 수 있는 제품제공 및 개발
지역사회참여 및 사회발전	공동체 참여와 자선
공정한 조직운영	윤리적이고 투명한 활동, 자유경쟁 증진, 지적재산권 존중

자료: 국제표준기구.

중국 내 사회적 책임 활동과 관련하여, 중국판 '포춘'격인 '후론'
의 2008년 중국 기업 사회적 책임 활동 50강 발표에 따르면 중국
국가전망이 1위에 올랐으며, 50강 중에 중국 국영기업이 21개, 민영
기업이 17개, 글로벌 기업이 12개가 포함됐다.

상위 랭크기업들이 대부분 중국 국영기업들이었지만, 이는 중국정
부가 중국 국영기업들로 하여금 기업의 사회적 책임에 대한 인식수

<표 5> 11·5거년 규획의 주요 임무

7가지 주요 임무	구체적 임무
사회주의 신농촌 건설	도농 경제발전의 통합적 추진, 현대적 농업건설, 농촌공공사업 추진, 농단수입 증대
산업구조의 고도화	자주적 혁신능력 배양, 성장방식의 효율화, 선진제조업의 발전, 산업기술수준제고, 서비스업 발전, 인프라 건설
지역 간 협력적 발전	서부대개발, 동북 등 노후공업기지 진흥, 중부지역 육성, 동부지역 우선발전 등의 시너지 창출, 대중소도시 및 농촌소도시(小城鎭) 협조발전, 점진, 토지절약, 집약, 합리적 분포 원칙 하의 도시화 추진
자원절약형, 환경친화적 사회의 건설	자원재활용강화(循環經濟), 환경보호 강화, 자연생태 보호, 주요 환경문제 해결, 자원절약적 소비문화 형성
체제개혁과 대외개방의 심화	행정개혁, 경제제도 완비, 재정/조세개혁, 금융체제개혁, 현대적 시장 시스템 구축, 대외무역 확대 방식의 변화, 효과적인 외자이용, 기업해외진출 지원
과학기술 및 인재강국 전략	자주적 혁신, 핵심분야 발전, 응용기술 발전 등 방침에 따른 기업혁신능력과 국가혁신체제의 강화, 의무교육의 보급 및 강화, 직업교육 강화, 대학교육 수준향상, 교육체제개혁, 세 가지 전문가 집단육성(당정인재, 경영인재, 전문기술인력), 전문 고급인력와 농촌실용인력 배양
조화로운 사회주의 사회 건설	국민 내부 모순의 정확한 처리와 주요 관심사안 해결, 취업기회 확대, 경자수준에 맞는 사회보장체제 건립, 도시지역 5대 보험 완성(연금, 의료, 실업, 산재, 생육), 유입노동자의 사회보장문제 해결, 요소공헌도에 따른 소득분배, 소득격차 해소 노력, 기타 다양한 분야의 노력(문화, 의료, 위생, 농촌의료, 가족계획, 산업안전, 식약품안전, 범죄단속 등)

준을 높이고 관련 활동을 강화하도록 독려했기 때문이다. 현 중국 정부의 최대 관심사 중의 하나는 11.5규획에서 나타난 바와 같이 도농, 빈부, 지역 격차를 최소화하는 '조화로운 사회건설(和諧社會建設)'이다(<표 5> 참고). 중국 정부가 조화로운 사회건설을 위해 기업들이 앞장서서 기업이 사회적 책임활동을 책임감 있게 수행해 줄 것을 당부한 셈이다. 미국 시사주간지 '타임'은 이와 같은 사회적 책임을 강조하는 정책기조와 국민 인식의 변화를 '중국의 미래가 달린 중요한 문제'라고 언급한 바 있다.

따라서 이와 같은 흐름 속에 중국기업은 물론 다국적기업들의 사회적 책임활동에 대한 경쟁전략이 더욱 강화될 것으로 전망된다.

한편 정상은(2007)에 의하면 1978년 이래 중국에서는 독자적인 형태의 CSR이 존재해 왔으며, 최근 이에 대한 인식이 변화하는 과정도 여타 자본주의 국가와는 다르게 전개되어 왔다고 한다(<표 6> 참고). 이는 계획경제에서 시장경제로 전환하고 있던 중국이 지닌 체제적 특수성에 기인한 것이기 때문이다. 중국 내 CSR에 대한 인식의 변화과정과 그 현황을 살펴보면, 과거 CSR에 대한 인식이 결여된 시기에는 정경유착과 부패, 불법행위, 환경오염 등이 극심하였다. 그러나 1996년 이후 중국 내 시장경제질서가 어느 정도 자리를 잡아가는 동시에 규모와 경쟁력을 갖춘 대기업 집단이 등장하고, CSR에 대한 글로벌 기준이 도입되면서 CSR에 대한 인식을 점차 자각하게 되었다. 이후 CSR에 대한 관심이 그 이전과는 비교할 수 없이 제고됨에 따라 환경보호, 제품안전, 인권보호, 사회복지 등에 대한 관심까지 제고되었다. 특히 개혁개방 이후 CSR인식의 결여로 누적된 환경보호, 제품안전, 직원복지 등의 문제점이 표출되면서 하이얼, 렌샹 등 소수의 글로벌화된 중국기업들은 대규모 기부활동을 펼치는 등 CSR에 대해 전향적인 태도를 보이고 있다. 예컨대 중국기업들의 환경보호에 대한 의식 결여는 심각한 환경오염을 경험하게 하였다. 수개월간 지속되었던 2005년 11월 중국 지린성(吉林省)의 中國石化의 벤젠 유출로 발생했던 쑹화장(松花江) 오염사건 등 기업들의 불법행위로 인한 환경파괴는 중국인들의 CSR에 대한 관심을 크게 제고시키는 역할을 하였다. 또한 1998년에 미극에서 제정된 기업의 사회적 책임(Social accoountability)에 관한 제3자 표준인 SA8000이 2001년 이후 중국기업에도 본격적으로 적용되면서 CSR에 대한 관심이 더욱 제고되었다. SA8000요건은 유소년 노동, 보상, 차별, 강제노동, 근로시간, 보건 및 안전, 단결권 및 단체교섭권, 그리고 근로 경영시스템에 대한 요구사항이 포함되어 있다. 그리고 다국적기업 가운데 월마트는 2002~2004년 사이에 CSR표준 미달 사유로 중국거래선 40%를 교체한 바 있다. 한편, 앞에서도 언급하였지만 중국정부정책 가운데 '조화로운 사회주의 건설'은 중국기업은 물론 다국적기업들로 하여금 CSR활동을 적극적으로 수행케 하는 촉진제가 되었다.

또한, 최병헌(2008)도 중국 내 CSR어 관한 인식변화를 고찰하고 있는데, 그에 따르면 중국의 거혁개방정책 실시 이후에 중국에서 CSR에 관한 논의와 활동 추이는 ① 1980년대 초반부터 1990년대 초반까지의 1차 시기, ② 1990년대 초반부터 2001년 WTO 가입 이전까지의 2차 시기, 그리고 ③ 2002년 이후부터 현재까지의 3차 시기로 구분할 수 있다고 한다(<표 7> 참고).

첫 번째, CSR의 1차 시기는 개혁개방정책이 실시된 이후 중국기업들이 다국적 기업들과 함께 합자나 합작기업을 설립하여 적극적인 외자유치, 선진기술과 생산설비 도입, 양산능력 확대, 가공무역 촉진, 수출확대 등에 주력하던 때였으며, CSR활동의 주안점 및 주요 관심 영역이 경제적 책임과 부의 창출, 이윤 확대, 고용 확대 등에 머물러 있던 시기였으며, CSR 이슈를 창출하는 데 기업의 역할은 거의 찾아볼 수 없었던 시기이기도 하였다.

<표 6> 중국 내 CSR에 대한 인식변화와 현황

시기	인식변화와 현황
1978년 개혁개방 이전의 계획경제 시기	중국 정부가 통제하는 생산단위 및 사회단위였던 "꿍창"이 존재하였으며, "꿍창" 내의 조직원은 경영성과에 관계없이 그 안에서의 생활이 보장되었기 때문에 "꿍창"은 그 자체가 사회적 책임을 지는 집단이었음.
1978년 개혁개방 이후~1995년	현대적 기업제도가 도입됨에 따라 정부와 기업이 분리되고 사영기업, 합자기업 등이 등장하여 경쟁이 격화되면서 이전의 계획경제시기와는 달리 CSR에 대한 인식이 거의 실종된 시기임.
1996년 이후~최근	시장경제질서가 어느 정도 자리를 잡은 동시에 규모와 경쟁력을 갖춘 대기업이 등장하고 글로벌 표준이 도입되면서 CSR에 대한 인식이 점차 긍정적으로 전환되어 최근 수년간은 CSR에 대한 관심이 그 어느 때보다 높아짐.

두 번째, CSR의 2차 시기인 1990년대 초부터 2001년 까지는 국유기업 개혁과 자본시장 육성을 통한 지배구조 개선 등 현대적 기업제도의 도입이 산업 발전의 주요 이슈였으며, CSR활동의 주안점은 경제적 책임과 법적 책임에 머물러 있었다. 그리고 CSR활동의 주요 관심 영역은 주주가치증대, 법인세법과 기업법 등 각종 법규 준수에 집중되어 있을 뿐이며, 며, CSR 이슈 창출에 대한 기업의 역할이 부

분적이며 수동적 역할에 그치고 있었다.

세 번째, 중국이 WTO에 가입한 이후인 CSR의 3차 시기에는 국제적인 CSR의 기준과 방침들이 중국에도 적극 도입되기 시작했다. 이 시기의 산업발전의 초점은 선별적 외자유치, 첨단산업육성, 중국기업의 국제화, 기업 설립이념ㆍ사상, 문화의 혁신 등이었으며, 경제발전의 사상적 배경은 균형발전, 조화로운 사회건설, 과학발전관, 지속 가능한 발전 등이다. 또한 CSR의 3차 시기의 CSR활동의 주안점은 윤리적 책임과 자선적 책임이며, CSR활동의 주요 관심 영역이 소비자와 근로자 권익보호, 환경보존, 지역사회발전에 공헌 등이었다. 특히 이 시기에는 CSR 이슈 창출에 대해서 기업의 역할은 적극적이며 선도적일 정도로 변모하게 되었다.

4.2 사회적 책임 활동의 주요 특징과 경영성과

그렇다면 중국 내 기업의 사회적 책임 활동과 기업 성과와는 어떠한 관련을 맺고 있는 것일까. 정상은(2007)에 의하면, 중국 내 CSR 활동에 대한 관심은 중국태생의 자국기업보다는 다국적기업의 외국기업에 더 집중되어 있다는 점이 그 특징이라고 한다. 중국 내 경제활동 가운데 다국적 기업이 차지하는 비중을 보면, 전 세계 글로벌 500대 기업 가운데 무려 400여 개 이상이 중국에 진출해 있고, 중국 수출액의 절반 이상을 외국기업이 담당하고 있다. 중국 상무부 통계에 의하면 2006년 중국 내 외국인투자기업의 수출액은 5,638억 달러, 수입액은 4,726억 달러였는데, 이는 2006년 중국 수출총액의

58.1%, 수입총액의 59.7%에 해당하고 있다. 이를 통해서도 중국 내 다국적기업의 영향력과 비중이 다른 나라의 경우보다 훨씬 더 컸다는 점을 알 수 있다.

〈표 7〉 시기별 중국 내 CSR 활동의 추이와 특징

구분	1차 시기	2차 시기	3차 시기
시기	1980년대~1990년대 초	1990년대 초~2001년	2002년 이후
산업발전의 초점	적극적인 외자유치, 선진 기술과 생산설비 도입, 양산능력 확대, 가공무역 촉진, 수출확대	국유기업개혁, 현대적인 기업제도 도입, 품질과 서비스 개선, 수출과 내수 동시 확대	선별적 외자유치, 첨단산업육성, 중국기업의 국제화, 기업 설립이념과 사상, 문화의 혁신
지역발전의 주요 이슈	4대 경제특구 설립, 상하이, 다롄, 텐진, 칭다오 등 연해지역 14개 항구도시 개항	서부대개발 사업, 장강삼각주(푸동개발계획), 주강삼각주(홍콩-선전 통합)경제권	동북3성 진흥계획, 중부굴기전략, 범주강삼각주 경제권, 대도시경제권 통합, 산업클러스트 형성
경제발전의 사상적 배경	중국 특색의 사회주의, 사호주의 초급단계론, 선부론	사회주의 시장경제제도, 남순강화, 3개 대표론	균형발전, 조화로운 사회건설, 과학발전관, 지속가능한 발전
CSR활동의 주안점	경제적 책임	경제적 책임, 법적 책임	윤리적 책임, 자선적 책임
CSR활동의 주요 관심 영역	부의 창출, 이윤 확대, 고용 확대	주주가치증대, 법인세법과 기업법 등 각종 법규범 준수	소비자와 근로자 권익보호, 환경보존, 지역사회발전에 공헌
CSR 이슈 창출에 대한 기업의 역할	거의 없음.	부분적, 수동적 역할	적극적, 선도적 역할

4.2 사회적 책임 활동의 주요 특징과 경영성과

그렇다면 중국내 기업의 사회적 책임 활동과 기업 성과와는 어떠한 관련을 맺고 있는 것일까. 정상은(2007)에 의하면, 중국 내 CSR

활동에 대한 관심은 중국태생의 자국기업보다는 다국적기업의 외국 기업에 더 집중되어 있다는 점이 그 특징이라고 한다. 중국 내 경제 활동 가운데 다국적 기업이 차지하는 비중을 보면, 전 세계 글로벌 500대 기업 가운데 무려 400여 개 이상이 중국에 진출해 있고, 중국 수출액의 절반 이상을 외국기업이 담당하고 있다. 중국 상무부 통계 에 의하면 2006년 중국 내 외국인투자기업의 수출액은 5,638억 달 러, 수입액은 4,726억 달러였는데, 이는 2006년 중국 수출총액의 58.1%, 수입총액의 59.7%에 해당하고 있다. 이를 통해서도 중국 내 다국적 기업의 영향력과 비중이 다른 나라의 경우보다 훨씬 더 컸다 는 점을 알 수 있다.

그렇다면 이러한 경제활동에서 다국적기업이 차지하는 높은 비중 과 사회적 책임활동은 어떤 관계를 맺고 있는 것일까. 수많은 다국 적기업들이 중국 내에서 그 비중을 확대하고 있는 만큼, 이들 기업 이 중국 내에서 얼마나 사회적 책임 활동을 이행하고 있는가에 대해 서 중국정부와 중국 소비자들의 관심과 요구가 날로 증가하고 있다. 기업의 사회적 책임의 기준이 되는 기부금 현황을 살펴볼 경우, 2006년에 중국민정부가 발표한 기부금 순위를 보면 중국 상장기업 중 2005년에 100만 위안 이상 기부한 기업은 44개로 이들의 기부금 총액은 1억 2,000만 위안인 반면 다국적 기업은 42개사에 4억 2,700 만 위안인 것으로 나타났다. 이는 중국 내 기업별 기부금 액수가 다 국적 기업이 중국기업에 비해 약 4배 정도 많았던 것이다(정상은, 2007). 기부금 순위 면에서 보면 중국 상장기업 1위인 중국연통이 890만 위안인 반면 다국적기업 1위 소니는 5,215만 위안이었다. 중국연통의 기부금이 외국기업인 소니의 17%에 불과하다는 것은 다국적기업의 사회적 책임활동이 중국기업보다 활발함을 의미한다고 할 수 있다(김성은, 2009). 아무리 글로벌 브랜드라고 해도 중국시장에서 적극적인 CSR활동을 수행하지 않으면, 브랜드의 인지도나 이미지가 부정적인 영향을 줄 수 있기 때문에, 다국적기업들은 중국 내에서 교육지원, 환경보호, 재해지원 및 빈곤지역 지원, 지역사회서비스, 고객만족도 제고, 직원복지 향상을 통해 CSR 수행에 주력하는 경향이 갈수록 강해지고 있다. 결국 중국사회에서 환영받을 수 있는 CSR활동이야말로 기업 이미지의 제고와 장기적인 이윤증대에 주요 요소가 되기 때문이다.

개혁개방 직후부터 최근까지도 중국정부와 소비자들이 기업의 CSR에 대한 관심은 자국 기업보다는 다국적기업에 집중되는 경향을 보이고 있었다. 이는 선진적인 마인드를 가지고 있는 다국적기업이 중국에서도 모범적인 CSR활동을 할 것이라는 기대 때문이라고 보는 시각도 있다(정상은, 2006). 그러나 기대가 큰 만큼 만약 다국적 기업들이 중국 내에서 CSR활동에 모범적이지 않고 문제가 생겼을 경우에는 민감하게 부정적인 반응을 불러일으키는 경향도 있었다. 이는 한마디로 말해서, 중국 정부와 소비자들이 지닌 심리에는 자국기업에 대해서는 별다른 기대와 요구를 하지 않는 반면 다국적기업에 대해서는 높은 기대와 평가 잣대를 가지는 이중적인 태도가 자리 잡고 있기 때문이다.

중국에서 사회공헌을 위한 핵심요소는 핵심적인 사회 이슈를 발굴하고, 지역사회와 함께 해야 하며, 그리고 장기간 사회적 책임활동을 지속하는 것이다. 바로 이러한 점이 코카콜라, 모토로라 등 중국에서 성공적으로 CSR활동을 하고 있는 기업들이 가지고 있는 공통적인 특징이다. 이들의 공익활동은 다른 기업들과 차별성을 가지고 있으면서 최소 10년 이상 지속되고 있다. 체계적이고 장기적인 사회공헌 활동은 외국기업에 대한 거부감을 해소하고 문화적 차이로 인한 이질감을 극복하여 현지정부, 시민과의 유대감을 형성시켜 기업의 현지화를 안착시키려 하고 있다.

이러한 사회적 공헌을 유지하기 위한 다국적기업의 중국 내 CSR 활동의 특징을 간략히 살펴보면 다음과 같다. 첫째, '지속 가능 발전' 과 연관성이 높은 환경보호, 빈곤지원 등에 집중되어 있다는 점, 둘째, 주로 중국정부나 민간조직이 주도하고 기업이 후원하는 형식으로 전개되고 있다는 점, 셋째, 중국 내 각종 사회적 이슈에 신속히 대처하며 공민기업 이미지를 창출하고 있는 점, 넷째, 자체 매뉴얼을 갖추고 CSR활동의 관리 및 홍보에 적극적으로 나서고 있다는 점으로 요약할 수 있다.

이러한 CSR활동은 과연 기업의 경영성과(performance)에 어떠한 영향을 주는 것일까.

중국 내에서 세계적 다국적기업인 도요타, 폭스바겐, GM 등의 CSR활동과 그 성과는 중국 자동차 산업의 경쟁구조 변화와 경쟁우위 원천에 큰 영향을 주고 있는 것으로 분석했다. 이는 자동차 가격과 품질, 성능과 디자인, 브랜드와 서비스 등으로 대변되었던 기존의 경쟁우위 원천에 CSR활동이라는 요인이 첨가된 것이다(최병헌, 2008). 또한 중국 최대 PC제조업체인 리노버(Lenovo)도 2005년 IBM

PC를 인수하면서 CSR을 적극 강조하여 글로벌 기업을 지향하는 좋은 선례를 남겼다. 대체적으로 CSR활동은 다양한 이해관계를 비롯하여 마케팅성과, 소비자행동 등 기업의 경영성과에 직간접적으로 영향을 미칠 수 있다. 이 점을 구체적으로 살펴보면 다음과 같다. 첫째, CSR활동은 마케팅성과와 소비자행동에 영향을 미친다. CSR활동이 마케팅 성과에 효과적이라는 연구들은 CSR활동이 소비자들의 신념, 태도, 기업과의 일체감 등의 인지적 측면과 브랜드 구매의도, 충성도와 같은 행동적 측면에 긍정적 영향을 미친다고 한다(Baron et al., 2000; Bhattacharya and Sen, 2004; Brown and Dacin, 1997).

둘째, CSR이 재무성과와 생산성에 영향을 미친다. CSR이 재무성과와 생산성에 미치는 효과를 밝힌 연구들은 CSR수행과 기업의 재무성과 간에 양의 관계가 있다고 한다(Cochrane and Wood, 1984; McGure et al., 1988; Stanwick and Stanwick, 1998).

셋째, CSR이 기업명성에 긍정적 영향을 미친다. 일반적으로 기업이미지와 기업연상과 관련이 있는 기업명성이란 장기간에 걸친 한 기업에 대한 이해관계자의 전반적인 평가(Gotsi and Wilson, 2001)로 정의된다. 기업명성은 실무적 관심이 늘어남에 따라 기업명성에 대한 성과와 기업명성을 결정하는 요인으로 CSR활동의 역할을 점검해보는 것이 필요하다. 특히 현대 시장문화는 기술의 급격한 발달로 인해 제품차별화가 더욱 어려워짐에 따라 소비자의 구매는 기업에 대한 명성 또는 존경에 의존하는 경향이 나타나는데, 이러한 명성이나 존경에 대한 기업이미지는 CSR활동과 관련이 높을 뿐만 아니라 사회적 공헌도가 기업의 이미지를 평가하는 중요한 요인으로서 작용한다(Robin and Reidenbach, 1987; Fombrun and Shanley, 1990; Barich and Kotler, 1991).

그러나 다국적기업의 CSR활동에 대한 요구만 높아지는 것은 아니고, 다국적기업의 CSR활동이 뚜렷한 성과를 내놓으면 내놓을수록, 중국 자국기업에 대한 CSR활동에 대한 기대도 커질 것으로 본다. 실제로 최근에는 중국 기업들 역시 사회적 책임경영에 점차 눈을 돌리고 있는 추세다. 이는 기업의 CSR활동이 기업의 생존은 물론 경쟁우위를 차지할 수 있는 요인이 될 수 있기 때문이다.

전체적으로 Ⅳ장 현대기업의 CSR활동을, 앞서 Ⅲ장에서 논했던 전통중국의 역사적 환경과 함께 고찰해 보면 다음과 같다. 앞서 서술하였듯이, 기업의 CSR활동에 대해서 현대 중국 정부와 중국 소비자는 자국기업보다는 다국적 기업에 대해서 보다 엄격하였고, 요구도도 더 높았다. 이러한 상황하에서 다국적 기업들은 중국 자국 기업보다도 더 많은 CSR활동을 수행하지 않으면 안 되었다. 이러한 특징은 전통 중국의 현실에서도 상당히 유사한 형태로 나타난 바 있다. 즉 지역사회 내에서 현지 상인보다는 외래에서 온 객상(客商)들이 사회적 책임을 이행하는 바가 훨씬 더 컸던 것이다. 이는 외부에서 와서 상거래를 한다는 불리한 점을 넘기 위하여 지역사회 내에서 적극적으로 사회적 책임을 수행하였던 것이다.

이러한 점에서 전통중국의 객상과 현대 중국 내 다국적 기업은 여러 가지 면에서 상호 유사한 입장에 놓여 있다고 할 수 있다. 다만 전통 중국의 경우, 중국 내 출신지역의 차이라는 점이었다면 현재에서는 국적(nationality)에 따른 차이라는 점이 다르다고 할 수 있다.

즉 중국에서도 현대 중국에서도 여전히 상인이나 기업의 출신지에 따른 경계(boundary)는 여전히 상인이나 기업을 평가하는 중요한 관념적·심리적 잣대라고 할 수 있고, 이 점이 각 상인과 기업이 어떠한 사회적 활동을 해야 할 것인가를 좌우하는 중요한 기준이 되었다고 할 수 있다. 앞서 보았듯이 내부보다는 외부에서 온 상인과 기업에 대해서 그 기준은 훨씬 더 엄격하였고, 외부 출신들이 이에 적응하기 위하여 사회적 책임을 훨씬 더 활발히 하였다는 점이 그 특징이라고 할 수 있다.

Ⅴ. 결론 및 시사점

5.1 요약 및 논의

중국 전통 상인들은 어째서 지역사회와 중앙정부에 사회적 책임을 이행하지 않으면 안 되었던 것일까. 당시 상거래 행위는 지역사회로부터 독립해서 존재했던 것이 아니라, 그 한 부분으로 위치하고 있었고, 상거래 행위의 유지는 지역사회의 안정성에 크게 의존하고 있었던 것이다. 때문에 상인이 상업으로서 번영을 누리기 위해서는 지역사회의 안정을 도모하지 않을 수 없었기 때문이다. 또한 명대 후기가 되면서 사회관계가 복잡해지고 유동성도 증가하였기 때문에, 더 이상 상인이 단지 개인적인 '근검'이나 '성실'과 같은 도덕이나 수양을 지키는 것만으로는 변화무쌍한 인간관계에 대해서 적절하게 대응할 수 없었던 것이다.

우리는 흔히 '중국 상인'은 계산이 빠르고 약삭빠른 존재로 인식하였다. 경제적 이익에 누구보다 민감하고, 명분보다 실리를 챙기는 사람들로 여겨져 왔다. 그러나 중국 전통 상인의 모습은 비단 이러한 모습뿐만 아니라 자신의 눈앞에 놓인 작은 이익에 집착하지 않고 지역사회를 위해 사회적 책임을 하고 있었다는 것을 알 수 있다. 앞서 예로 들었던 여러 가지 중국의 상인들 가운데 특히 지역사회에 대한 시혜활동에 적극적이었던 것은 객상층이었다. 이들은 출생지가 아닌 지역사회에 적응하기 위하여 다양한 방법을 강구하지 않으면 안 되었다. 이 때문에 客商들로서는 자선행위를 통하여 주변 사회와 조화를 꾀함으로써 사회의 극심한 유동성(流動性)에 미리 대처하지 않을 수 없었던 것이다. 즉 자선행위는 지역사회의 조화와 실은 밀접한 관련을 맺고 있다고 할 수 있다.

만약 지역사회에서 신용을 잃는다면, 그 지역사회로부터의 여러 가지 보호는 물론이고, 자칫하면 거래 자체가 불가능할지도 모르게 된다. 그렇기 때문에 토착화를 하기 위해서는 지역사회에 대한 여러 가지 공헌, 즉 시혜행위와 높은 신용도가 필수불가결하였던 것이고, 이러한 의미에서 客商들의 윤리의식은 원활하고 장기적인 상업 활동을 위해 반드시 수반되어야만 했던 것이다.

이처럼 중국전통 상인을 둘러싸고 있던 역사적 환경은 현대 在중국 기업활동에 어떠한 영향을 주고 있는 것일까. 또한 최근 수십 년 동안 시장경제가 발달하면서 성장한 증국 현대적 기업에 대해서도 비슷한 이미지를 갖기 마련이나 최근 중국 기업들은 사회적 책임에 눈을 돌리고 있다. 앞으로 중국에서는 급격한 경제성장으로 불거진 환경, 노동, 지역 간 소득 격차 등 다양한 사회문제를 정부가 혼자 해결하는 것이 아니라 기업의 사회 책임경영을 통해 해결하고자 할 것이다.

어떤 점에서는 위와 같은 상황은 비단 중국뿐만 아니라 전 세계 공통적인 현상이라고 할 수 있다. 특히 CSR의 측면에서 중국적인 특성이라고 한다면 앞서 <그림 2>에서도 볼 수 있듯이 전통 중국은 상업활동이 이루어지는 공간의 구분이 명확한 편이었다. 즉 좌고(坐賈)로 대표되는 지역사회 속에서 이미 자리를 잡고 있던 집단과 외부에서 지역사회 내부로 진입하려고 하는 객상으로 크게 나뉘어졌고, 그리고 지역사회에 자선행위를 담당하면서 '사회적 책임'을 이행하였던 쪽은 대체로 객상 쪽이었던 것이다. 현대에 들어와서 교통수단과 인터넷을 비롯한 통신수단의 보급으로 인하여 과거의 협애한 지역성은 점점 사라지고 있는 것이 현실이다. 반면 이를 대신하여 국경이라는 새로운 '경계'가 등장하였던 것이다.

바꾸어서 말하자면, 예전에 지역시장에서 객상이 처한 상황을 이제는 중국 국내에서 다국적 기업이 다시 처하게 되었다는 것을 의미하게 된다. 앞서 Ⅲ장에서 서술하였듯이 다국적 기업이 중국 국내 기업보다 사회적 책임에 관한 비용 지출이 훨씬 더 많았던 것은 바로 이러한 이유에서라고 할 수 있다.

중국문명은 유구하면서도 독자적인 전통을 지니고 있다. 따라서 중국에 진출하는 현대적 기업의 경우, 중국 문명의 독자성에 대해서 반드시 숙지할 필요가 있는 것이다. 특히 경영의 경우에 CSR의 이행이 매우 중요한데 이러한 사회적 책임 이행의 관행은 현재 중국정부의 정책 등에서만 기인하는 것이 아니라, 실제로 매우 오래된 전통에서 기인하였던 것이다. 이는 국가의 사회적 책임 이행도가 매우 낮은 상황에서 이를 메울 존재가 항상 필요했던 것이다. 여러 사회계층 가운데 특히 외지에서 온 객상들과 다국적기업은 바로 이러한 존재였다고 할 수 있다. 객상들은 외지에서 적응하기 위하여 많은 사회적 책임을 이행하였고, 이러한 전통은 오늘날에도 계속 유지되어 다국적기업이 이를 실행하고 있다고 할 수 있다.

5.2 시사점 및 제언

지금까지 자원고갈, 환경악화, 격차, 개발도상국의 빈곤과 같은 사회문제 해결은 정부와 비정부조직(NGO)에만 맡겨 왔다. 그러나 포터(2011)는 "기업에는 비즈니스와 사회를 다시 연계할 의무가 있다"고 주장한다. 가치사슬에 사회공헌의 발상도 도입해서 주주와 고객뿐 아니라 종업원과 현지의 지역사회까지 포함한 '공익'창조를 사업목적으로 삼는 것이 경쟁력강화에도 도움이 된다는 것이다. 포터 교수는 "공익의 발상은 혁신과 성장의 새로운 파도를 부르는 열쇠이며 기업의 성공과 사회의 성공을 다시 연결하는 역할도 달성한다"고 했다. 이는 앞에서 살펴보았듯이 중국 전통상인들과 현대기업들의 이해관계자들의 공익을 위해서 펼쳤던 사회적 책임활동과 일맥상통한다고 할 수 있다.

따라서 향후 한국기업들은 중국 시장에서 기업의 역량을 성장시키고 장수할 수 있는 기업을 목표로 한 비즈니스와 차별화된 CSR경영을 하는 것이 필요하다. 시대적으로 혼자 성장하는 기업은 이제 살아남기 힘들다. 지역사회 및 지역주민과 함께한다는 공동체 의식이 있어야 기업이 성공적으로 진출할 수 있으며 그 지역사회와 함께 존속하게 될 것이다. 이제는 나눔 경영이 기업의 생존이 되었기에 전통적인 사회공헌 활동인 자선, 기부, 준법의 구조모델에서 벗어나 사회적 이슈를 새로운 비즈니스 기회로 활용하는 혁신적인 전략이 필요하다. 중국에서의 CSR활동에서 중요한 것은 현지의 핵심 이슈를 선점하는 것이다. 중국 현지실정에 적합하고 기업의 독특한 특징이 반영된 이슈를 발굴해야 한다. 이제 우리 기업은 사회적 책임활동을 통하여 사회적 기대에 부응하는 것이 장기적 안목으로 볼 때 기업에 이익을 가져다준다는 것을 인식해야 하며, 현지 국가 및 사회에 적합하고 필요한 CSR활동을 펼쳐야 할 것이다. 또한 기업은 단지 이윤추구라는 경제적 성과 차원을 넘어서 사회와 공생할 수 있는 공익적인 가치를 추구하는 기업이 진정한 초일류 기업이라는 것을 잊어서는 안 된다. 중국에 진출한 한국기업들은 단기적인 성과 및 이익창출만을 생각할 것이 아니라, 지속적인 경영 및 기업성장을 도모하기 위한 전략적 측면에서 창출된 이익의 가치를 주주, 내부종업원, 소비자, 정부, 언론, 공급자, 정부, 지역사회 등 이해관계자와 공유할 수 있는 기업의 사회적 책임활동을 수행하여야 한다.

참고문헌

김성수(2009), "기업의 사회적 책임의 이른적 변천사에 관한 연구", 『기업경영연구』, 제16 권 제1호, 1-25.

김성은(2009), "중국기업의 사회적 책임과 지배구조에 관한 연구", 『경영법률』.

김주원, 김용준(2008), "중국진출기업의 CSR과 경영성과에 관한 사례연구", 『고객만족경영연구』, 제1C권 제2호, 85-106.

리궈룽, 이화승 역(2008), 『제국의 상점』, 소나무, 2008.

문근찬(2011), "드러커와 롤스의 관점을 통한 기업의 사회적 책임의 확장 -실업과 고용 문제를 중심으로", 『경영사학』, 제26집 제2호, 117-142.

박기수(2010), "淸末 廣東商人의 형성 배경", 박기수 외, 『중국전통상인과 근현대적 전개』, 한국학술정보.

배영준(2008), 『Chindia Journal』, 2008, 9월.

윤각·조재수(2007), "사회적 책임 활동의 효과에 관한 연구: 멀티 이해관계자 관점을 중심으로", 광고학연구, 제18권 5호, 241-255.

정상은(2007), "다국적기업의 중국 내 사회적 책임활동 분석", 『국제지역연구』, 제11권 제1호, 221-252.

정일수·김태명(2009), "중국 晉商의 상업 활동에 관한 史的 연구", 『경영사학』, 제24집 제4호.

조대우(2010), "중국의 절동사상과 절강상인의 기업가정신", 『경영사학』, 제25집 제4호.

최병헌(2008), "중국 내 기업의 사회적 책임의 유형에 관한 연구", 『중국학연구』, 제45집, 387-422.

한겨레경제연구소(2008), 『동아시아 기업의 지속가능경영』.

홍성화(2008), "明代後期商業書를 통해서 본 客商의 倫理意識", 『중국사연구』 제56권.

홍성화(2009), "명대 후기 상업관행 속에서의 정보와 신용", 『중국학보』 제59권.

邱彭生(치우펑셩, 2011), "청대 상업소송 속에서 법률의 다원성", 박기수 외, 『중국 전통 상업관행의 근현대적 전개』, 한국학술정보.

Barney, J.(1991), "Firm Resources and Sustained Competitive Advantage", Journal of Management, Vol.17, 99−120.

Becker−Olsen, K. L., Cudmore, B. A. and R. P. Hill(2005), "The Impact of Perceived Corporate Social Responsibility on Consumer Behavior", Journal of Business Research, Article in Press, 8−23.

Berman, S. L., Wicks, A. C., Kotha, S. and T. M. Jones(1999), "Does Stakeholder Orientation Matter? The Relationship between Stakeholder Management Models and Firm Financial Performance", Academy of Management Journal, Vol.42, 488−506.

Bowen, H. R.(1953), Social Responsibilities of the Businessman, New York: Haper and Row.

Brammer, S. and A. Millington(2004), "The Development of Corporate Charitable Contribution in the UK: A Stakeholder Analysis", Journal of Management Studies, Vol.41, 1411−1434.

Burke, L. and J. M. Logsdon(1996), "How Corporate Social Responsibility Paysoff", Long Range Planning, Vol.29, 495−502.

Buono, A. F. and L. T. Nicholas(1990), "Stockholder and Stakeholder of Business Social Role" in W. H. Hoffman and J. M. Moore(eds), Business Ethics.

Carroll, A. B.(1979), "Three−Dimensional Conceptual Model of Corporate Performance", Academy of Management Review,

4(4), 497－505.

Chahal, H. and R. D. Sharma(2006), "Implication of Corporate Social Responsibility on Marketing Performance: A Conceptual Framework", Journal of Services Research, 6(1).

Cochran, P. L. and R. A. Wood(1984), "Corporate Social Responsibility and Financial Performance", Academy of Management Journal, Vol.27, 42－56.

Cui Geng and Liu Qiming(2001), "Emerging Market Segments in a Transitional Economy: A Study of Urban Consumers in China", Journal of International Marketing, 9(1), 84－106.

Drumwright, E.(1996), "Company Advertising with a Social Dimension: The Role of Noneconomic Criteria", Journal of Marketing, 60, 71－87.

Eells, R. and C. Walton(1961), Conceptual Foundations of Business, Homewood, Ⅲ, Richard D Irwin.

Ellen, P., Webb, D. and L. Mohr(2006), "Building Corporate Associations: Consumer Attributions for Corporate Socially Responsible Programs", Journal of the Academy of Marketing Science, 34(2), 147－157.

Fombrun, C. and M. Shanley(1990), "What's in a Name? Reputation Building and Corporate Strategy", Academy of Management Journal, 33(2), 233－258.

George, B.(2003), "Managing Stakeholders vs. Responding to Shareholders", Strategy and Leadership, 31(6), 35－40.

Greening, D. and D. Turban(2000), "Corporate Social Performance as a Competitive Advantage in Attracting a Quality Workforce", Business and Society, 39(3), 254－280.

Hart, S. L. and M. B. Milstein(1999), "Global Sustainability and the Creative Destruction of Industries", Sloan Management Review, Vol.41, 23－33.

Hay, R. and Gray, E. (1974), "Social Responsibilities of Business Managers", Academy of Management Journal, March.

Hopkins, M.(2003), "The Planetary Bargain: Corporate Social Responsibility Matters", Earthscan Publications.

Jones, T.(1995), "Instrumental Stakeholder Theory: A Synthesis of Ethics and Economics", Academy of Management Review, Vol.20, 404－437.

Jones, P. and D. Hiller(2005), "Corporate Social Responsibility as a Means of Marketing to and Communicating with Customers Within Stores: A Case Study of UK Food Retailers", Management Research News, 28(10).

Klein, J. and N. Dawar(2004), "Corporate Social Responsibility and Consumers' Attributions and Brand Evaluations in a Product－Harm Crisis", International Journal of Research Marketing, 21, 203－217.

Kotler, P. and L. Nancy(2005), Corporate Social Responsibility: Doing the Most Good for Your Company and Your Cause, John Wiley and Sons, Inc.

Liechtenstein, D. R., Drumwright, M. E. and B. M. Bridgette(2004), "The Effect of Corporate Social Responsibility on Customers Donation to Corporate－Supported Non－Profits", Journal of Marketing, 68(October), 16－32.

Maignan, I. and O. C. Ferrell(2004), "Corporate Social Responsibility and Marketing: An Integrative Framework", Journal of the Academy of Marketing Science, 32(1), 3－19.

McGuire, J., Sundgren, A. and T. Schneeweis(1988), "Corporate Social Responsibility and Firm Financial Performance", Academy of Management Journal, Vol.31, 854－872.

McDonough, W. and M. Braungart(1998), "The Next Industrial Revolution", Atlantic Monthly, October, 82－92.

Menon, S. and B. Kahn(2003), "Corporate Sponsorships of Philanthropic Activities: When Do They Impact Perception of Sponsor Brand?", Journal of Consumer Psychology, 13(3), 316－327.

Michael E. Porter and Mark R. Kramer(2006), "Strategy and Society; The Link Between Comparative Advantage and Corporate Social Responsibility", Harvard Business Review, December, pp.78－92.

Murray, K. B. and C. M. Vogel(1997), "Using a Hierarchy-of-Effects Approach to Gauge the Effectiveness of Corporate Social Responsibility to Generate Goodwill Toward the Firm: Financial versus Nonfinancial Impacts", Journal of Business Research, 38, 141－159.

North, Douglas(1990), Institutions, Institutional Change and Economic Performance, Cambridge University Press.

OECD Guidelines for Multinational Enterprises(2000), Organization for Economic Cooperation and Development.

Ogden, S. and R. Watson(1999), "Corporate Performance and Stakeholder Management: Balancing Shareholder and Customer Interests in the U.K. Privatized Water Industry", Academy of Management Journal, 42, Vol.4, 526－538.

Ogrizek, M.(2002), "The Effect of Corporate Social Responsibility on the Branding of Financial Services", Journal of Financial Services Marketing, 6(3), 215－223.

Porter, M.(1980), Competitive Strategy, The Free Press.

Porter, M. E. and M. R. Kramer(2003), "The Competitive Advantage of Corporate Philanthropy", Harvard Business Review, Vol. 80, 65－68.

Porter, M. E. and M. R. Kramer(2011), "Creating Shared Value", Harvard Business Review, April.

Prahalad, C. K. and G. Hamel(2003), "The Core Competence of the

Corporation", Harvard Business Review, 68(3), 79－91.

Robin, D. P. and R. E. Reidenbach(1987), "Social Responsibility, Ethics, and Marketing Strategy: Closing the Gap between Concept and Application", Journal of Marketing, 51(January), 44－58.

Russo, M. and P. Fouts(1997), "A Resource－Based Perspective on Corporate Environmental Performance and Profitability", Academy of Management Journal, 40, 534－559.

Sen, S., Bhattacharya, C. and D. Korschun(2006), "The Role of Corporate Social Responsibility in Strengthening Multiple Stakeholder Relationships: A Field Experiment", Journal of the Academy of Marketing Science, 34(2), 158－166.

Sen, S. and C. Bhattacharya(2001), "Does Doing Good Always Lead to Doing Better? Consumer Reactions to Corporate Social Responsibility", Journal of Marketing Research, 38(May), 225 －243.

Sinder, J., Hill, R. P. and C. Martin.(2003), "Corporate Social Responsibility in the 21st Century: A View from the Word's Most Successful Firms", Journal of Business Ethics, 48, 175－187.

Smith, N.(2003), "Corporate Social Responsibility: Whether or How?", California Management Review, 45(1), 52－76.

Sparkes, R. and C, Cowton(2004), "The Maturing of Socially Responsible Investment: A Review of the Developing Link with Corporate Social Responsibility", Journal of Business Ethics, 52, 45－57.

Stanwick, P. A. and D. Stanwick, S.(1998), "The Relationship between Corporate Social Performance, and Organizational Size, Financial Performance, and Environmental Performance: An Empirical Examination", Journal of Business Ethics, 17, 195－204.

Stroup, M. and R. L. Newbert(1987), "The Evolution of Social

Responsibility", Business Horizons, 30(March－April), 22－24.

WEF(2003), "Responding to the Leadership Challenge: Findings of A CEO Survey on Global Corporate Citizenship", Word Economic Forum.

臼井佐知子(2005), 『徽州商人の研究』, 汲古書院.

夫馬進(1997), 『中國善會善堂史硏究』, 同朋舍.

村松祐次(1949), 『中國經濟の社會態制』, 東洋經濟新報社.

黑田明伸(1994), "傳統市場の重層性と制度的枠組: 中國・インド・西歐の比較", 『社會經濟史學』, 64(1).

方光祿(2009), "淸代僑寓徽商土著化的個案觀察－－以上海嘉定望仙橋鄕土志爲中心", 『黃山學院學報』, 21.

梁其姿(1997), 『施善與敎化-明淸的慈善組織』, 聯經出版公司.

余英時(1987), 『中國近世宗敎倫理與商人精神』, 臺北, 聯經出版事業公司[鄭仁在 譯(1993), 『中國近世宗敎倫理와 商人精神』, 대한교과서주식회사].

游子安(2005), 『善與人同－明淸以來的慈善與敎化』, 中華書局.

6

중국의 "중재와 조정의 결합"제도와 시사점* **

The Institution of "Combining Arbitration with Conciliation" in China and its Implications

오원석·이경화

국문요약

중국은 중재기관에서 수리하는 상당부분의 안건이 중재절차과정 중에 중재판정부에 의하여 조정으로 해결된다. 이러한 방식은 중국 국제경제무역중재위원회에서 1950년대부터 사용하기 시작하다가 점차 모든 중재기관으로 확산되었으며 현재 세계 각국의 중재기관들에서도 이 방식을 수용하고 있는 추세이다. 하지만 한국은 아직 이 방식을 수용하지 않았으며 중재법상에 아무런 관련 규정을 두고 있지 않다. 이에 논자는 중국무역을 하는 한국당사자들은 중국중재의 상

* 이 논문은 2010년도 정부재원(교육과학기술부 학술연구조성사업비)으로 한국학술진흥재단의 지원을 받아 연구되었음(NRF-2010-413-B00029).

** 본 논문은 무역학회지 제38권 제4호어 게재된 논문임.

당부분을 차지하는 이 "중재와 조정의 결합"방식을 정확히 이해하고 있어야 하고 한국 중재계 인사들은 국제적 추세인 "중재와 조정의 결합"방식을 도입하여 한국중재의 발전을 도모할 필요가 있다고 본다.

주제어: 중국 중재, 한국 조정, 중재와 조정의 결합

I. 서론

중국은 연간 무역액이 미국에 이어 세계 2위를 차지하는 무역대국이며[1] 한국의 최대 교역상대국이자[2] 최대 무역분쟁 발생국이기도 하다[3]. 한국은 2010년 무역의존도가 100%를 넘어섰으며[4] 그중 20% 이상이 대중무역이기 때문에 중국의 경제상황과 무역정책이 한국경제에 직접적으로 영향을 미친다고 볼 수 있다. 그리하여 한국의 실무계와 학술계에서는 중국의 무역정책과 방침, 무역관습 및 분쟁

---

1) 2012년 세계무역액 순위를 보면 중국, 미국, 독일, 일본, 네덜란드, 프랑스, 한국, 러시아, 이태리 순이다(한국무역협회 홈페이지: Available at
   http://stat.kita.net/top/state/main.jsp?lang_gbn=null&statid=dots&top_menu_id=db11
   &menuId=05).

2) 2012년 한국무역의 국가별 순위를 보면 중국, 미국, 일본, 홍콩, 싱가포르, 베트남, 대만, 인도네시아, 인도 순이다(한국무역협회 홈페이지: Available at
   http://stat.kita.net/top/state/main.jsp?lang_gbn=null&statid=kts#none).

3) 대한민국 무역클레임은 국가별로는 중국(25.9%), 미국(22.6%), 일본(20.3%) 순으로 많이 발생하며, 중국과 거래 시에는 국내업체가 클레임을 제기한 비율이 제기받은 비율보다 더 높았고, 미국과 일본과의 거래 시에는 클레임을 제기 받은 비율이 더 높다(대한상사중재원 클레임실태조사 보고서, 2006).

4) 한국은 무역의존도가 주요 20개국(G20) 가운데 가장 높지만 내수 비중은 최하위권이며, 2011년 한국의 무역의존도는 110.3%였다(문화일보, 2012년 10월 4일 내용).

해결방법 등에 대한 연구를 꾸준히 해 오고 있으며 이러한 연구는 앞으로도 계속 활발히 진행될 것으로 브인다.

중국은 모든 중재기관들에서[5] 국내 및 국제중재안건을 수리하고 있는데[6] 그중 60% 이상이 국제적 성격을 띤 계약관계에서 발생된 것이며(김태경, 2009) 상당부분의 안건이 중재수리 후 중재가 아닌 조정(調解, conciliation[7])으로 해결된다. 즉 중재수리된 안건이 중재절차과정 중에 중재판정부에 의하여 즈정으로 해결되며 그 비율은 북경중재위원회의 최근 몇 년간의 통겨수치를 일례로 보면 40% 이상이었다.[8] 중국 중재기관들에서 중재절차 중에 조정을 진행하는 이러한 방식은 중국국제경제무역중재위원회(China International Economic Trace Arbitration Commission: 이하 CIETAC)에서 1950년대부터 사용하기 시작하다가 점차 모든 중재기관으로 확산되었으며 현재 이러한 분쟁해결방식을 뒷받침하기 위하여 중재법과 각 중재기관의 중재규칙 중에 관련 조항을 두고 있다. 이 방식에서 중재판정부는 동일

---

5) 중재기관으로 대한상사중재원 하나만 있는 한국과는 달리 중국에는 약 215개의 중재기관이 상설되어 있으며 이들의 관리와 교류를 위한 중국중재협회가 설립되어 있다. (中国仲裁网: Available at http://www.china-arbitration.com/news.php?id=2351).

6) 중국은 형식적으로는 국제중재기관과 일반중재기관이 있긴 하지만 1996년 이후부터는 모든 중재기관에서 국제, 국내 및 섭외안건들을 수리할 수 있게 되었다. 때문에 본고에서는 이들을 구분하지 않고 '중국중재기관'으로 통칭한다. 詹礼愿(2005)에 따르면 홍콩은 중국령이긴 하지만 자체의 "仲裁条例"을 적용하기 때문에 본고의 '중국중재기관'의 범위에서 제외된다.

7) 이로리(2009)에 따르면 중국은 conciliation과 mediation을 명확히 구분하지 않고 혼용하여 사용하고 영국과 프랑스는 두 용어를 구별하여 사용하며 미국은 분야에 따라 구분할 때도 있고 혼용할 때도 있다고 한다. 三生长(2001)에 의하면 UNCITRAL은 제32차 회의에서 이에 대하여 "이 두 표현은 단지 표현방법과 사용습관의 차이일 뿐 다른 뜻을 나타내는 것은 아니므로 호환하여 사용할 수 있다"고 하였다. 한국도 노동관계조정법이 1996년 통과하면서 알선이 조정과 일원화되었지만 기타 법에서는 여전히 약간의 차이를 보이고 있는데 무역용어로의 조정과 알선은 다른 개념으로 구분하고 있다.

8) 북경중재위원회 홈페이지(http://www.b ac.org.cn/introduce/report.html).

안건에 대하여 조정도 진행하게 되는데 이러한 과정에서 여러 문제점이 발생할 수 있으므로 국제중재계에서 논란이 되고 있다. 하지만 이론적으로 여러 가지 문제점이 있음에도 불구하고 중국 중재기관들에서는 상당부분의 중재안건을 이 방식으로 해결하고 있다. 뿐만 아니라 중재와 조정이 결합되면서 양자의 단점은 보완되고 장점은 모두 살리는 특징이 있으며 집행률도 높아진다. 하지만 이 방식에 대한 연구는 중국 내에서만 활발히 이루어질 뿐9) 한국을 비롯한 국제중재계에서는 아직 중시를 받지 못하는 실정이며 대부분의 관련 외국논문들도 모두 중국인들이 해외에서 발표한 논문들이다10). 중국당

---

9) 중국 내의 관련 선행연구로는 박사학위 논문으로 王生长(2001), 「仲裁与调节相结合制度研究」, 对外经济贸易大学 博士学位论文과 穆子砺(2008), 「论中国商事调节制度之构建」, 对外经济贸易大学 博士学位论文, 洪冬英(2007), 「当代中国调节制度的变迁研究」, 华东政法学院 博士学位论文이 있고, 석사학위 논문으로 王美文(2011), 「商事仲裁程序中调解制度的研究」, 华东政法大学 硕士学位论文. 聂新宇(2012), 「我国仲裁　调解相衔接制度研究」, 广西民族大学, 硕士学位论文; 张旻(2008), 「仲裁与调解相结合制度研究」, 外交学院, 硕士学位论文; 融然(2008), 「论仲裁与调解相结合制度」, 中国政法大学, 硕士学位论文; 李非潇(2007), 「论仲裁中的调节制度」, 吉林大学, 硕士学位论文; 王贤东(2009), 「论国际商事仲裁中的调解」, 西南政法大学, 硕士学位论文; 储永昌(2007), 「论仲裁中调解制度」, 华东政法大学, 硕士学位论文 등이 있으며, 일반 학회지 논문으로는 陈忠谦(2012), "我国"大调解"格局下的仲裁调解", 「仲裁研究」 第28辑; 刘继根, 卢宁(2010), "国际商事仲裁中的调解法律问题探析", 「十堰职业技术学院学报」, 그 외 수 편이 있다.

10) 한국의 연구로는 우효동(2007), 「무역분쟁해결을 위한 한중 조정제도 비교연구」, 신라대학교 석사학위논문이 전부이고, 외국의 논문은 Gabrielle Kaufmann−Kohler・Fan Kun(2008), "Integrating Mediation into Arbitration; Why it Works in China", Journal of International Arbitration; GuXuan(2008), "The Combination of Arbitration and Mediation in China", master in business law, University of Geneve; Tang Houzh(2009)i, "Mediation is Developing Around the World", 17 Asia Pac. L. Rev; Yu Jianlong(2009), "Conciliation in Action in China and CIETAC's Practice", 17 Asia Pac. L. Rev; Jacqueline Nolan−Haley(2012), "Mediation: The New Arbitration", 17 Harv. Negot. L. Rev; Rovert A. Baruch Bush(2003), "Substituting Mediation for Arbitration: The Growing Market for Evaluative Mediation, and What it Means for the ADR Field", 3 Pepp. Disp. Resol. L. J.; Linda C. Rief(2007), "The Use of Conciliation or Mediation for the Resolution of International Commercial

사자와의 분쟁의 상당부분이 중국중재기관에서 "중재와 조정의 결합"으로 해결된다는 점을 고려할 때 이 방식에 대한 소개와 연구가 필요함을 다시 한번 느낀다.

한국은 중재기관으로 대한상사중재원 한 곳만 상설되어 있고 여기서 국제무역분쟁관련 중재와 알선 및 대외무역법에 의한 무역분쟁조정을 위탁받아[11] 진행하였다. 즉 대외무역법에 의한 무역분쟁에 해당하지 않는 경우에는 대한상사중재원에서 조정할 수 없었으며(김지호, 2012) 알선 내지 중재를 신청해야만 했다. 알선은 조정과 비슷하긴 하지만 외부조정인을 선정하지 못하는 등 공식적 의미의 조정과는 차이가 있다. 이러한 문제를 해결하기 위하여 대한상사중재원은 2012년 7월 자체 조정규칙을 제정하여 일반 사법분쟁의 조정을 두루 수리하기 시작하였다.

하지만 한국은 중국과 같이 중재와 조정을 결합하는 방식이 활성화되어 있지 않다. 오직 대한상사중재원(Korean Commercial Arbitration Board: 이하 KCAB) 국내중재규칙에만 "중재절차 개시 전에 양당사자의 조정요청이 있는 경우 조정을 진행할 수 있으며 조정이 성립하면 중재판정과 동일효력을 가지는 화해관정방식으로 처리된다"고 규정하고 있으나[12] KCAB 국제중재규칙에는 관련 내용이 없고 중재법에도 위 조항을 뒷받침할 어떠한 규정도 존재하지 않는다. 뿐만 아

Disputes", 45 Can. Bus. L. J.; Wand Wenying(2005), "The Role of Conciliation in Resolving Disputes", 20 Ohio St.J. on Disp. Resol. 그 외 수 편이 있다.

11) 대외무역법 제44조 제1항, 제4항: 지식경제부 장관은 '무역거래자 상호 간이나 무역거래자와 교역상대국의 무역거래자와 물품 등의 수출·수입과 관련된 분쟁'에 대해 조정을 할 수 있다. 대외무역법 시행령 제91조 제9항: 동 조정 업무는 대한상사중재원에 위탁하여 진행한다.

12) KCAB 국내중재규칙 제18조.

니라 조정이 실패하면 중재절차를 개시하고 새로운 중재인을 선정하기 때문에 중재판정부가 조정인을 겸하는 중국의 방식과는 다르며 이는 일종의 'pre − arbitration conciliation'으로 볼 수 있다. 즉 중재와 조정이 유기적으로 결합되어 있는 것이 아니라 두 절차가 분리되어 진행된다.

본고에서는 중국의 "중재와 조정의 결합"방식과 그 장점을 소개하고 관련 사례를 들어 이 방식의 절차와 진행과정에서의 유의점을 살펴본 후, 중국중재기관에서 이 방식으로 분쟁을 해결할 경우 한국당사자들의 유의점을 제시하고 나아가 한국중재제도에의 수용을 건의하고자 한다.

Ⅱ. 중국의 "중재와 조정의 결합"제도와 효과

2.1 "중재와 조정의 결합"의 개념

"중재와 조정의 결합"의 개념을 보기에 앞서 중재와 조정의 개념에 대하여 정확히 알아야 할 필요가 있다. 중재란 공정한 제3자를 중재인으로 선임하고 이러한 중재인의 판정에 복종하므로 클레임을 해결하는 방법이다. 양당사자는 중재판정을 거부할 수 없을 뿐만 아니라 중재판정은 국제적으로 효력을 미치게 된다. 조정은 중재의 경우와 같이 공정한 제3자를 조정인으로 선임하고 조정인이 제시하는 해결안에 대하여 합의함으로써 클레임을 해결하는 방법이다. 중재와 다른 점은 양당사자는 조정안을 수락할 의무가 없으며 어느 일방이 조정안에 불복하면 결국 조정이 실패한다는 점이다(양영환·오원석·박광서, 2011).

이러한 중재와 조정은 서로 다른 절차와 방식으로 진행되고 효력도 다른데 실무에서는 중재판정부가 중재절차 중에 당사자들에게 화해를 권유하는 형식으로 사실상 조정을 진행하는 경우가 많다. 하지만 이러한 방식은 중재판정부의 중립성과 공정성에 영향을 미치는 등 여러 가지 문제점이 존재하기 때문에 많은 국가나 중재기관들에서는 이 방식에 대하여 조심스럽게 접근하고 있다. 하지만 중국은 이 방식, 즉 "중재와 조정의 결합"방식을 적극 추천하는 입장이고 이와 관련된 조항을 중재법이나 중재규칙 중에 두고 있다. 본고에서는 이 방식의 개념, 장점, 문제점, 관련 사례 및 실무상 유의점 등을 살펴보면서 한국에서의 이 방식의 수용 여부에 대하여 논자의 사견을 담고자 한다.

"중재와 조정의 결합"의 개념은 광의와 협의로 구분할 수 있는데 광의의 개념에는 중재와 조정의 여러 가지 결합 형태가 모두 포함된다. 즉 '선 조정 후 중재 방식'[13], '그림자 조정방식'[14], '중재절차 중의 조정방식'[15] 및 'Medaloa방식'[16] 등이 모두 일종의 "중재와 조

---

13) 분쟁을 우선 조정으로 해결하다가 조정이 성사되지 않아 중재신청을 하거나 혹은 조정 합의가 이루어진 후 합의서의 내용에 따른 중재판정문을 신청하는 방식, KACB 국내중재규칙에서 규정하고 있는 방식이다. 이 방식은 pre-arbitration conciliation 혹은 conjoining conciliation with arbitration 이라고 불린다(Stenven J. Burton, 1995).

14) 조정절차와 중재절차를 동시에 진행하며 조정이 성사되면 조정안을 따르고 조정이 실패하면 중재판정을 따르는 방식이다.

15) 중재절차를 진행하는 도중에 당사자들의 조정요청이 있거나 중재판정부의 조정제의에 따라 조정을 진행하는 방식, 중재판정부가 조정인을 겸하고 조정이 성사되면 조정합의서에 따라 중재판정문을 발급하고 조정이 실패하면 중재절차를 재개하는 방식이다. 중

정의 결합"인 것이다(王生長, 2001).

협의의 개념은 앞에서 말한 중국 중재안건의 상당부분을 해결하는 방식인데 광의의 개념 중 "중재절차 중의 조정방식"을 말한다. 그 개념은 "중재절차를 진행하는 도중에 당사자들의 조정요청이 있거나 중재판정부의 조정제의에 따라 조정을 진행하는 방식을 말하며, 중재판정부가 조정인을 겸하고[17] 조정이 성사되면 조정합의서에 따라 중재판정문을 발급하고 조정이 실패하면 중재절차를 재개하는 방식"이다(王美文, 2011). CIETAC의 현행 중재규칙(2012년 5월 1일 시행) 제45조에서는 10개 항을 두어 중재와 조정이 결합되는 이 방식에 대하여 상세히 규정하고 있다.

2.2 "중재와 조정의 결합"제도의 기원 및 현황

2.2.1 중국의 "중재와 조정의 결합"제도

1954년 중국 국제무역촉진위원회(China Council for the Promotion of International Trade: 이하 CCPIT)가 설립되고 그 내부에 CIETAC이 설립되면서 중국에는 국제무역분쟁을 전문적으로 다루는 중재기

국의 CIETAC의 실천경험으로부터 기원한 이 방식은 현재 중국중재기관에서 광범위하게 사용되고 있다. 이 방식은 combination of arbitration with conciliation 중에서도 blending conciliation with arbitration 에 속한다(Stenven J. Burton, 1995).

16) 조정을 진행하다가 성사되지 않으면 양 당사자가 각자의 조정안을 제출하고 중재판정부가 이 두 개의 조정안 중 하나를 선택하여 판정문을 작성하는 방식, 미국중재협회 중재규칙에서 이에 관한 조항을 두고 있다.

17) 중재인이 조정인을 겸하는 것의 합리성에 대하여 국제 학계에서는 논쟁이 많은데 한 통계를 보면 설문조사결과 2/3의 응답자가 중재인이 조정인을 겸하는 것은 적절하지 않다고 응답하였다(CHristopher R. Drahozal·Richard W.Naimark, 2009).

관이 처음으로 만들어졌다. 그 후 1956년 CIETAC에서 "중국국제무역촉진위원회 대외무역중재위원회 중재절차에 관한 잠정규칙(中國國際貿易促進委員會對外貿易仲裁委員會仲裁程序暫行規則)"(이하 잠정규칙)을 발표한 것이 첫 국제중재규칙이었고 이는 거의 모든 내용을 당시 소련의 대외무역중재규칙을 참고[18]하였기 때문에 그때의 중재규칙에는 조정에 대한 언급이 없었다.[19]

중국은 옛날부터 '和爲貴'[20]라는 문화적 전통이 있어 분쟁이 발생하게 되면 일반적으로 조정으로 해결하였다.[21] 그 후 이러한 전통은 재판과정에 영향을 미쳐 馬錫五 심판방식[22]이라는 법원조정[23]으로 발전하였고[24] 그 후 중재기관인 CIETAC이 출현하자 이러한 법원조정 방식이 중재절차에 영향을 미쳐, 비록 당시는 중재법이 제정

---

18) 20세기 50년대는 중국이 해방 된지 얼마 되지 않은 시기여서 중국의 대외무역교역국은 주로 사회주의 체제의 소련이거나 동유럽국가들이었기 때문에 중국의 대외무역정책이나 관련 중재규칙은 소련의 영향을 많이 받았다(董有淦, 2002).

19) "仲裁程序暫行規則" 제35조를 보면 중재위원회가 안건을 수리한 후 양 당사자가 화해에 이르게 되면 안건은 반드시 철회되어야 한다고 규정한다. 여기서 비록 "화해"라는 단어를 사용하였고, 중재와 조정의 결합과 약간의 연관성은 보이지만 조정관련 조항이라고 보기는 힘들다.

20) 論語 學而篇 12章: 禮之用, 和爲貴(예가 귀한 것은 세상을 조화롭게 하기 때문이다).

21) 중국은 공자의 유가사상이나 노자의 도덕경 등에서부터 인간관계의 조화를 중요시하는 문구를 언급하고 있으며, 공식기록으로는 기원전 11세기 서주시대부터 조정을 한 기록이 있다.

22) 马锡五는 중국 항일전쟁시기 판사로 있으면서 재판정에서 재판만 진행한 것이 아니라 자신의 관할구역을 정기적으로 순회하면서 시민들 사이의 작은 분쟁이나 앙금을 조정의 형식으로 해결해주었다. 이는 재판에 "순회"와 "조정"이라는 특징을 첨부한 독특한 형태의 재판이었으며 현시대 "법원조정"의 기원이다.

23) 법원조정은 법원에 소송을 제기한 안건에 대하여 양 당사자가 동의하는 전제하에서 법원이 조정을 진행하여 분쟁을 해결하는 방식으로 조정결과는 강제집행력을 보장받는다.

24) 2013년 1월 1일부터 개정·시행되고 있는 현행 '민사소송법"도 마찬가지로 총칙 제9조에 "인민법원은 민사안건을 심리할 때 당사자들의 자발적 의사와 합법적 원칙 아래 조정을 진행해야 하며, 조정이 성사되지 않을 경우 즉시 판결한다"는 규정을 두고 있다.

되기 전이었고 중재규칙 중에도 조정 관련 규정이 없었지만 실제 분쟁해결과정에서 CIETAC은 줄곧 "중재와 조정의 결합"방식을 사용하여 왔다(王美文, 2012; 喬欣, 2011). 이렇게 "중재와 조정의 결합"방식이 중국의 실천경험에서부터 기원하였다 하여 국제사회에서는 이를 "동방의 경험"이라 부른다(王美文, 2011; 張晋藩, 1999).

그 후 CCPIT는 제1기 제3차 위원회의를 개최하고 CIETAC 기존의 '잠정규칙'을 '정식규칙'으로 통과시켜 1989년 1월 1일부터 시행하였다. 이 중재규칙은 제37조에 "중재위원회와 중재판정부는 수리된 안건에 대하여 조정을 진행할 수 있다. 조정합의가 이루어진 안건에 대하여 중재판정부는 당사자들의 합의내용에 따라 판정문을 작성하여야 한다"는 규정을 추가하였다. 이 규칙은 그동안 CIETAC의 실천경험의 반영이며 중재규칙 중에 '조정'이란 단어가 등장한 시작이었다.[25] 그 후 1994년 제정된 중재법도 제51조와 제52조에 관련 조항을 삽입하여 "당사자들이 조정절차에 동의하는 경우 중재판정부는 조정을 하여야 하며, 중재판정부가 작성한 조정조서와 중재판정문은 동일한 법적효력이 있다"는 내용을 두었다. 현재는 CIETAC뿐만 아니라 중국의 215개 중재기관들에서 모두 관련 조항을 두고 있으며 중재절차 중에 조정제의를 많이 하고 있다.[26]

---

25) CIETAC의 현행 중재규칙(2012년 5월 1일 시행)은 제45조에서 10개 항을 두어 "중재와 조정의 결합"방식에 대하여 상세히 규정하고 있다.

26) 중국은 모든 중재기관들에서 "중재와 조정의 결합"방식의 장점을 높이 평가하는데 天津중재위원회는 "우호적 중재", "중재알선"을, 靑島중재위원회는 "친화적 중재", "조화로운 중재"를 분쟁해결의 이념으로 내세우고 있는 것에서도 알 수 있다. 뿐만 아니라 중앙사회치안종합대처위원회(中央社会治安综合治理委员会), 최고인민법원(最高人民法院), 최고인민검찰원(最高人民检察院), 국무원법제판공실(国务院法制办公室), 공안부서(公安部) 등 16개 기관에서 공동으로 "조정으로 분쟁을 해결할 것에 대한 심층 의견"을 발표하고, 중재기관들이 "중재와 조정의 결합"방식을 적극 추진하고 "중재와 조정의 결합"

중재규칙 중 조정관련 규정을 두기 시작한 1988년부터 2000년까지 CIETAC의 북경본부가 처리한 "중재와 조정의 결합"건수는 다음과 같다(王生長, 2001).

<표 1> 1988~2000년 CIETAC(북경본부) 중재해결건수와 "중재와 조정의 결합"건수

연도	중재	중재와 조정의 결합
1988~1989	197	103
1990~1995	1822	427
1996~2000	1793	528
합계	3812	1058

위와 같이 중재규칙 중 "중재와 조정의 결합"에 관한 명문규정이 추가된 이후 2000년까지 CIETAC의 "중재와 조정의 결합"건수를 보면 1,058건으로 전체 수리건수 4,870건의 21.7%를 차지한다. 또한 최근 CIETAC은 중재수리안건 중 1/3에서 2/3의 안건이 "중재와 조정의 결합"으로 해결되고 있으며 이는 중국국제상회의 40여 개 조정기관의 조정수리건수의 합에 맞먹는다고 한다(喬欣, 2004; 王美文, 2011).

다음은 일반중재기관인 북경중재위원회의 "중재와 조정의 결합"방식 해결건수이다.

에 관한 제도를 보완해 나갈 것을 요구하였다(初茂亮, 2011).

〈표 2〉 2008~2012년 북경중재위원회 중재해결건수와 "중재와 조정의
결합"건수[27]

연도	중재		중재와 조정의 결합	
	건수	비율	건수	비율
2012	822	52.59%	739	47.3%
2011		53.57%		46.98%
2010	855	56%	669	43.76%
2009	1105	56%	876	44.1%
2008	1343	66.6%	621	33.2%

위에서 보다시피 일반중재기관인 북경중재위원회의 "중재와 조정의 결합" 해결비율이 40% 이상이며 이는 중국 중재기관들에서 중재절차 중에 조정을 많이 제의한다는 것을 보여준다.

2.2.2 국제사회에서의 "중재와 조정의 결합"방식

중국의 CIETAC에서 사용되기 시작하고 "동방의 경험"이라 불리는 "중재와 조정의 결합"방식은 중국의 200여 개 중재기관뿐만 아니라 국제사회에도 큰 영향을 미쳤다. 세계 각국은 중국의 이 방식을 참조하여 자국의 중재법에 관련 조항을 삽입하고 중재기관들은 중재절차 중에 조정을 진행할 수 있도록 중재규칙을 개정하기도 하였다. 즉 국제사회는 "중재와 조정의 결합"방식을 수용하는 방향으로 발전해 가고 있는 것이다. 대륙법계 국가들은 전통적으로 법관의 조정의무를 법률로 규정하고 있기 때문에 중재판정부의 조정에 대하여도

---

27) 북경중재위원회 홈페이지(Available at http://www.bjac.org.cn/introduce/report.html, 2013년 3월 16일 최종방문). 여기서 조정해결건수는 실제로 "중재와 조정의 결합"방식으로 해결된 건수와 중재인의 화해제의 등으로 인하여 당사자들이 스스로 화해하여 중재신청을 철회한 건수를 더한 합이다.

상당히 호의적인 반면 영미법계 국가들은 법관의 조정진행을 부정하는 전통의 영향을 받아 중재판정부의 조정진행도 거부하는 태도를 보였다(張톳, 2008). 하지만 이러한 영미법계 국가들에서조차 "중재와 조정의 결합"방식에 대한 태도변화를 보이면서 이 방식의 전 세계적으로 확산되고 있다(唐厚志, 2002; Tang Houzhi, 2009).

중국에서와 같이 중재인이 중재절차 중에 조정인이 되어 조정을 진행할 수 있다고 법률로 규정한 국가와 지역은 대부분 아시아 국가들로 홍콩, 싱가포르, 인도, 일본 등이 있으며 그 외 호주, 캐나다 등도 있다.[28] 미국은 중재절차 중에 조정을 진행하는 것에 대하여 법률로 명시하지는 않았지만 반대의견이 더 많다. 하지만 미국중재협회(AAA) 중재규칙은 중재절차 증에 조정의 진행은 인정하나 중재인이 조정인을 겸할 수는 없다는 입장을 취하고 있다.[29] 유럽 국가들의 입장을 보면 독일, 네덜란드, 스위스, 오스트리아, 폴란드, 헝가리 등 국가들은 중재기관의 중재규칙에서 "중재절차 중의 조정"을 규정하고 실무에서도 중국에서와 같이 중재인이 중재절차 중에 직접 조정을 진행하고 있긴 하지만 이를 법률로 규정하고 있는 나라는 이들 중 네덜란드밖에[30] 없다.[31] 영국은 이 방식에 대한 어떠한 규정도 없으며 다만 런던국제중재원(LCIA) 중재규칙에서 당사자들의 서면합

---

28) 홍콩 중재조례 제IA부 제2A조, 제2Bt조, 싱가포르 국제중재법 제16조, 인도 중재조정법 제80조, 일본상사중재협회 상사중재규칙 제49조, 호주 상사중재법 제27조, 캐나다 중재법안.

29) AAA 상사중재규칙 제10조.

30) 네덜란드 중재법 제1043조.

31) 商事仲裁法律罔, 2013년 6월 4일 방룬, Availaɔle at http://www.arblawyer.com/_d271293254.htm

의가 있을 경우 중재인이 우호적 해결을 위하여 조정을 진행할 수 있다고 규정하고 있다.[32]

국제기구인 UN국제무역법위원회의 "UNCITRAL모델상사조정밥"(2003년 1월 23일 시행) 제12조에서는 "당사자들의 합의가 있는 경우를 제외하고 조정인은 동일 안건에 대하여 중재인이 될 수 없다"고 규정함으로써 "당사자들의 동의만 얻으면 한 안건에 대하여 조정인이 중재인을 겸할 수 있는" 여지를 두고 있다. 본 방식은 선택권을 당사자자치에 맡김으로써 사실상 중립적 입장을 취하고 있는데 이는 1980년 "UNCITRAL 모델조정규칙" 제19조에서 중재절차중의 조정진행을 명시적으로 반대한 것에 비하면 큰 진전이라 볼 수 있다.[33] 국제상업회의소(ICC)중재원에서 제정한 중재규칙과 조정규칙에 의하면 원칙적으로 중재인은 조정인을 겸할 수 없으며, 단 "중재판정부는 당사자들의 약정을 준수하여야 한다"[34]는 문구가 있기에 당사자들의 동의하에 중재인이 조정을 진행할 수 있는 가능성은 있는 것으로 판단된다.

---

32) LCIA 중재규칙 제22조.

33) 모델조정법의 제정과정 중 초안의 내용에는 "중재인이 조정인을 겸하는 것은 중재인의 직무에 반하지 않는다"고 규정하였다가 이러한 방식을 허용하지 않는 국가들의 입장을 고려하여 최종본에서는 중립의 입장을 선택하여 "당사자자치"에 맡기는 문구로 변경하였다(张炅, 2008).

34) ICC 중재규칙 제15조.

2.3 "중재와 조정의 결합"방식의 효과

2.3.1 "중재와 조정의 결합"방식의 장점

1) 융통성 있는 절차

"중재와 조정의 결합"방식은 그 절차에 있어서 조정과 중재의 과정이 유기적으로 결합되어 있기 때문에 중재절차의 확장이라고 볼 수 있다. 중재판정부는 당사자들의 조정 동의를 얻은 후 중재절차를 중단하고 조정인으로 역할을 바꾼 다음[35] 조정절차를 개시한다. 절차규칙이 명문화되어 있는 일반 중재나 소송과는 달리[36] "중재와 조정의 결합"방식의 절차는 조정인과 당사자들이 함께 본 사안과 각자의 상황을 고려하여 가장 합당하다고 판단되는 절차에 따라 진행되기 때문에 법률의 실체적 규정과 절차적 규정의 엄격한 준수로 인한 시간과 비용의 낭비를 줄일뿐더러 당사자들의 절차에 대한 예견가능성과 적응용이성이 높다.

또한 중재와 소송은 명문화된 실체법에 근거하여 사건을 분석해야 하기에 법률지식이 부족한 당사자들은 법률전문가를 대리인으로 세우는 방안을 고려하여야 하고 자신의 주장과 상대방의 진술이 법률에 어긋남이 없는지 신경을 써야만 한다. 하지만 중재절차 중에 조정을 진행할 경우에는 양 당사자들끼리 합리적인 방법으로 합의를

---

35) 중재인이 조정인을 겸하는 것이 합리적인지에 대해서는 세계 각국 학자들 사이에서 논쟁이 되고 있다.

36) 중재와 소송의 공통점 중 하나는 양자 모두 법률이나 사법해석, 정책 등을 기준으로 분쟁을 해결하여야만 하고 또한 관련 절차규칙을 엄격히 준수하여야 한다는 것이다(마青, 2008).

보는 것이기 때문에 법률지식이 없더라도 충분히 합의할 수 있다.

2) 높은 집행률

"중재와 조정의 결합"방식을 통하여 얻은 결론인 조정조서나 판정
문은 일반 중재의 판정문이나 소송의 종심판결서와 마찬가지로 종국
성 및 강제집행력이 인정된다.[37) 또한 Wang Shengchang(2003)에 의
하면 "중재와 조정의 결합"방식으로 얻은 결론은 일반 중재나 소송
에 비하여 당사자들의 자발적 이행비율이 월등이 높다고 한다.[38) 그
이유는, 이러한 방식으로 얻은 중재판정문은 당사자들이 자신들의
의사에 따라 조정을 선택했고 그 진행절차를 직접 결정했으며 합의
과정에 모두 참가하여 영향력을 행사하였기 때문에 조정결과에 대하
여 친숙함을 느끼고 이미 예측하고 있었으며 인정할 수 있는 범위
내에 있기 때문이다. 그리하여 강제성이 있고 불만과 반항심을 일으
키는 중재판정문이나 재판판결문과는 달리 당사자들이 자발적으로
그 결과를 이행하게 되는 것이다.[39)

---

37) 중국 중재법 제51조 "중재판정부는 판정 전에 조정을 할 수 있다. ……조정을 통하여
　　합의가 성립된 경우, 중재판정부는 조정조서를 작성하거나 합의 결과에 근거하여 판정문
　　을 작성하여야 한다. 조정조서와 중재판정문은 동일한 법률적 효력이 있다."

38) 중재나 소송은 안건에 대하여 제3자가 강제성 있은 해결책을 제시하는 강압적 해결방법
　　이기 때문에 당사자들의 자발적 이행보다 강제집행이 되는 경우가 많다. 북경중재위원회
　　의 통계를 보면 2009년부터 2012년까지 4년 동안 국제중재건수는 총168건, 판정이 집
　　행거절 된 건수는 총 34건이었다(북경중재위원회 홈페이지: Available at http://www.-
　　bjac.org.cn/introduce/2012zj.html). 물론 집행거절된 안건 중에는 국내중재안건도 포함
　　되겠지만 논자는 국내중재보다 국제중재에서 국민보호차원에서 법원이 집행거절할 확률
　　이 월등히 높다고 생각한다. 이런 관점에서 볼 때 강제집행의 필요성이 적은 조정은 비
　　용이나 시간 및 업무적 차원에서 훨씬 효율이 높으며, 집행되지 않을 가능성도 훨씬 낮
　　다고 볼 수 있다.

39) 중국은 비록 뉴욕협약 가입국이긴 하지만 다른 나라들에 비하여 자국민 보호성향이 강
　　하기 때문에 여러 가지 이유를 들어 불집행될 가능성이 크다(齐湘泉, 2010; 李虎,

3) 저렴한 비용

"중재와 조정의 결합"방식의 융통성 있는 절차와 집행률의 증가에
는 또한 관련 비용의 감소가 뒤따른다. 이 방식은 기존의 중재판정
부가 조정인을 겸하기 때문에 당사자들은 조정인 선임비용이나 조정
접수비, 관리비 등 제반 비용을 다시 지불할 필요가 없으며, 조정이
성공하게 되면 비싼 중재비나 변호사 선임비용, 증거입수비용 등 여
러 가지 비용들까지 절약하게 된다.

또한 판정은 당사자들이 자발적으로 이행할 가능성이 크기 때문에
이런 면에서는 강제집행 신청 시의 소송비용과 변호사비용 및 제반
비용들이 절약된다. 나아가 당사자들이 자발적으로 이행하게 되면
집행지연이나 집행거부 등으로 인한 예측 불가한 시간과 비용의 지
출이 없게 된다.

4) 우호적 분쟁해결방식

중재절차 중의 조정경험이 많은 중재인들에 의하면 중재절차 중
이길 확률이 높은 당사자들도 조정제의를 하면 대부분 받아들인다고
한다.[40] 그들은 일정부분의 경제적 손실을 감수하더라도 상대방 당
사자와의 우호적 관계를 유지하는 것이 무역당사자들에게는 더 유리
하고 장기적인 해결책임을 알고 있기 때문이다. 중재심리 과정에서
당사자들은 자신들의 성공확률이 어느 정도임을 예상할 수 있는데

2000), 때문에 중재보다는 자발적 이행률이 높은 조정을 활용하는 것이 집행보장에 있
    어서 훨씬 유리하다.

40) CIETAC 부주임이자 중국국제상회 조정센터 부주석인 唐厚志의 인터뷰 내용(王生长,
    2001).

이 단계에서 조정을 제의하게 되면 당사자들은 자신들이 예상한 선에서 조금씩 양보를 하면서 화해에 이를 수 있다. 이러한 과정을 통하여 당사자들은 서로의 양보에 대해 감사하고 장기적인 거래관계에 대한 신뢰가 형성되며 눈앞의 작은 이익을 포기하고 장기적인 이익을 추구하는 것이 경제적으로 더 유리하다는 것을 알게 된다. Wang Shengchang(2003)도 "중재와 조정의 결합"방식은 분쟁당사자들로 하여금 우호적인 관계를 유지 또는 맺을 수 있도록 도와준다고 하였다.

2.3.2 "중재와 조정의 결합"방식의 문제점

1) 적법절차 위반

조정의 단독회의[41] 과정에서는 상대방 당사자가 참석하지 않은 가운데 상대방한테 민감하고 불리한 정보들을 조정인에게 제공함으로써 본인에게 유리한 진술들을 할 수 있다. 이러한 진술은 상대방한테 비밀로 보장되기 때문에 상대방의 반론을 들을 수가 없으며, 조정이 실패한 후 조정인이 중재인의 신분을 회복하여 중재판정을 할 때 조정과정에서 얻은 신빙성이 부족한 이러한 정보들의 영향을 받을 수 있다. 또한 조정과정에서 상대방들이 진술할 때 그 진실성에 대하여 선서를 하는 것이 아니고 자유로운 분위기에서 진행되기 때문에 진술내용의 진실성과 객관성이 부족할 수밖에 없다.

나아가 조정과정에서 양 당사자는 자신이 감당할 수 있는 범위 내에서 손해배상액을 결정하는데 만약 최종 합의점을 찾지 못하여 조

---

41) 조정에는 양 당사자와 공동으로 진행하는 합동회의와 일방 당사자와만 이루어지는 비공개 단독회의가 있다(김지호, 2012).

정이 실패한다 하더라도 양 당사자가 수락 가능한 금액을 조정인이 이미 알고 있기 때문에 나중에 중재판정을 내릴 때 그 금액의 영향을 받을 가능성이 크다. 이러한 가능성들은 결국 중재의 적법절차(due process) 원칙을 엄중히 위반하게 되며 중재판정의 공정성에 의문이 생기게 한다. 張롯(2008)을 비롯한 중국의 관련 연구들에서는 이를 "중재와 조정의 결합제도의 侵害論과 危險論"이라 부른다.

2) 역할의 혼동

중재절차중의 중재인의 역할과 조정절차중의 조정인의 역할은 본질적으로 다르다. 중재인은 양 당사자와 특별한 관계가 있어서도 아니 되고 개인적으로 연락을 해서도 아니 되며 양 당사자로부터 충분한 진술과 증거를 입수한 후 법에 따라 판정을 내린다. 조정인은 당사자 각자와 만나 진술을 확보하며 그러한 내용은 당사자의 동의가 없는 한 비밀로 보장된다. 또한 조정합의안은 조정인이 법에 따라 작성하는 것이 아니라 당사자들이 자체적으로 합의안을 내놓는 방식이다. 이렇게 조정인과 중재인은 그 입장과 하는 일에 큰 차이를 보이는데 만약 한 안건에 대하여 같은 사람들이 조정인과 중재인을 겸한다면 그 역할에 혼동이 생기기 쉬우며, 중재인으로서 적법절차를 위반하거나 조정인으로서 당사자자치를 침해하는 등 문제가 발생할 수 있다.

3) 집행상 문제점

"중재절차 중의 조정"으로 얻은 결과인 판정문은 비록 조정과정을 통하여 얻은 결과이긴 하나 중재판정부에서 중재판정문의 형식으로 작성하였기 때문에 일반 중재판정과 같이 종국적이다. 때문에 이러한 판정문은 집행을 위하여 관할 법원에 강제집행을 요청할 수도 있고 외국에서 집행할 경우 뉴욕협약의 적용을 받아 외국에서도 승인 및 집행이 된다. 하지만 만약 집행국이 "중재절차 중의 조정"을 법률로 반대하는 국가이거나 중재인이 조정인을 겸하는 것을 반대하는 입장일 경우에는 문제가 달라진다. 중재판정은 비록 종국적이긴 하나 중재절차상의 문제에 대하여는 재심이 가능하기 때문에, 이런 경우 집행국에서 중재절차의 "적법절차 위반"으로 중재판정의 무효를 주장할 가능성이 존재한다. 그리하여 비록 "중재절차 중의 조정"으로 얻은 판정문도 뉴욕협약의 적용을 받긴 하지만 그 절차의 특수성 때문에 집행이 거절될 수 있게 된다.

Ⅲ. "중재와 조정의 결합" 관련 사례

3.1 훌륭한 조정기술을 보여준 사례

본 사례는(王生長, 2001) 2000년 10월 신청인 홍콩탁화국제실업유한공사(香港卓華國際實業有限公司), 홍콩환창건축장식공정회사(香港桓昌建筑裝飾工程公司)와 피신청인 료녕화녕홍인기술양성유한공사(遼宁華宁烹飪技術培訓有限公司) 간의[42] 대금지급관련 분

---

42) 홍콩은 비록 정치적으로는 중국의 특별행정구역이지만 경제적으로는 자본주의 체제이고

쟁을 CIETAC에서 해결한 사례로서 중재인들이 훌륭한 조정기술로
써 당사자들의 화해를 이끌어낸 대표적 성공사례이다. 논자는 본 사
례를 통하여 본고의 주제인 "중재와 조정의 결합"방식의 절차를 소
개하고 조정성공을 이끌어내는 기술적 요소들을 보여주려 한다.

3.1.1 조정진행 과정

중재판정부는 중재심리시작 전 자체호의를 열고 본안에 대한 분석
을 충분히 한 후[43) 당사자들의 동의가 있으면 조정을 진행할 것을
결정하였다.[44)

심리 시작 시 중재판정부는 양측 대리인들[45)의 대리위탁서[46)의 내
용에서 "화해나 조정을 대리할 수 있다"는 내용을 확인하고 양 당사
자의 조정에 대한 수락가능성을 파악한 후 심리를 시작하였다. 양

법제도 영미법계로 대륙법계인 중국내륙과 다르기 때문에 본 사건은 비록 홍콩과 중국
내륙 간의 사건이지만 국제중재사례로 보아도 무방하다. 홍콩은 중재법도 중국 중재법을
적용하지 않고 자체 "중재조례"의 적용을 받는다(詹礼愿, 2005).

43) 회의에서 제기된 문제점: 증거자료가 부족, 중재관할지가 명확하지 않음, 추가부품거래
는 계약서 없음.

44) 본안은 여러 가지 문제점을 갖고 있었는데, 계약서마다 중재지를 다르게 기재하여 중재
를 진행하게 되면 각기 북경과 대련에서 중재해야 하는 것과(CIETAC 중재규칙 제34조:
……중재안건의 개정심리는 반드시 당사자들이 약정한 지점에서 진행해야 한다……),
계약서가 없이 진행된 추가거래들이 존재하여 이러한 추가거래는 중재합의내용에 속하
지 않기 때문에 중재신청을 할 수 없게 되는 등 문제점들이 있다. 하지만 조정으로 해결
하게 되면 기정된 법규와 절차를 엄격히 준수하지 않아도 되기 때문에 이러한 문제는
고려대상에서 제외되며, 양 당사자가 합리적이라고 생각하기만 하면 어떠한 결과든지 도
출해낼 수 있기에 중재판정부는 조정제의를 할 것을 결정한 것이다.

45) 소송 및 ADR절차에는 통상 대리인이 개입되는데 여기서 대리인이란, 당사자를 대신하
여 또는 당사자를 보조하여 분쟁해결절차에서 당사자의 권익을 대변하는 자를 말한다.
각 분야에 따라 소송대리인, 중재대리인, 조정대리인, 교섭대리인이 있을 수 있다(손경
한, 2008).

46) CIETAC 중재규칙 제16조: 당사자는 중재대리인에게 위임하여 중재관련 사항을 처리할
수 있다. 당사자 또는 그 중재대리인은 중재위원회에 수권위임장을 제출하여야 한다.

당사자의 진술을 충분히 확보한 후 판정부는 이 단계에서 양 당사자에게 조정의사를 물었고 동의를 얻어냈다.

본 사례는 총 세 차례 협상을 거쳐 합의에 이르렀는데[47], 제1차 협상 이후 중재판정부는 신청인의 양보를 높이 평가하였고 피신청인에 대하여는 수령한 물품들이 이미 사용 중에 있으며 8년 동안 품질 관련 클레임을 한 적이 없는 등을 언급하면서 이를 참고하여 손해배상금액을 다시 결정하라고 조언하였다. 제2차 협상 이후 중재판정부는 양 당사자의 진일보 양보에 큰 찬사를 보내면서 신청인에게는 조정이 성사될 경우의 장점을 강조하고 피신청인에게는 조정이 성사되지 못해 중재판정을 진행할 경우 오히려 불리한 결과가 있을 것임을 언급했다. 그렇게 하여 제3차 협상에서 겨우 합의점을 찾아낼 수 있었으며 당일 바로 "조정합의서"를 작성하고 본 사건을 해결하였다. 또한 2000년 11월 2일에 합의서의 내용에 근거하여 중재판정문을 작성하여 송부하였다.[48]

3.1.2 소결

본 사례에서 중재인들이 사용한 조정기술을 보면, 우선 조정제의를 하는 시기는 중재심리를 충분히 하여 양 당사자들이 자신의 위치

---

47) 조정의 방식에는 양당사자와 공동으로 진행하는 합동회의(joint session)와 조정인과 일방 당사자간에만 이루어지는 단독회의(caucus)가 있다. 단독회의내용은 당사자가 동의하지 않는 한 조정인이 공개하지 못한다(김지호, 2012). 본 사례에서 조정은 단독회의 방식으로 진행되었으며 조정인이 양 당사자와 각각 회의를 하여 합의점을 도출하였다.

48) 본 안건은 "중재와 조정의 결합"방식으로 진행되었기에 중재판정부가 구성된 후 45일 만에 판정문이 작성되었다. 일반 중재로 진행할 경우 여러 차례 심리를 거치고 매 차례의 심리마다 일정한 기간을 두고 진행되기 때문에 시간이 상대적으로 많이 소요된다. 중재판정의 기한은 규칙상 6개월 이내로 규정되며, 통상 수개월이 걸린다(CIETAC 중재규칙 제46조: ……중재판정부가 구성된 후 6개월 이내에 판정문이 작성되어야 한다……).

에 대해 어느 정도 파악한 시점을 선택했고, 당사자들의 조정에 대한 생각은 대리위탁서의 내용에서 알아냈다. 또한 협상과정에서 중재판정부는 손해배상을 받아야 하는 중재신청인한테는 진일보 양보하여 얻을 수 있는 이득을 중심으로, 손해배상을 해야 하는 피신청인한테는 화해하지 못했을 경우의 손해를 중심으로 각각 다른 조언을 해주었다.

본 사례는 또한 "중재와 조정의 결합"이 일반 중재에 비하여 갖는 장점을 잘 보여주는데, 본 사건은 여러 가지 문제가 존재하기 때문에 중재로 해결하려면 재판관할문제로부터 중재합의 범위초과문제까지 아주 복잡해진다. 하지만 조정으로 해결되었기 때문에 이 모든 것이 문제시되지 않을 수 있었다. 또한 중재심리일 당일에 조정합의안을 도출해 냄으로써 평균 3개월에서 6개월 정도 소요되는 중재기한[49]이 대폭 줄어들 수 있었다. 물론 이러한 것들은 비용의 감소와 우호적 해결이라는 장점을 동반하였을 것이다.

3.2 "중재와 조정의 결합"으로 내린 판정이 집행거절된 사례

본 사례는(汪翌, 2011) 2010년 5월 신청인 HongKong Gao Haiyan

---

49) 일반 중재는 시간 간격을 두고 여러 차례 심리를 진행하기 때문에 수개월이 걸리는 것이 통상적이며 중국은 판정부 구성 후 6개월 정도를 판정기한으로 규정하는 것이 일반적이다(CIETAC 중재규칙 제46조). 하지만 조정은 분쟁해결속도가 상대적으로 빠르며 중국은 조정기한을 30일, 한국은 60일로 규정하고 그 기일 내에 조정안이 도출되도록 하고 있다(북경중재위원회 조정센터 조정규칙 제22조, 대한상사중재원 조정규칙 제9조). 본 안건은 비록 중재안건이긴 하지만 조정과의 결합방식으로 해결되었기에 빠른 해결을 볼 수 있었다. 한 설문조사에 근거하면 클레임의 평균 해결기간은 3개월이라고 하는데(대한상사중재원 클레임실태조사 보고서, 2006).

과 Keeneye Holdings Ltd. 간의 주식양도계약의 무효에 관한 사건으로 중국내륙의 한 중재기관에서 "중재와 조정의 결합"방식으로 진행되었고 중재판정문이 작성되었다. 하지만 2011년 4월 집행지인 홍콩에서 홍콩법원으로부터 집행거절판결을 받은 사례로서 중국에서 보편적으로 작성되는 판정이 해외에서 집행거절판결을 받은 대표적인 사례이다.

3.2.1 집행거절 이유

홍콩법원의 집행거절 이유는 "공공정책의 위반"이었는데[50] 그 판결내용은 다음과 같다.

① 조정이 판정부에 의해 진행된 것이 아니라 신청인이 선정한 중재인과 중재기관의 직원에 의해 진행되고 이런 진행방식에 대하여 양 당사자의 동의를 구하지 않았음.

② 조정은 2010년 3월 27일 고급레스토랑에서 이루어졌는데 이 조정시간과 장소는 당사자들의 동의를 얻어 결정된 것이 아닐 뿐만 아니라 합리적인 장소도 아님.

③ 중재기관의 직원은 피신청인 대리인의 추천을 받아 제3조정인을 선정하였는데 이에 대하여 피신청인의 동의를 구하지 않았고, 또한 이미 선정된 두 조정인이 조정안을 작성한 후 제3조정인에게 일방적으로 통지함으로써 절차가 공정하고 중립적이지 않았음.

④ 조정안은 양 당사자의 합의내용에 따라 작성되어야 하는데, 양 당사자의 의견에 상관없이 조정인들이 임의로 근거 없는 손해배상액

---

50) "공공정책의 위반"은 "뉴욕협약"에서 법원이 외국중재판정의 집행을 거절할 수 있다고 규정한 실체적 사유이다(치茂亮, 2011).

을 결정하여 작성하고 양 당사자로 하여금 이를 수락하도록 하였음.

　⑤ 피신청인이 조정안을 거부하자 중재판정부는 중재판정문 작성
시 피신청인에게 불리한 조항을 추가하였음.

3.2.2 소결

본 사례로부터 우리는 다음과 같은 것을 알 수 있다. "중재와 조
정의 결합"방식으로 중재를 진행할 경우 조정의 진행 여부에서부터
진행방식의 각 절차, 조정합의서의 내용에 이르기까지 모두 당사자
들의 동의를 얻어야 한다. 또한 진행과정은 중립적 제3자가 봤을 경
우 편향적이지 않아야 하며 조정안은 수락하도록 강제로 요구할 수
없다.

중국은 예로부터 조정을 중시하였고 현재에도 "조화로운 사회의
건설"을 사회발전의 슬로건으로 내걸고[51] 분쟁해결에서 조정을 대대
적으로 확산시키는 분위기이기 때문에 조정절차보다 결과에만 중점
을 두기 쉬우며(汪翌, 2011), 이는 위의 사례와 같이 절차의 불공정
이나 강압과 같은 공공정책에 의배될 가능성을 안고 있다. 때문에
조정인들은 위의 사안들에 각별히 주의해야 하며 분쟁당사자들도 조
정절차에 적극 참여하여 공정성을 확보하여야 할 것이다.

---

51) 전국인민대표대회 제11차 5개년계획(2011～2015년)의 내용(乔欣, 2011).

Ⅳ. 한국 중재제도 중의 조정

4.1 한국의 상사조정 현황

한국의 유일한 중재기관인 KCAB은[52] 국내·국제 상사계약관련 분쟁의 중재와 알선업무를 진행하고 대외무역법에서 규정하는 물품의 수출입관련 분쟁의 조정을 위탁받아 진행하고 있다.[53] 국제 유명 중재기관들이 중재와 조정업무를 모두 진행하는 것과 비교하면[54] KCAB의 조정은 대외무역법에서 규정한 범위에 국한되어 있고 그외의 분쟁은 조정이 아닌 알선의 방식으로 분쟁을 해결해 왔다. 알선은 제3자가 개입하여 화해를 유도한다는 점에서는 조정과 흡사하나 알선은 제3자가 양 당사자의 화해를 돕는 데 그치고 조정은 화해내용을 조정합의서의 형식으로 작성하는데 이는 비록 중재처럼 강제집행력은 없지만 계약으로서 양 당사자를 구속하는 역할은 한다. 또한 KCAB의 알선은 외부조정인을 선정하지 않고 중재원 내부직원이

---

52) 한국의 유일한 중재기관인 KCAB는 대법원에서 승인된 중재규칙 제1조에 의하여 중재대상이 상거래로 국한되어 있어 사법분쟁의 중재기구로서의 역할을 감당하는 데 한계가 있다. 그리하여 2006년부터 대한변협에서 소액중재기구를 운영하고 2008년에는 기독화해중재원이 설립되었으며 2007년에는 모든 사법분쟁해결을 위한 한국중재원이 설립되어 운영되고 있는데(한국중재원 홈페이지: Available at http://www.hjjw.co.kr/sub1/-sub1_05.html) 아직은 그 명성이 미미하여 국제중재는 통상 KCAB에 신청되고 있는 실정이다.

53) KCAB 홈페이지 Available at
(http://www.kcab.or.kr/jsp/kcab_kor/mediation/medi_04.jsp?sNum=3&dNum=0&pageNum=2&subNum=4)

54) ICC, LCIA, AAA, CIETAC은 물론 중국의 일반 중재기관인 北京중재위원회, 上海중재위원회, 广州중재위원회, 西安중재위원회 등을 비롯한 대부분 중재기관들에서도 자체 조정규칙을 제정하여 조정안건을 수리하고 있다(체茂亮, 2011).

알선자가 되어 무료로 진행해주는 형식이기에 공식적 의미의 조정은 아니다(김지호, 2012).

이에 KCAB는 글로벌 스탠더드에 맞추어 자체 조정규칙을 제정하고 2012년 7월부터 시행하고 있다. 이 규칙은 UNCITRAL[55], ICC[56], LCIA[57], AAA[58] 등을 포함한 주요 외국조정기관의 조정규칙을 참조하여 작성하였으며(김지호, 2012) 그 적용범위도 "당사자 간의 계약 및 기타 법률관계로부터 발생하는 분쟁의 조정"으로 확대되어[59] 일반적인 사법분쟁을 모두 수리할 수 있게 되었다. 이 규칙의 제정으로 인하여 KCAB는 국제적으로 명성이 있는 기타 중재기관들과 같이 중재와 조정이라는 ADR[60]의 핵심적 절차를 모두 시행하는 기관으로 거듭나게 되었다.

최근 몇 년간 KCAB의 클레임 접수건수를 보면 다음과 같다.

〈표 3〉 KCAB 클레임 접수현황[61]

연도	2011	2010	2009	2008	2007	2006
중재건수	323	316	318	262	320	215
알선건수	915	801	664	785	552	534

---

55) 국제상거래법위원회(United Nations Commission on International Trade Law)

56) 국제상업회의소(International Chamber of Commerce)

57) 런던국제중재법원(London Court of International Arbitration)

58) 미국중재협회(American Arbitration Association)

59) KCAB 조정규칙 제2조

60) 소송 외 분쟁해결방식(Alternative Disputes Resolution)

61) 대한상사중재원 홈페이지 Available at
(http://www.kcab.or.kr/servlet/kcab_kor/claim/1000?cl_clsf=1&sNum=3&dNum=0&pageNum=5&subNum=4)

위의 표에서 보면 KCAB의 알선건수는 중재건수의 2~3배 정도
이며 알선건수의 증가폭은 중재건수의 증가폭에 비해 현저히 크다.
이렇게 많은 사건이 알선에 회부되는 현실에 비해 알선은 명문화된
절차규칙이 갖추어져 있지 않다는 문제점이 있다.

4.2 한국 중재제도 중의 조정

한국의 유일한 상사중재기관인 KCAB의 국제중재규칙과 국내중재
규칙에는 중국과 같이 중재절차 중에 중재인들이 조정을 진행할 수
있다는 규정이 없다. 오직 중재절차 중에 당사자들이 화해를 하면
그 화해내용을 중재판정의 형식으로 기재할 수 있다는 화해중재판정
에 대한 기재만 있을 뿐이다.[62) 때문에 KCAB에서 중재를 진행하는
중재인들이 당사자들의 화해를 바라 합의의 도출을 도와주어도 그
과정은 당사자들의 자체합의로 보아 화해중재판정으로 작성되며 중
재인들의 조정과정은 무시된다. 또한 만약 중재인들이 중재과정에서
당사자들의 합의를 돕기 위하여 조정을 진행하였다고 하더라도 이러
한 과정은 중재법이나 KCAB중재규칙에서 인정한 방법이 아니기에
중재인의 월권이나 조정결과의 무효가 될 수 있다.

굳이 KCAB 중재규칙 중에서 "중재와 조정의 결합" 관련 조항을
찾자면 국내중재규칙 제18조를 들 수 있다. 본 조항은 "중재절차 개
시 전에 당사자들의 조정요청이 있는 경우 중재인명부에서 조정인을
선정하여 조정을 진행하며 조정이 성립하면 그 결과는 화해중재판정

---

62) KCAB 국내중재규칙 제53조, 국제중재규칙 제34조, 대한민국 중재법 제31조.

의 방식으로 처리되기 때문에 중재판정과 동일한 효력을 갖는다. 하지만 조정이 성립하지 못하면 즉시 중재절차가 개시되고 중재인이 선정되며 중재심리를 시작한다"고 규정하고 있다. 본 조항도 광의의 "중재와 조정의 결합"방식에 속하기는 하지만 중국에서 사용하고 있는 "중재절차 중의 조정"은 아니며 일종의 pre-arbitration conciliation일 뿐이다. 즉 중재절차 개시 전에 조정절차가 진행되고 조정절차가 종료되면 다시 중재절차가 재개된다. 또한 조정신청을 받게 되면 조정인을 선정하고 조정절차가 종료되어 중재절차를 진행하게 되면 중재인을 다시 선정하기 때문에 원 중재단정부가 조정인을 겸하는 중국의 형식과는 성격상 완전히 다르다. 다시 말하면 조정과 중재의 절차가 유기적으로 결합되어 있는 중국의 "조정과 중재의 결합"과는 달리 KCAB 국내중재규칙 제18조에서 인정하고 있는 "조정과 중재의 결합"은 조정절차와 중재절차가 분리되어 진행된다는 차이가 있다. 때문에 본 조항의 존재에도 불구하고 KCAB의 중재인들은 여전히 중재절차 도중에 조정을 진행할 수 없으며, 또한 중재절차 개시 전에 당사자들이 조정신청을 할 가능성은 극히 적기 때문에 사실상 이 조항을 적용하는 사례는 거의 없다고 한다.[63]

Ⅴ. 한국에 대한 시사점

앞 절에서 보았듯이 한국은 본고에서 다루는 "중재와 조정의 결

---

63) 대한상사중재원 내부소식.

합"에 관한 법이나 절차규칙이 없으며 이러한 방식으로 분쟁을 해결한 사례도 없다. 가령 중재절차 중에 중재인들이 당사자들을 화해시키려고 사안을 조정하였다 하더라도 이러한 행위는 법적 근거가 없기 때문에 월권이 되거나 조정결과가 무효가 될 수 있다. 또한 조정결과는 당사자들이 자체적으로 화해를 달성한 것으로 다루어져 화해중재판정이 내려지게 되며 중재인들이 실제 진행하는 조정과정은 어떠한 인정도 받기 힘들다. 이는 법규와 실무 사이에 괴리가 있음을 말해주며 이러한 괴리는 앞 절에서 설명한 "중재와 조정의 결합"방식으로 보충할 수 있으리라 생각한다.

본 절에서는 중국무역을 하는 한국당사자들이 중국 중재기관에 중재신청을 하게 될 경우 "중재와 조정의 결합"방식으로 해결될 가능성이 크기 때문에 이러한 방식을 사용할 경우의 유의점을 제시하고, 나아가 중국의 "중재와 조정의 결합"방식이 단순 중재나 조정에 비해 갖는 장점을 강조하면서 한국 중재법과 관련 절차규칙에의 수용을 건의하고자 한다.

5.1 "중재와 조정의 결합"과 한국 당사자들의 유의점

5.1.1 중재대리인에게 충분한 수권

"중재와 조정의 결합"방식으로 분쟁을 해결할 의사가 있는 당사자는 분쟁발생 시 중재기관에 출석할 중재대리인에게 충분한 수권을 해주어야 한다. 너무 제한된 수권을 하거나 반대로 "모든 행위를 대리할 수 있다"거나 "중재를 대리이행한다"는 포괄적인 문구의 삽입

은 중재판정부에서 당사자의 조정의사를 체크하기 어렵게 만들며 나
아가 사후에 중재판정문의 유효성 문제가 제기될 수도 있다.[64] 또한
중재대리인이 조정제의를 받거나 조정과정에서 어떠한 의사결정을
해야 할 경우마다 당사자의 의견을 묻는 과정을 거쳐야 하기 때문에
조정의 효율성이 떨어지고 화해의 성공률에도 영향을 주게 된다. 때
문에 중재대리인의 수권계약서에는 명확히 "조정, 화해 등 행위도
대리이행할 수 있다"고 기재하여야 한다.

5.1.2 중국 법률의 사각지대에 대비

중국에서 "중재와 조정의 결합"은 몇 십 년의 실천경험을 축적해
온 방식인 반면 이를 뒷받침할 관련 법률은 아직도 완벽하지 않다.
때문에 일반중재에 적용되는 조항이 조용되어 불리한 영향을 미칠
수 있다. 중국의 중재판정에 대한 판정취소요건과 집행거절사유에는
"판정사항이 중재합의의 범위를 벗어났거나 중재기관의 권한을 벗어
난 경우, 중재판정의 근거가 된 증거가 부족한 경우, 적용된 법률에
착오가 있는 경우" 등이 있다.[65] 하지만 "중재와 조정의 결합"방식
으로 분쟁이 해결되면 "조정합의서"의 내용이 중재합의 범위를 벗어
나거나 중재기관의 권한을 벗어나거나 증거가 부족하거나 혹은 적용
법률에 착오가 있을 가능성이 큰데, 이 경우 위의 조항들이 적용되
어 "조정합의서"가 무효처리되거나 집행거절되어서는 아니 된다.

---

64) 당사자가 수권하지 않은 부분에 대하여 중재대리인이 결정하거나 중재의 대리만 수권하
　　였는데 조정이나 화해를 진행한 경우, 이는 월권행위로서 그 결과물인 조정합의서는 무
　　효가 된다.

65) 중국 중재법 제58조, 제63조, 제71조.

설령 CIETAC에서 중재를 진행했고 외국당사자가 이겼다고 가정할 때 중국에서 집행해야 하는데, 이때 중국당사자가 중재판정취소의 소를 제기할 수 있다는 것이다. 이러한 법률적 사각지대에 대비하기 위하여 외국당사자들은 "조정합의서"를 작성한 후 원 "중재조항"의 내용에 "조정합의서"의 내용을 추가해야 하며, 판정의 집행에 있어 중재법 제58조[66], 제63조[67], 제71조[68]의 적용을 배제한다는 조항을 추가할 필요가 있다.[69]

5.1.3 조정을 전제로 중재신청

분쟁의 상대가 만약 오래된 거래처이고 그동안 우호적으로 거래를 해 왔다면 통상 분쟁이 발생하더라도 한 번쯤은 넘어가게 된다.[70] 하지만 이렇게 참으면서 넘어가게 되면 분쟁이 없어지는 것이 아니라 당사자들의 마음속에 남아 있게 되며 그 이후의 거래관계에 부정적인 영향을 미칠 수 있다. 이때 이를 중재기관에 중재신청을 하면서 조정으로 해결해 줄 것을 암시하고, 조정과정을 통하여 본인이 많은 양보를 하는 모습을 보여준다면 본인도 일부분의 배상을 받을

---

66) 중재판정 취소의 소에 관한 사유

67) 집행중지의 사유

68) 불집행 명령 사유

69) 이러한 조항들은 강행법적 성격을 띠기 때문에 조정합의서에 이 조항들의 적용을 배제한다고 하는 내용을 삽입하는 것이 과연 효력이 있는지는 의문이다. 그리하여 가장 좋은 방법은 중재법 자체에 조정과 중재의 결합으로 얻은 판정문의 취소의 소와 불집행 명령 사유 및 집행중재의 사유를 따로 두는 것이 좋다고 생각한다.

70) 법무부 조사에 따르면 중소기업은 국제분쟁 사건 가운데 35%가량에 대한 법적 해결을 포기하고 있는 실정이다(대한상사중재원 클레임실태조사 보고서, 2006; 법률신문, 2013.05.30.)

(Available at http://www.lawtimes.co.kr/LawNews/News/NewsContents.aspx?serial=75409).

수 있을 뿐만 아니라 상대방 당사자도 많은 양보를 보여준 것에 대해 우호적으로 받아들여 그 관계가 더욱 돈독해질 수 있다.

5.2 "중재와 조정의 결합"제도의 수용

5.2.1 "중재와 조정의 결합"이 일반 중재나 조정에 비해 갖는 장점

무역 당사자들은 무역계약 체결 시 통상 중재조항을 삽입하여 분쟁을 중재로 해결하는 것을 선호하는데 그 이유는 소송에 비해 시간과 비용이 절약되고 회사내부의 기밀정보가 보호되며 전문가집단의 판단을 받을 뿐만 아니라 "뉴욕협약"의 적용을 받아 외국에서도 집행이 가능하다는 등 장점 때문이다[71]. 하지만 앞장에서 기술한 바와 같이 "중재와 조정의 결합"방식은 그러한 중재의 장점 이외에도 분쟁당사자들이 우호적 관계를 계속 유지할 수 있고 비용을 절약하며 시간을 단축하고 자발적 이행률이 높은 등 조정의 장점까지 모두 가지고 있다. 때문에 "중재와 조정의 결합"방식은 충분히 제도화 하여 실무에서 사용할 가치가 있으며, 그리하면 중재인들이 중재절차 중에 당사자들의 화해를 위하여 조정을 진행하는 행위도 법규로서 보장이 되는 등의 효과도 볼 수 있다.[72]

---

71) 2013년 6월 현재 뉴욕협약 가입국은 총 149개이며 한국은 1973년, 중국은 1987년에 가입하였다
(UNCITRAL 홈페이지, 2013년 6월 4일 방문, Available at
http://www.uncitral.org/uncitral/en/uncitral_texts/arbitration/NYConvention_status.html).

72) "중재와 조정의 결합"의 정당성을 인정하는 국가든 반대하는 국가든 상관없이 중재인들은 모두 중재절차 중에 당사자들의 화해를 위하여 노력한다고 한다. 국제적으로 유명한 중재인들을 대상으로 한 설문조사에서는 86%의 응답자들이 중재의 목표를 "당사자 화해"로 보았다(Christopher R. Drahozal · Richard W. Naimark, 2009).

5.2.2 중재법상 "중재와 조정의 결합"관련 조항 추가

현재 한국중재법에는 중재절차 중에 조정을 진행하는 형태에 대한 아무런 언급이 없는데 이에 논자는 아래와 같이 "중재와 조정의 결합" 관련 조항의 추가를 권하는 바이다.

① 중재인은 중재절차 중 당사자의 동의를 얻어 조정을 진행할 수 있으며 조정인을 겸할 수 있다. 조정이 실패하면 중재인의 신분을 회복하여 중재절차를 재개하고, 조정이 성공하면 조정합의서의 내용에 따라 중재판정문을 작성하여 제공한다.

② 조정합의가 있는 당사자들은 중재기관에 "중재와 조정의 결합"으로 분쟁해결을 신청할 수 있으며, 조정이 실패한 경우에는 사후 중재합의서를 체결하여 중재에 회부할 수 있다.[73]

물론 이 외에도 조정과 중재의 결합방식으로 얻은 중재판정문의 취소의 소나 집행거절에 대한 조항들은 따로 두어야 한다고 본다.

---

73) "중재와 조정의 결합"에서 조정이 성공한 경우는 사실상 조정과정이 핵심이기 때문에 이 경우는 중재합의가 없이 조정합의만 있어도 무관하다고 논자는 생각한다.

참고문헌

김태경(2009), 『中國商事仲裁에 대한 司法關與에 관한 研究』, 성균
관대학교 박사학위 논문, 1.

김지호(2012), "대한상사중재원의 조정규칙 시행에 즈음하여," 『대한
상사중재원 계간중재』, 저337권, 37-41.

손경한(2008), "ADR에 있어 법률가의 역할", 『법학연구』 제26권, 7.

양영환·오원석·박광서(2011), 『무역상무』, 삼영사, 제2판, 494-④
95.

이로리(2009), "Mediation과 Conciliation의 개념에 관한 비교법적 연
구", 『중재연구』, 제19권, 한국중재학회, 28.

唐厚志(2002), "正在擴展着的文化, 仲裁与調解相結合或与解決爭
議替代方法(ADR)相結合", 中國對外貿易商務月刊, 50.

詹礼愿(2005), 『中國內地与中國港澳台地區仲裁制度比較研究』, 武
漢大學出版社, 6-43.

叶青(2008), 『中國仲裁制度研究』, 上海社會科學院出版社, 25.

齊湘泉(2010), 『外國仲裁裁決承認及執行論』, 法律出版社, 39-40.

喬欣(2011), 『和諧文化理念視角下的中國仲裁制度研究』, 厦門大
學出版社, 230-235.

喬欣(2004), 『比較商事仲裁』, 法律出版社, 9.

王美文(2011), 『商事仲裁程序中調解制度的研究』, 華東政法大學碩
士學位論文, 2-29.

王生長(2001), 『仲裁与調節相結合制度研究』, 對外經濟貿易大學
博士學位論文, 37-168.

張旻(2008), 『仲裁与調解相結合制度研究』, 外交學院碩士學位論文,

21−30.

董有淦(2002), "仲裁与調節相結合的創擧", 『中國對外貿易·中國
　　仲裁』.

劉茂亮(2011), "仲裁調解程序須灵活而有度", 中國仲裁网.

汪翌(2011), "從香港法院對內地仲裁裁決判決不予執行探討仲裁与
　　調解相結合的風險", 中國仲裁网.

李虎(2000), 『國際商事仲裁裁決的强制執行』, 法律出版社.

Christopher R. Drahozal·Richard W. Naimark(2009), Towards A Science
　　of International Arbitration, The American Law Library, 173−
　　178.

Stenven J. Burton(1995), "Combining Conciliation With Arbitration of
　　International Commercial Disputes", 18 Hastings Int'l&Comp.-
　　L.Rev, 653−656.

Wang Wenying(2005), "The Role of Conciliation in Resolving
　　Disputes", 20 Ohio St.J. on Disp. Resol, 440.

Wang Shengchang(2003), Resolving Disputes Through Arbitration in
　　Mainland China, Law Press, 227.

Tang Houzhi(2009), Mediation is Developing Around the World, 17
　　Asia Pac. L. Rev. 31 2009, 31.

The System of "Combination of Arbitration with Conciliation" in China and its Implications

The combination of arbitration with conciliation is a hybrid dispute settlement mechanism that permits parties to avail themselves of conciliation conducted by arbitrators in the process of arbitration.

This technique is an innovation from China, where it has long been utilized by CIETAC Since 1950s. CIETAC developed this technique in their arbitration practices and Chinese law gives preferential treatment to a conciliation settlement conducted by an arbitrator, thus it is enforceable before the court.

The Korean Practice of combining arbitration with conciliation differs in character from the technique utilized in China. The conciliation is conducted before arbitral proceedings start, so it is actually a pre-arbitration conciliation.

There are many advantages that can benefit the parties, such as "in the Combination the benefits of both conciliation and arbitration are made available to the parties", "the Combination settlements are more likely to be performed voluntarily than if the arbitration is conducted separately", "the Combination settlements are enforceable as awards", "the Combination can result in substantial savings to the parties of both time and money", "the Combination can serve to maintain or enhance a friendly cooperative relationship between the disputing parties", etc.

Thus there is a diversity of views as to the disirability of an arbitrator acting as a conciliator in arbitration proceedings. There is also difficulty in achieving a common solution, not only in theoretical discussion on an international level but also in law and practice on a national level.

The author's opinion about it is, a combination of arbitration with conciliation only proceeds with agreement of the parties. There should be no reason why arbitrators cannot act as conciliators if the parties wish them to do so. The primary purpose of arbitration is to provide the parties with flexible, practical and cost − effective means of dispute resolution.

In CIETAC's arbitration practice, at least fifty percent of the parties, from both civil law and common law countries, have agreed to conciliation by arbitrators. With approximately twenty percent of disputes having been settled through successful conciliation, the combination of arbitration with conciliation has proved to be a great success in China.

So this technique is such a big worth to be studied by us in Korea, then the disputing parties can enjoy all advantages from both of arbitration and conciliation, To accept this technique from China and use it in the arbitration practice, we need to make a revision of the Arbitration Law and Arbitration Rules to contain some provisions supporting the system of combination of arbitration with conciliation.

Key Words: arbitration in China, mediation in Korea, combination of arbitration and conciliation

7

중국 외상투자기업의 제조물책임에 관한 법적 연구*

노은영

Ⅰ. 서론

중국에 진출한 최초의 한국기업은 1988년 푸젠성 푸저우시(福建省福州市)와 중외합자(中外合資)의 형식으로 냉장고 생산 계약을 체결한 대우전자였다. 대우전자가 중국 진출의 발판을 마련한 이후, 한국기업의 대중국 투자는 1992년 한·중 수교 이후 큰 폭으로 증가하였고, 중국이 WTO에 가입한 직후인 2002년부터 중국은 한국의 최대 무역상대국으로 부상하였다. 대중국 투자가 본격화된 2001년부터 2012년 6월 현재까지 중국에 진출한 한국기업 사례는 총 4만 5천여 건이며, 전체 외국인 직접투자는 40만여 건에 달하고 있다.[1]

---

* 본 논문은 「경희법학」 제48권 제1호에 게재된 논문임.
1) KOTRA, 2012, http://www.kotra.or.k:/wps/portal/dknew.

중국은 1978년 개혁·개방 직후 삼자기업법(三資企業法)[2]을 제정하며 적극적인 외자유치 정책을 통하여 경제 성장의 발판을 마련하였다. 이러한 배경 하에 많은 글로벌 기업들은 제조업 생산기지를 중국으로 이전하였고, 중국은 "세계의 공장"으로 불리며 수많은 제품을 대량 생산하게 되었다. 하지만 제품의 대량 생산은 제품의 결함, 하자 등으로 인한 여러 가지 문제를 야기하게 되었으며, 제조물책임은 그 대표적인 예이다.

제조물책임(Product Liability)이란 제조물의 결함으로 인하여 그 제조물의 이용자 또는 제3자의 생명, 신체 또는 재산에 손해를 입었을 때 그 제조물의 제조업자나 판매자에게 결함제조물로 인한 손해를 배상하도록 책임을 지우는 것을 의미한다.[3] 20세기 초 미국에서부터 발전된 제조물책임은 과학기술의 발전으로 인하여 제품이 갈수록 대량화되고 전문화되면서 점차 세계 각국의 주목을 받게 되었으며, 이에 따라 많은 국가들이 「제조물책임법」을 제정하기 시작하였다. 대륙법 국가 중에서 「제조물책임법」의 입법형태는 우리나라, 독일, 일본 등과 같이 「제조물책임법」이라는 단행법 형태로 제정된 경우와 프랑스, 중국, 대만 등과 같이 「민법」과 「소비자보호법」 등 관련 법률의 일부 조항에 삽입된 형태로 구분된다.

중국 정부의 개혁 정책에 힘입어 외상투자기업의 중국 진출은 활기를 띠었으며, 중국은 빠르게 시장경제로 전환할 수 있었다. 하지만

---

2) 삼자기업법(三資企業法)이란 「중외합자경영기업법(中外合資経営企業法, 1979)」, 「중외합작경영기업법(中外合作経営企業法, 1988)」, 「외자기업법(外資企業法, 1986)」 등 3개 법률을 지칭하는 것으로 외상투자기업에 대한 규제 내용을 포함하고 있다.

3) 최병록, 「제조물책임법론」, 구룡문화사, 2007, 3면.

시장경제의 발전으로 수많은 제품이 쏟아져 나오면서 제조물의 결함으로 인한 소비자의 피해는 오히려 증가하였다. 하지만 이러한 소비자 피해에 대한 적절한 구제장치가 없다는 사회적 비판이 높아지게 되자 제품품질에 대한 감독을 강화하고, 그에 대한 책임을 명확히 하여 소비자의 합법적인 권리를 보호하기 위함을 목적으로 하는[4] 「제품품질법(産品質量法)」이 1993년 제7기 전국인민대표대회(이하 '전인대') 상무위원회 제30차 회의(第7屆全國人民代表大會常務委員會第30次會議)를 통과하였다. 중국의 제품품질법에서는 "제품 품질 책임(産品質量責任)"이라는 개념을 처음으로 법률 규정에 도입하였다. 특히 제품 품질 책임으로 인한 민사상의 손해배상책임뿐 아니라 제품품질 감독 기관의 행정책임 및 형사책임을 함께 규정한 것은 중국 「제품품질법」의 특징 중 하나이다.[5]

「제품품질법」 제정 전에는 「민법통칙(民法通則, 1986)」의 제122조에 "품질 불합격 제품(産品質量不合格)"으로 인하여 손해가 발생하였을 시 소비자 권리 보호를 위하여 제품의 생산자와 판매자에게 손해배상책임을 부담하도록 하는 조항이 처음으로 법률에 삽입되었다. 그 후 연이어 「소비자권익보호법(消費者權益保護法)」, 「제품품질법」이 제정되었으며, 2009년 제11기 전인대 상무위원회 제12차 회의를 통과한 「불법행위법(中華人民共和國侵權責任法)」[6]에서 제

---

4) 「中华人民共和国产品质量法」 제1조, 1993年版.

5) 이러한 특징은 중국의 제조물책임법이 대표적인 경제법 영역에 속하는 법률이기 때문이다. 중국에서 경제법이란 국가가 경제를 운용하는 과정 중에 형성되는 특정한 경제관계를 규범하는 법으로 거시경제와 미시경제의 관리를 모두 포함하는 법률을 말한다. 史际春, 「经济法」, 中国人民大学出版社, 2005, 26면.

6) 중국 불법행위법의 정식 명칭은 「중화인민공화국 침권책임법」 이지만 본 논문에서는 이해상의 편의를 위하여 「불법행위법」 이라는 용어를 사용하고자 한다.

조물책임에 대한 징벌적 손해배상과 정신적 손해배상 제도를 명문화하였다.[7]

하지만 중국 법률 체계의 특성 상 전인대와 전인대 상무위원회가 제정한 기본 및 기타 법률 이외에, 국무원과 그 산하의 각 부서 및 위원회가 제정한 행정법규와 부문규정 역시 법적 효력이 있는 동시에 구체적 사안에 적용할 경우에는 매우 중요하게 작용하기 때문에[8] 중국의 「제조물책임법」의 법률체계는 상기한 법률 이외에 「제품품질에 대한 제소 처리 방법(産品質量申訴處理辦法)」, 「공업제품 품질 책임 조례(工業産品質量責任條例)」(이하 품질책임조례), 「제품품질에 대한 샘플링 검사 관리 방법(産品質量國家監督抽査管理辦法)」 등의 행정법규 및 부문규정도 포함되어 있다. 또한 중국의 민사소송 실무에서는 최고인민법원이 발표하는 사법해석(司法解釋)[9]이 중요한 역할을 하므로 제조물책임과 관련한 최고인민법원의 사법해석에 대한 이해도 필요할 것이다.

지금까지 국내에서 중국의 제조물책임과 관련한 선행 연구는 다음

---

7) 이 외에도 「식품안전법(食品安全法)」, 「약품관리법(药品管理法)」 등의 제조물책임과 관련한 특별법이 있지만, 본 논문에서는 전체 제조물책임에 적용되는 일반법인 「제품품질법」, 「불법행위법」, 「불법행위법」에 대한 내용만을 다루어 그 범위를 한정하고자 한다.

8) 실례로 한국의 대통령령(시행령)과 행정각부의 부령(시행규칙)에 해당하는 중국의 하위법령들은 '条例', '规定', '说明', '意见', '通知', '解释' 등으로 표기되어 있다. 실제사업에 있어서는 상위법령보다는 하위법령이 훨씬 구체적이고 직접적인 영향을 미치는 것임에도 불구하고 중국의 하위법령들을 이름 그대로 단순한 설명이나 의견, 해석, 통지 등 규범적 효력이 없는 비법률성 문건으로 착각, 소홀히 대할 뿐만 아니라 일부 전문서적에서도 '준법률'이라는 출처불명의 비학술적 용어를 사용하여 서술하고 있다. 강효백, "한·중 법의 연원에 관한 비교연구", 「중국학연구」 제40, 2007, 326면.

9) 중국의 사법해석은 실무에서 구체적으로 법률을 해석하고 적용하는 문제에 대한 최고인민법원과 최고인민검찰원의 해석을 의미한다. 「전인대 상무위원회의 법률해석 작업 강화를 위한 결의(全国人大常委会关于加强法律解释工作的决议, 1981)」

과 같다. 최광일(2003), 허재창(2004/ 2005)은 중국 제조물책임법의 주요 내용과 문제점, 그리고 관련 사례에 대하여 연구하였고, 이시환(2007)은 제조물 결함에 대하여 한·중 비교 연구를 진행하였다. 그리고 이재목(2010), 이정표/ 손성문(2010) 등은 중국의 불법행위법에 관한 연구에서 제조물책임에 대하여 언급하였다. 하지만 선행 연구자료는 중국 법률체계의 특성을 반영한 「제조물책임법」 관련 법률체계에 대하여 자세히 다루지는 않았으며, 제조물책임의 엄격성을 강화하고 생산자와 판매자의 상호 구상관계를 상세히 규정한 「불법행위법」 제정 이후로는 연구가 진행되지 않았음을 알 수 있다.

이에 본 논문에서는 중국 특색의 법률체계를 토대로 하여 최근의 법률 변화를 반영한 중국 제조물책임법의 전반적인 내용을 고찰하였다. 이러한 연구를 바탕으로 중국에 진출한 외상투자기업의 중국 제조물책임법에 대한 이해를 높이고 제조물책임과 관련한 피해를 사전에 예방하고 적절한 사후대책을 수립하여 개별 사안에 효과적으로 대응할 수 있도록 하는 데 목적을 두고 있다.

먼저 Ⅱ장에서는 단계별 외상투자와 중국 제조물책임법 제정의 연관성에 대하여 분석해 보았다. Ⅲ장에서는 법률, 행정법규, 부문규정 및 최고인민법원의 사법해석 등에 이르기까지 중국의 제조물책임과 관련한 법률체계에 대하여 정리하였고, Ⅳ장에서는 제품과 제품결함에 대한 정의, 책임주체, 손해배상, 면책사유 등의 주요 내용과 그와 관련한 사례에 대하여 연구하였으며, 마지막인 Ⅴ장에서는 논문의 내용을 정리하고 시사점을 제시하였다.

Ⅱ. 외상투자와 중국 제조물책임법의 발전과정

1978년 이후, 중국이 경제체제 개혁과 대외개방을 성공적으로 추진할 수 있었던 주요 원인 중 하나는 바로 적극적인 외자유치 정책 덕분이었다. 개혁·개방 초기 외상투자기업은 '삼자기업'과 '삼래일보(三來一補)기업'10) 형태로 동부 연안의 경제 특구 지역을 중심으로 발전하기 시작하였다.

중국의 첫 번째 외상투자기업은 1980년 4월 10일 홍콩과 합자의 형식으로 설립된 베이징 항공 식품유한회사(北京航空食品有限公司)였다.11) 홍콩이 가장 먼저 대중국 투자의 발판을 마련할 수 있었던 것은 바로 「중외합자경영기업법」의 제정 덕분이었다. 1979년 6월 인민일보에는 전인대의 「중외합자경영기업법」 제정 소식이 발표되었고, 이 소식을 접한 홍콩은 중국 투자를 위한 시찰을 본격적으로 시작하게 된 것이다. 그 이후 1986년과 1988년에 연이어 「외자기업법」과 「중외합작경영기업법」이 제정되면서 외국인의 대중국 투자는 큰 폭으로 증가할 수 있었다. 2012년 중국 상무부가 발표한 보고서에 따르면, 외상직접투자 영역에서 제조업은 58.3%로 절반이 넘는 비중을 차지하고 있다.12)

---

10) 삼래일보(三来一补)란 "来料加工´ 来样加工´ 来件装配和补偿贸易"의 줄임말로 "위탁가공, 샘플가공, 녹다운수출, 구상무역"을 뜻한다. 개혁·개방 초기 마땅한 기술이 없던 중국은 외국업자로부터 원자재, 부품, 샘플 등을 제공받아 중국의 공장에서 가공하여 다시 수출하는 구상무역이 주를 이루었는데, 이는 오늘날의 중국을 있게 한 가공무역의 시발점이었다.

11) 중국의 제1중외합자기업인 베이징 항공 식품유한회사는 현재까지 존재하고 있으며 기내식 등 주로 항공관련 서비스 업무를 하고 있다. 두 번째 외자기업은 미국과 합자의 형식으로 설립한 베이징 지엔궈 호텔(北京建国饭店)이며, 세 번째 역시 중미 합자의 Great Wall 호텔(长城饭店)이었다.

중국에서 제조업과 관련한 외상투자는 1978년부터 현재까지 총 4단계로 구분할 수 있다.[13] 이를 바탕으로 필자는 외상투자와 제조물책임법 제·개정의 연관성을 발견할 수 있었으며 구체적인 내용은 다음과 같다.

첫 번째는 1979년부터 1984년까지이다. 이 시기에는 홍콩, 대만, 마카오 등에서 투자하였으며 '삼래일보'의 노동집약형 산업이었다. 외국 자본의 진출로 제조물이 큰 폭으로 증가하면서 제품품질에 대한 중요성이 점차 부각되자 1980년 국가경제무역위원회(國家經濟貿易委員會)[14]는 「공업기업의 전면적 품질 관리 임시 방법(工業企業全面質量管理暫行辦法)」(이하 공업기업 임시방법)을 제정하여 제품품질 제고를 위한 전면적인 관리를 추진하게 되었다. 하지만 「공업기업 임시방법」은 제품의 품질관리에 대한 내용만을 포함하였으며, 제품결함으로 인한 소비자 피해구제에 대한 규정은 두지 않았다.

그리고 2단계는 1985년부터 1991년까지이며, 이 시기의 주요 투자 주체는 홍콩, 마카오, 대만 등의 화교기업과 유럽, 미국, 일본 등의 중소기업들로 주로 의류, 신발, 플라스틱제품, 가죽 제품 등 노동집약형 가공 산업에 투자하였다. 투자주체와 범위가 확대되면서 국무원 산하기관이 제정한 부문구정인 「공업기업 임시방법」만으로는 한계가 드러나자 국무원은 1986년 4월 5일 「품질책임조례」를 제정

---

12) 中国商务部, "截至2010年外商直接投资行业结构", 2012.01.30,
http://www.fdi.gov.cn/pub/FDI/wztj/lntjsj/wstzsj/2010nzgwztj/t20120130_140679.htm.

13) 제조업 분야에서 외상투자의 단계별 분류는 2007년 중국 상무부에서 발표한 <중국외상투자보고(中国外商投资报告)>를 참조하였다.

14) 2003년 제10기 전인대 제1차 회의에서 통과된 국무원 산하기관 개혁 방안에 따라, 국가경제무역위원회와 기타 기관이 폐지되고 지금의 상무부(商务部)가 설립되었다.

<표 1> 중국제조업 분야의 외상투자와 제조물책임법의 제정

시기	1단계 (1979~1984)	2단계 (1985~1991)	3단계 (1992~2000)	4단계 (2001~현재)
투자주체	화교기업중심	화교 및 외국중소 기업	글로벌기업 투자 본격화	대부분의 글로벌기 업 진출
투자영역	"삼래일보" 노동집약형	노동집약형 가공무역	자본기술 집약형	하이테크 기술산업
법률제정	「공업기업 임시 방법」	「품질책임 조례」, 「민법통칙」	「제품품질법」, 「소비자권익보호법」	「불법행위법」

출처: 中国商务部, "中国外商投资报告(2007)", 桑百川等著, 「外商直接投资: 中国的实践与论争」와 杨立新主编, 「产品责任」 등 참조하여 필자가 작성.

하게 된다. 「품질책임조례」의 제정은 두 가지 측면에서 중요한 의미가 있었다. 하나는 '제품품질 책임'이라는 용어를 처음 사용하였다는 것이고[15], 다른 하나는 소비자의 권리를 보호한다는 조항이 삽입된 것이다. 「품질책임조례」 제1조에는 "공업제품의 품질책임을 명확히 하고, 사용자와 소비자의 합법적 권익을 보호하며, 계획이 있는 상품경제의 건강한 발전을 보장하고, 사회주의 현대화 건설을 촉진하기 위하여 본 조례를 특별히 제정한다"고 규정하고 있다. 하지만 「품질책임조례」는 국무원의 행정법규로서 「헌법」과 「중화인민공화국입법법(中華人民共和國立法法)」(이하 입법법)의 관련 규정[16]에 따라 민사법률관계에 대한 내용은 포함할 수 없었기 때문에 동년 4월 12일 전인대에서 「민법통칙」을 제정하여 제122조에 제품 생산자와 판매자[17]의 민사배상책임에 관한 규정을 마련하였다.

---

15) 「품질책임조례」 제2조: "제품품질책임이란 제품품질이 요건에 부합하지 않아 사용자에게 손해를 초래하였을 경우 반드시 부담해야하는 책임을 말한다."

16) 「헌법」 제62조, 「입법법」 제7조, 제8조, 제9조. 张新宝, "行政法规不宜规定具体侵权责任", 「法学家」 2007年 第5期, 2007 참조.

　　3단계는 1992년부터 WTO 가입 전인 2000년까지이다. 이 시기에
는 글로벌기업의 본격적인 중국 진출과 함께 자동차, 가전제품, 통신
설비 등 자본기술 집약형 산업어 대한 투자가 활발하게 이루어졌다.
제품이 갈수록 대량화되고 전문화되면서 제품결함으로 인한 소비자
피해는 급증하게 되자 행정법규 단계의 규제가 아닌 더욱 강제력을
가진 법률의 제정이 시급하게 되었다. 기에 따라 1993년「제품품질
법」과「소비자권익보호법」이 전인대 상무위원회를 통과하였고「제품
품질법」은 2000년도에 한 차례 개정된 바 있다.「제품품질법」이
2000년에 개정되었던 주요 원인은 WTO 가입과 함께 외국자본의
중국진출이 더욱 가속화될 것이 예정되었지만 여전히 중국의 제품품
질 수준은 국제적 기준에 미치지 못하였기 때문이었다.[18] 국무원의
산하기관들은「제품품질법」의 효과적인 집행을 위하여「제품품질 인
증기관의 허가 관리방법(産品質量認証机构認可管理辦法)」[19],「제
품품질 제소 처리방법」,「제품품질 중재검사와 제품품질 감정관리
방법(産品質量仲裁檢驗和産品質量鑒定管理辦法)」등의 부문규정
을 연이어 제정하였다.

---

17) 중국의 제조물책임법에는 제품의 제조업자에 해당하는 용어를 각각 상이하게 규정하고
　　있다.「소비자권익보호법」과「불법행위법」에서는 제조업자와 판매자를 통칭하여 경영자
　　(经营者)라고 하고 있으며「제품품질법」에서는 생산자와 판매자라는 용어를 사용하고
　　있다.「소비자권익보호법」에는 경영자에 대한 거념 정의가 없으나,「제품품질법」의 '생
　　산자', '판매자'와 같은 개념으로 보는 것이 통설이다. 潘静成·체文华,「经济法」, 中
　　国人民大学出版社, 2002, 231면. 따라서 본고에서는 번역상의 혼란을 줄이기 위하여
　　해당 법률에서 사용하는 용어를 그대로 반영하여 생산자·판매자와 경영자를 동일 개념
　　으로 보고 혼용하고자 한다.
18) 四川质量报, "省质监局靳东升副局长解答新＜产品质量法＞",
　　http://quality.scol.com.cn/2000/200003/28/html/8001.htm.
19) 2000년「제품품질법」개정으로 폐지되었다.

마지막 4단계는 2001년부터 지금까지이다. WTO 가입으로 외국 자본의 중국투자가 본격화되면서 대부분의 글로벌 기업이 모두 중국으로 진출하였다. 투자범위 역시 전자제품, 생물의약, 컴퓨터 등 하이테크 기술 산업으로 확대되었다. 이 시기에는 소비자의 합법적 권리를 보호하고 제품의 생산자와 판매자에 대한 책임을 강화하기 위하여 2009년「불법행위법」이 전인대 상무위원회를 통과하였다.

앞서 살펴본 바와 같이, 중국 제조물책임법의 발전과정은 외상투자와 밀접한 관련이 있다고 볼 수 있다. 개혁개방과 함께 중국 시장에 들어온 화교기업의 제조물책임을 규제하기 위하여「공업기업 임시조례」를 제정한 것을 시작으로, 외자기업의 진출이 활발해지는 것에 비례하여 중국의 제조물책임법 체계도 점차 구체화되고 있음을 알 수 있다. 현재 제품품질관리 및 제조물책임과 관련한 법률·법규는 200여 개에 달하며 부문규정부터 기본법률에 이르기까지 다양하게 제정되어 있다. 그리고 최고인민법원의 사법해석까지 더해져 복잡한 법률체계를 이루고 있다.

Ⅲ. 중국 제조물책임법의 법률체계

앞서 살펴본 바와 같이, 대륙법 국가 중에서 제조물책임법의 입법형태는 우리나라, 독일, 일본 등과 같이「제조물책임법」이라는 단행법 형태로 제정된 경우와 프랑스, 중국, 대만 등과 같이「민법」과「소비자보호법」등 관련 법률의 일부 조항으로 삽입된 형태로 구분된다.

현재 중국에서 제조물책임법과 관련한 법률은 제정 시기 순으로 크게 「민법통칙」, 「제품품질법」, 「소비자권익보호법」, 「불법행위법」으로 구성되어 있으며, 이 외에도 수많은 행정법규와 부문규정, 지방성 법규 및 지방정부 규정[20], 최고인민법원의 사법해석이 존재한다.

3.1 기본법률: 「민법통칙」

「입법법」 제7조에 따르면, 기본법률이란 전인대에서 제정하고 개정하는 형사, 민사, 국가기관 등에 대한 법률을 의미하며, 그 지위와 효력은 헌법 다음이다. 현재 중국에는 「물권법」, 「민사소송법」, 「인민은행법」 등 20여 개가 넘는 기본법률이 있다. 「민법통칙」은 1986년 제6기 전인대 제4차 회의를 통과하여 현재까지 한 차례도 개정되지 않았으며, 총 9장 156조로 구성되어 있다. 제조물책임과 관련하여서는 제122조에서 규정하고 있으며 다음과 같다: "제품품질 불합격으로 인하여 타인의 재산, 인신에 손해를 주었을 경우, 제품의 제조업자, 판매자는 반드시 민사책임을 부담하여야 한다. 운송업자, 보관자에게 책임이 있을 경우, 생산자와 판매자는 손해배상을 청구할 수 있다."[21]

---

20) 지방성 법규는 성, 자치구, 직할시 등의 인민대표대회와 상무위원회가 제정한 법률이며, 지방정부 규정은 성, 자치구, 직할시 등의 인민정부가 제정한 규정이다. 「입법법」 제63조. 본 논문에서는 제조물책임과 관련한 사안에 전국적으로 적용되는 기본법률, 기타법률, 행정법규, 부문규정, 사법해석에 대하여 알아보고자 하며, 지역마다 차이가 있는 지방성 법규와 지방정구 규정은 제외하고자 한다.

21) 因产品质量不合格造成他人财产、人身损害的, 产品制造者、销售者应当依法承担民事责任。运输者、仓储者对此负有责任的, 产品制造者、销售者有权要求赔偿损失。

「민법통칙」제122조는 중국에서 처음으로 제품품질로 인한 소비자 피해 구제를 위하여 만들어진 법률이다.[22] 하지만 이 규정은 너무나 간단하고 제품, 책임주체, 결함 등과 같은 제조물책임의 기본개념의 정의를 규정하지 않고 또 제조물책임법에서 일반적으로 사용하는 '결함'이 아니라 '품질불합격'이라는 용어를 사용하여 개념이 불명확하고 용어가 적절하지 않기 때문에 제조물책임의 제 문제에 대하여 서로 대립되는 이해와 해석이 생기고 무과실책임에 관한 규정 여부에 대하여도 논쟁이 되었다.[23]

3.2 기타 법률

전인대 상무위원회에서 제정하고 개정하며, 전인대에서 제정해야 하는 법률 이외의 법률을 기타 법률이라고 한다.[24] 법률의 효력 순위는 기타 법률이 기본법률보다 하위에 있다.

3.2.1 「제품품질법」

1993년에 제정되었던 「제품품질법」은 2000년 전인대 상무위원회를 통하여 한 차례 개정되었다. 이 법은 중국의 제조물책임법을 구성하는 다수의 법 중에서 가장 핵심이 되는 법이라고 할 수 있다.

---

22) 1979~1982년의 민법 1~4 초안은 모두 제조물의 엄격책임에 관하여는 아무런 규정도 두지 않았다. 1985년 이전의 민법 저서들은 제조물의 결함으로 손해를 발생시킨 불법행위책임 문제는 전혀 언급하지 않고 있다. 양혜성 저, 최길자 역, "중국의 제조물책임법", 「서울대학교 법학」 제42권 제2호, 서울대학교 법학연구소, 2001, 121면.

23) 최광일, "중국의 제조물책임법의 특징과 문제점", 「민사법학」 제24호, 한국민사법학회, 2003, 49면.

24) 「입법법」 제7조

개정 「제품품질법」은 총 6장 제74조로 구성되어 있으며 개정 전과 비교하여 20개 조항이 수정되고, 25개 조항이 신설되었으며, 2개 조항이 폐지되었다. 이 중 생산자와 판매자의 제조물책임에 대한 규정은 총 23개 조항이며, 제품품질 검사와 감독에 관한 조항은 38개로 행정관리 및 규제에 대한 내용이 더욱 강화되었다. 규정을 장(章)별로 살펴보면 1장은 총칙, 2장은 제품품질에 대한 감독, 3장은 생산자, 판매자의 제품품질 책임과 의무, 4장은 손해배상, 5장은 벌칙, 6장은 부칙으로 구성되어 있다.

개정 후 「제품품질법」은 엄격책임이라는 제조물책임의 기본원칙은 유지하였지만 제품품질 제고와 관련하여 다음과 같은 세 가지 방면의 내용이 추가되었다. 먼저 제픔품질에 대한 생산자와 판매자의 의무가 증가되었다. 즉 생산자와 판매자로 하여금 내부적으로 제품품질 관리 제도를 수립하도록 하였으며 제품품질 관리제도에는 제품의 안전성, 제품용도, 제품수명 등을 포함하도록 하였다.[25]

두 번째는 각급 인민정부의 책임에 괘한 규정이다. 「제품품질법」 제7조에 의하면 각 급 인민정부는 제품품질 제고를 위하여 관련 기관을 조직하고 관리하며 법을 준수하도록 지도하라고 규정하여 각 지역 생산자와 판매자의 제품품질 강화를 위한 지방정부의 적극적인 관리를 요구하였다. 이는 중국의 경우 사회의 신용체계가 아직 형성되어 있지 않아 제품품질 제고를 위한 생산자와 판매자의 자발적인 행동을 기대하기 어려워 새롭게 추가한 조항이라고 할 수 있다.

세 번째는 소비자의 권리를 강화한 것이다. 소비자는 제품품질과

---

25) 法律出版社法規中心 編, 「中华人民共和国产品质量法配套规定(注解版)」, 法律出版社, 2009, 6면.

관련한 문제에 대하여 제품의 생산자와 판매자를 조사하고 이를 관련기관에 제소할 수 있는 권리가 있다고 하였다.[26]

중국의 「제품품질법」은 다음의 두 가지 특징이 있다. 하나는 입법체계에 관한 것이다. 일반적으로 각 국가의 제조물책임법은 제품결함으로 인한 손해 발생 시 제품의 생산자와 판매자가 부담하여야 하는 민사책임에 대한 사항만을 규정하는 반면, 중국의 「제품품질법」은 중국의 경제법 영역에 포함되는 대표적인 법률로 제조물결함에 대한 민사책임 외에도 국가의 감독·관리방법, 생산자와 판매자의 제품품질 관리에 관한 사항 등 행정법적인 요소와 함께 형사책임에 대한 내용도 모두 포함하고 있다. 이러한 입법체계에 대하여 중국 학계의 의견은 두 가지로 나뉜다. 즉 민사, 형사, 행정의 '혼합입법'은 계획 경제 시기의 잔해로 시장경제 체제로 전환한 현대 중국에 맞지 않는다는 견해[27]와 국가가 법적, 경제적, 행정적 수단을 통해 제품의 품질을 관리하여 제품품질을 보장하여야 한다는 경제법적인 입장이 조악·위조 제품이 범람하는 중국의 실정에는 더욱 필요하다는 의견[28] 등이 있다.

두 번째는 제품품질에 대한 사전관리의 비중이 높다는 것이다. 중국의 위조상품·조악상품의 제조자·판매자의 대부분은 자금력이 없는 중소기업과 개인경영자이므로 민사배상책임을 중심으로 하는 제

---

26) 「제품품질법」 제22조.

27) 秦小红, "我国产品责任法的现状分", 「江西蓝天学院学报」 第1卷第4期, 2006; 孙波, "完善我国产品责任法之思考", 「政法论坛(中国政法大学学报)」, 2001年 第1期, 2001.

28) 程信和·赵湘英, "产品责任法比较研究——兼论我国相关立法的完善", 「中山大学学报(社会科学版)」 第6期 第39卷, 1999; 王素敏·高辉, "论我国产品责任法的完善", 「郑州航空工业管理学院学报(社会科学版)」 第23卷 第1期, 2004.

조물책임제도만으로는 피해방지 및 구제에 불충분하여 중국의 「제품
품질법」은 품질관리의 강화에 의한 제품사고의 예방에 중점을 두고
있다.[29]

3.2.2 「소비자권익보호법」

중국이 계획경제체제를 실행하던 시기에는 제품의 수량과 종류가
많지 않았고 소비수준도 높지 않았던 이유로 소비자 문제가 크게 부
각되지 않았었다.[30] 하지만 시장경제체제로 전환한 이후, 이윤 주체
의 다원화와 함께 제품이 다양해지고 복잡해지면서 제품품질 저하,
위조 상품 범람, 가격사기 등의 소비자 문제가 점차 심각한 사회문
제로 부상하였다. 이러한 사회적 배경을 바탕으로 1993년 제8기 전
인대 상무위원회 제4차 회의에서는 소비자의 합법적 권익을 보호하
기 위한 「소비자권익보호법」을 통과시켰다. 「소비자권익보호법」은
총 8장 55조로 구성되어 있으며, 「제품품질법」이 주로 생산자와 판
매자의 의무와 책임에 대한 것이라면 「소비자권익보호법」은 경영자
와 소비자의 권리·의무를 규정한 법률이라고 할 수 있다. 이는 「제
품품질법」과 함께 중국의 제조물책임법을 구성하는 중요한 법률이다.
제조물책임과 관련하여서는 다음과 같은 규정을 두고 있다.

1) 제7, 16, 18조: 안전보장에 대한 소비자의 권리와 경영자의 의무
　「소비자권익보호법」의 제7조, 제16조, 제18조는 소비자의 안전을

---

29) 허재창·한낙현, "중국의 제조물책임 관련법규와 사례연구", 「무역상무학회지」 제25권,
　　무역상무학회, 2005, 249면.
30) 潘静成·刘文华, 「经济法」, 中国人民大学出版社, 2002, 222면.

보장하기 위한 소비자의 권리와 경영자의 의무에 대하여 규정하고 있다. 제7조에서는 "소비자는 상품을 구매하고 사용할 때에 인신, 재산을 보장받을 권리가 있다"고 하였으며 제16조에서는 "경영자가 소비자에게 제품을 공급할 때에는 반드시「제품품질법」과 기타 법률, 법규가 규정한 의무를 이행하여야 한다"고 하였다. 그리고 제18조에서는 "경영자는 자신이 제공하는 제품이 인신·재산의 안전을 위한 요건에 부합한다는 것을 보증하여야 하고, 인신·재산의 안전에 위협이 되는 제품에 대해서는 소비자에게 진실하게 설명하고 명확히 경고할 의무가 있다"고 하였다. 만약 제품결함으로 인하여 소비자의 인신·재산에 손해를 가했을 경우, 경영자는 관련 행정기관에 대한 보고의 의무, 소비자에 대한 고지의 의무, 피해에 대한 대책 마련의 의무가 있다고 규정하고 있다.

2) 제40~44조, 제50, 52, 53조: 경영자의 민사·형사·행정책임
「소비자권익보호법」은「제품품질법」과 마찬가지로 중국 경제법의 대표적 법률로서 민사·형사·행정 책임을 모두 포함하고 있다. 제40조에서는 경영자가 민사책임을 져야 하는 아홉 가지 항목[31]에 대하여 규정하고 있으며, 제41조에서 제44조까지는 각각 상해를 입힌 경우의 민사·형사책임, 사망하게 한 경우의 민사·형사책임, 재산

---

31) 아홉 가지 항목은 다음과 같다: 1. 제품에 결함이 있을 경우 2. 제품이 반드시 구비해야 하는 성능이 없음에도, 판매 시 그에 대한 설명을 하지 않은 경우 3. 제품과 포장에 기재된 제품기준에 부합하지 않을 경우 4. 제품설명, 실제 물품 등이 부적합할 경우 5. 변질된 상품을 판매한 경우 6. 판매한 제품의 수량이 부족한 경우 7. 서비스 내용과 비용이 약정을 위반한 경우 8. 소비자에게 제공한 수리, 교환, 환불 등의 사항을 고의적으로 지연하고 거절한 경우 9. 법률이 규정한 기타 소비자 권익을 침해한 경우

침해의 경우 민사책임에 대하여 규정하고 있다. 그리고 제50조, 제52조, 제53조에서는 경영자의 행정책임에 대한 내용을 포함하고 있다.

3.2.3 「불법행위법」

2009년 제11기 전인대 상무의원회 제12차 회의에서 민사주체의 합법적인 권익 보호를 목적으로 하는 「불법행위법」이 통과되었다. 이는 2002년 민법전의 일부분으로 초안 작업을 시작한 이래, 7년 동안 네 차례의 심의 과정을 거친 후 단독으로 제정된 것이다.[32] 총 12장 92조로 구성되어 있으며 제조물책임과 관련한 규정은 5장의 제41조에서 제47조까지이다. 여기서는 제조물책임이 위험책임임을 명언하고 있으며(제41조) 제조물 판매자의 제조물책임 요건과 손해배상에 따른 생산자 및 판매자의 상호 구상관계를 상세하게 규정하고 있다(제42조, 제43조).[33]

그 외에 제조물책임과 관련한 중국 「불법행위법」의 중요한 조항은 바로 제47조[34]의 징벌적 손해배상에 대한 것이다. 중국에서는 1993년 제정된 「소비자권익보호법」의 제49조[35]를 통하여 처음으로 징벌

---

32) 중국 「불법행위법」을 단독으로 제정한 것은 향후 나올 민법전에서 불법행위법이 하나의 장으로 독립할 가능성이 있음을 의미한다. 王利明, "侵权责任法的中国特色", 「法学家」 2010年 02期, 2010, 87면.

33) 이재목, "중국 불법행위법(침권책임법)의 주요 내용과 특징", 「재산법연구」 제26권 제3호, 한국재산법학회, 2010, 125면.

34) 「불법행위법」 제47조: "제품결함을 명확히 알고 있음에도 불구하고 생산, 판매하여 타인을 사망에 이르게 하거나 건강에 심각한 피해를 초래한 경우 피해자는 그에 상응한 징벌적 손해배상을 청구할 수 있다."

35) 「소비자권익보호법」 제49조: "경영자가 제품이나 서비스를 제공할 때에 사기행위가 있을 경우 소비자의 청구에 따라 손해를 증액하여 배상하여야 하고, 증액 금액은 소비자가 구매한 제품의 가격이나 제공받은 서비스 비용의 두 배로 한다."

적 손해배상제도가 도입되었다. 하지만 「소비자권익보호법」이 중국에서는 경제법적성향이 강하다는 특징을 고려해 본다면, 새로 제정된 「불법행위법」상의 징벌적 손해배상제도가 사법(私法)분야에서도, 그것도 기본법의 지위에서 입법되었다는 점은 매우 중요한 의미를 갖는다.[36]

3.3 행정법규와 부문규정

국무원과 그 산하의 각 부서, 위원회 등이 제정한 규범성 문건을 각 행정법규와 부문규정이라고 한다.[37] 행정법규와 부문규정은 주로 제품품질 감독과 관리에 대한 내용을 포함하고 있다. 국무원 산하기관 중에서 제품품질과 관련한 대표기관으로는 국가품질감독 검사검역총국(國家質量監督檢驗檢疫總局), 국가공상행정관리총국(國家工商行政管理總局) 등이 있다. 중국에서는 1986년 국가경제무역위원회가 부문규정의 형태로 제품품질 검사 기관에 대한 법률인 「국가제품품질 감독 검사 센터에 대한 관리 시행 방법(國家産品質量監督檢驗檢測中心管理試行辦法)」을 처음으로 제정하였다. 현재까지 제품품질의 감독·관리와 관련한 행정법규와 부문규정은 180여 개가 제정되었고 그중 7개 문건이 폐지되었다. 유효한 행정법규와 부

---

36) 이정표·손성문, "중국 불법행위법상의 징벌적 손해배상제도", 「재산법연구」 제27권 제2호, 한국재산법학회, 2010, 208면.

37) 「입법법」 제56조, 제71조 참조. 중국의 행정법규와 부문규정은 결정, 규정, 조례, 방법, 통지, 설명, 의견 등 다양한 명칭들을 법원의 효력순위와 상관없이 사용하기 때문에 중국 법원의 효력순위를 파악하려면 해당 법규를 제·개정한 기관이 무엇인가를 살펴보아야 할 것이다. 강효백, 「G2시대 중국법연구」, 한국학술정보(주), 2010, 43면.

문규정 중에서 제품품질과 관련하여 공통으로 적용되는 것은 대표적으로 「공업제품 품질책임 조례」, 「제품품질에 대한 제소 처리 방법」, 「제품품질에 대한 샘플링 검사 관리 방법」 등이 있다. 엄밀히 말하자면, 제품품질의 감독·관리에 대한 행정법규와 부문규정은 제조물책임법에 포함된다고 볼 수 없지만, 실무에서 제조물책임에 대한 다른 규정들과 매우 밀접한 관련이 있으므로 분리해서 논하기는 힘들다고 할 수 있다.[38]

3.4 최고인민법원의 사법해석

최고인민법원의 사법해석은 법원의 재판 과정 중 법률, 법령의 운용 문제에 대한 해석을 말한다.[39] 제조물책임과 관련된 최고인민법원의 사법해석에는 대표적으로 최고인민법원의 「인신손해배상 안건 심리의 적용법률 문제에 대한 해석(關于審理人身損害賠償案件适用法律若干問題的解釋)」, 「감전으로 인한 인신 손해 배상 안건의 심리에 대한 해석(關于審理触電人身損害賠償案件若干問題的解釋)」, 「정신적 손해에 대한 배상 책임 확정에 대한 해석(關于确定民事侵權精神損害賠償責任若干問題的解釋)」, 「민사소송 증거에 대한 규정(關于民事訴訟証据的若干規定)」 등이 있으며[40] 소송실무

---

38) 周新军, 「产品责任立法中的利益平衡──产品责任法比较研究」, 中山大学出版社, 2007, 51면.

39) 「전인대 상무위원회의 법률해석 작업 강화를 위한 결의」 제2조.

40) 최고인민법원의 「민법통칙 집행에 대한 의견[最高人民法院关于贯彻执行(民法通则)若干問題的意见]」은 제조물책임과 관련하여 매우 중요한 역할을 하였으나 관련 법률의 제·개정으로 인하여 2008년에 폐지되었다.

에서 매우 중요한 역할을 하고 있다.

Ⅳ. 중국 제조물책임법의 주요 내용과 관련사례

중국 「제품품질법」 제2조 제1항에는 "중국 국경 내에서 제품을 생산하고 판매활동을 할 경우 반드시 이 법을 준수하여야 한다"라고 규정하고 있다. 이는 중국 내에서 발생하는 모든 제품의 생산과 판매 행위를 포함하는 것으로 외상투자기업의 중국 내 판매활동 역시 「제품품질법」의 적용대상이 된다.[41] 하지만 홍콩과 마카오 등은 특별행정구로 「제품품질법」이 적용되지 않는다.

4.1 제품(제조물)과 제품결함

4.1.1 제품(제조물)의 정의

중국의 제조물책임법을 구성하는 주요 법률인 「제품품질법」과 「소비자권익보호법」은 각각 제품에 대한 정의를 다르게 규정하고 있다. 먼저 「제품품질법」 제2조 제2항에 의하면 "제품이란 가공, 제작 과정을 거쳐 판매되는 제품을 말한다. 건설공사는 이 법의 적용을 받지 않지만 건설공사에서 사용되는 건축자재, 건축 부품과 설비가 상

---

41) 「제품품질법」 외에 제조물책임과 관련한 모든 법률 역시 외상투자기업에게 내자기업과 동일한 적용을 받는다. 단, 지방인민대표대회나 지방정부가 제정한 지방성 법규 혹은 지방성 규정은 해당 지역에서만 효력을 발생한다. 예를 들어 션전시(深圳市) 인민정부가 제정한 「深圳市经济特区电器产品质量监督管理办法」은 션전시에만 적용된다.

기한 제품 범위에 포함되는 경우 이 법의 적용을 받는다"고 하였다. 그러나 「소비자권익보호법」에서 상품으로 인정한 서비스, 미가공 농림수산물, 부동산 등은 「제품품질법」의 적용대상은 아니지만 「소비자권익보호법」의 규제는 받게 된다. 그 외에 약품, 식품 등의 특수제품은 「식품안전법(食品安全法)」, 「약품관리법(藥品管理法)」 등 특별법의 규정에 따른다.

 「제품품질법」에서 정의하고 있는 제품은 크게 두 가지 요건을 갖추어야 한다.[42] 하나는 반드시 가공, 제작 과정을 거쳐야 한다는 것이다. 법에서 요구하는 것은 제품의 생산자, 판매자가 제품품질을 결정할 수 있는 제품으로 자연적 요소에 의하여 결정되는 제품, 예를 들면 곡물, 채소, 천연가스, 석유 등 초급 농산품[43]과 천연광물은 「제품품질법」상의 제품이 아니다. 다른 하나는, 반드시 판매되어야 한다는 것이다. 만약 자신이 제작하고, 사용하며 타인에게 기증하는 제품은 「제품품질법」의 적용범위에서 벗어난다. 왜냐하면 「제품품질법」의 제품품질에 대한 규정은 영리를 목적으로 하여 전문적으로 생산 또는 판매되는 제품을 의미하기 때문이다. 따라서 가짜, 모조, 다단계 제품 등도 「제품품질법」상의 제품에 포함될 것이다. 그 외에 중국 「제품품질법」의 적용대상이 아닌 제품으로는 마약 등과 같은 유통이 금지된 물품과 무기, 탄약 등의 군수품[44], 무형물인 전기, 가스,

---

42) 法律出版社法規中心 編, 「中华人民共和国产品质量法配套规定(注解版)」, 法律出版社, 2009, 5면.

43) 「농산품질안전법(农产品质量安全法)」 제2조: "농산품이란 농업의 초급제품으로 농업활동에서 얻은 식물, 동물, 미생물과 그 제품을 말한다."

44) 「제품품질법」 제73조에 의하면 "군수품의 품질감독관리 방법은 국무원과 중앙군사위원회의 별도 규정에 따른다"고 하였다.

혈액, 인체조직과 기관 등이 있다.

(관련 사례 1)[45]

1998년 원고 陳모씨는 피고1 우현시(吳縣市) A병원과 피고2 후베이성 난장현(湖北省南漳縣) B병원에서 수혈을 받았다. 그 후 쟝쑤성(江蘇省)의 한 병원에서 에이즈에 감염된 것을 발견하였고 陳모씨의 남편과 딸도 차례로 에이즈에 감염되었다. 2000년 10월 陳모씨는 우현시의 A병원과 난장현의 B병원을 상대로 1,300만元의 손해배상을 청구하는 소송을 제기하였다. 이 사건의 쟁점은 혈액이 제품에 속하는지 여부였다. 만약 제품으로 인정되었다면 원고와 그 가족의 합법적인 권익은 좀 더 큰 범위에서 보호를 받았겠지만 법원은 혈액을 제품으로 인정하지 않았으며 피고 1, 2에게 과실로 인한 손해배상만을 부담하도록 하였다. 본안에서 알 수 있듯이 중국에서는 일반적으로 혈액을 제품으로 인정하지 않고 있다.

4.1.2 제품결함

제조물책임의 핵심 개념은 결함[46]이다. 과실책임에서는 제조업자 또는 판매업자의 행위에 '과실'이 존재하는가 여부가 가장 중요한 책임요건이었지만 엄격책임(무과실책임)으로서의 제조물책임은 제조물에 '결함'이 존재하는 가 여부에 의해 결정되므로 '결함'이 제조물책

---

45) 仲玉虹, 王岩, 余娉 編, 「产品责任损害——素赔技巧和赔偿计算标准」, 法律出版社, 2012, 10면.

46) 결함은 하자와는 다른 개념이다. 일반적으로 하자는 제조물이 거래상 또는 사회통념상 갖추어야 할 품질, 즉 상품성이 결여된 상태를 말하는 것이고, 결함은 통상 제조물의 안전성이 결여된 상태로 본다. 강동근·윤종성, 「제조물책임법」, 가림M&B, 2002, 115면.

임에 있어서 핵심적인 책임요건이라고 할 수 있다.[47] 중국의「제품품질법」은 결함에 대한 이중판단기준을 규정하고 있다.

「제품품질법」 제46조에 의하면 "결함이란 제품에 인신, 타인의 재산안전에 위해를 가하는 불합리한 위험이 존재하는 것을 말한다. 제품에 인체의 건강, 인신, 재산안전을 보장하는 국가기준, 업계기준이 있을 경우 해당 기준에 부합하지 않는 것을 말한다." 즉, 중국「제품품질법」상의 결함은 제품의 위험성으로 인하여 안전성이 결여되고 신체, 생명에 피해를 초래하는 것을 의미한다. 따라서 중국에서 제품결함을 확정하는 기준은 두 가지로 나누어진다.

하나는 제품에 '불합리한 위험'이 존재하는 것이고, 다른 하나는 제품이 국가기준과 업계기준에 부합하지 않는 것이다. 전자의 '불합리한 위험'은 제조물 자체에는 인신·재산의 안전을 위협하는 요소가 존재하지 않지만(예를 들어 장난감, 약 등) 설계와 제조상의 원인으로 초래된 인신·재산을 위협하는 위험을 말한다.[48] 이는 미국의 제2차 불법행위법에 규정된 개념(unreasonably dangerous)을 도입한 것으로 대부분의 국가에서 제품결함에 대한 개념 정의로 채택하고 있다.

후자의 국가기준과 업계기준에 관한 법적 근거는 「중화인민공화국기준화법(中華人民共和國標准化法)」(이하 기준화법)이다. 1988년 제7기 전인대 상무위원회 제5차 회의에서 제정된 「기준화법」 제6조에서는 중국의 기준체제를 국가기준, 업계기준, 지방기준 그리고 기

---

47) 최병록, 「제조물책임법론」, 구롱문화사, 2007, 33면.
48) 何悦, 「企业产品责任预防与对策」, 法律出版社, 2010, 34~35면.

업기준 4단계로 구분하고 있다. 국가기준은 국가가 신체건강과 인신·
재산의 안전과 관련되는 제조물 품질에 대해 엄격히 관리해야 할 필
요성에서 전국적으로 통일하여 만든 것이며, 업계기준은 국가기준이
없는 상태에서 특정 업계의 통일된 기술이 요구되는 경우에 국무원
의 관련 기관이 제정한 기준을 가리킨다.[49]

(관련 사례 2)[50]

2011년 5월 원고 任모씨는 피고2 뤄양 A회사의 자회사인 피고1
B슈퍼에서 음료수를 구입하였다. 그리고 피고3 미국의 C사가 판매하
고, 피고4 스위스의 D사와 피고5 미국 C사의 생산공장인 E공장이
생산한 "오리지널 저당 녹차" 광고를 보고 100% 오리지널이라는 생
각에 구매를 결정하였다. 하지만 음료의 맛이 100% 오리지널이 아
님을 발견하고 생산자와 판매자에게 사기행위가 있다며 소송을 제기
하였다. 법원은 해당상품이 국가기준에 부합(GB7718－2004)하며 원
고가 제시한 증거가 생산자에게 사기의도가 있었음을 증명하는 데
부족하다고 판단하여 원고의 청구소송을 기각하였다.

중국의 「제품품질법」에는 불합리한 위험에 대한 구체적인 규정이
따로 없지만, 일반적으로 다음의 세 가지 결함으로 구분된다.

---

49) 이시환, "중국의 제조물책임 관련법규에서의 제조물결함에 관한 연구", 「무역상무연구」
　　제34권, 한국무역상무학회, 2007, 14면.
50) 洛阳法院网, http://ws.hncourt.org/paperview.php?id＝849330.

1) 설계상의 결함(design defects)

설계상의 결함은 제품 설계상의 원인으로 제품에 불합리한 위험이 초래되는 것을 말한다.[51] 즉 설계대로 제품을 생산하였더라도 설계 자체에 결함이 존재하여 피해가 발생하는 경우에 해당한다. 설계상의 결함은 제품의 생산자와 관련이 있으며 주로 원재료 혹은 부품 설계의 결함으로 나타난다.

(관련 사례 3)[52]

원고 張모씨는 2006년 피고1 베이징의 A백화점에서 피고2 일본 화장품 회사인 B사의 에센스를 구매하였다. 그 후 사용 과정 중 여러 차례 피부에 맞지 않는 것을 느끼게 되었고 뉴스매체 보도를 통하여 해당 상품이 2006년 9월 국가 품질 검사 총국에 의하여 화장품에 사용할 수 없는 크롬, 네오디뮴 등의 물질이 검출되었다는 사실을 접하게 되었다. 원고는 피고 1, 2에게 사기행위가 있다고 주장하며 「소비자권익보호법」의 관련 규정에 따라 북경시 차오양구(北京市朝陽區) 인민법원에 소송을 제기하였고, A백화점과 B사에 대해 연대책임을 청구하였다. 소송 제기 후 B사 측에서는 원고에게 화장품 가격인 840元을 돌려주었고 2007년 3월 19일 원고는 소취하신청서를 제출하였다. 본안에서 B사는 제품에 금지 물질을 사용하였고 원재료 선택이 잘못되어 제품에 불합리한 위험을 초래한 것이다.

---

51) 杨立新, 「<中华人民共和国侵权责任法>条文解释与司法适用」, 人民法院出版社, 2010, 267면.

52) 杨立新 主编, 「产品责任」, 中国法制出版社, 2010, 3면 · 12면.

2) 제조상의 결함(manufacturing defects)

제조상의 결함은 제품의 제작과정에서 발생하는 불합리한 위험[53]
으로, 제조물이 원래 의도한 설계와 다르게 제조되어 피해를 초래하
는 경우를 말한다. 「제품품질법」과 「불법행위법」에는 제품의 설계상
결함과 제조상의 결함에 대한 구체적인 규정이 없지만 「자동차 제품
결함으로 인한 리콜 관리 규정(缺陷汽車産品召回管理制度)」, 「아
동 장난감 리콜 관리 규정(儿童玩具召回管理規定)」 등의 행정법규
와 부문규정에는 설계 및 제조상의 결함에 대한 규정을 두고 있다.

(관련 사례 4)[54]

2009년 12월 산동(山東)에서 원고 江모씨는 도심에 위치한 피고
A유아 수영장에서 자신의 4개월 된 아이를 위하여 B브랜드의 영아
분유 5상자를 구입하였다. 하지만 분유의 변질로 아이는 급성 위장
염 진단을 받았고 그로 인해 600元의 의료비를 지불하였다. 원고는
유아 수영장에 대해 의료비, 정신적 손해배상 및 기타 비용으로
9,335元을 청구하였다. 피고는 분유가 변질된 것을 확인한 후 B브랜
드 생산 공장에 사실을 통보하였다. 조사 결과 분유의 성분 자체에
는 문제가 없었으나 분유의 밀봉 과정에서 문제가 있어 분유가 품질
보증 기간 내에 변질된 것으로 밝혀졌다. 본안은 소비자협회의 조정
으로 A수영장이 아닌 B브랜드 분유 생산자가 원고에게 의료비 등의
비용으로 2,000元을 배상하도록 하였다.

---

53) 杨立新, 「＜中华人民共和国侵权责任法＞条文解释与司法适用」, 人民法院出版社,
    2010, 266면.
54) 杨立新 主编, 「产品责任」, 中国法制出版社, 2010, 31면.

3) 지시상의 결함(warning defects)

지시상의 결함은 생산자가 주의 표시나 설명을 하지 않아 그 제조물의 사용, 저장과 운송 등의 과정에서 불합리한 위험을 지니게 된 것을 말하며 "경고상의 결함"이라고도 한다.[55] 설계상의 결함과 제조상의 결함이 제조물 자체의 결함이라고 한다면 지시상의 결함은 제조물 자체가 아닌 결함에 해당한다.[56]

(관련 사례 5)[57]

원고 吳모씨의 모친은 피고2 B회사가 피고3 C회사에 마련한 판매장에서 피고1 A회사가 생산한 우유병 소독함을 구입하였다. 2005년 4월 17일 원고의 모친은 우유병을 소독하는 과정 중 얼굴, 가슴, 어깨 등에 화상을 입게 되어, A회사에는 제품의 설계상 결함과 지시상의 결함을 이유로, B, C회사에게는 고지의 의무를 이행하지 않은 이유로 손해배상을 청구하였다. A, B회사는 해당 상품에는 설계상의 결함과 지시상의 결함이 전혀 존재하지 않았음을 주장하며 제품이 가지는 위험에 대하여 여러 곳에 주의 표시를 하였다고 주장하였다. C회사는 원고가 제품의 조작설명을 잘 따르지 않고 부주의하여 화상을 입게 된 것이라고 주장하였다. 법원의 심리 결과 해당 제품에는 중국어와 일어로 된 설명서가 있었음을 확인한 후, 원고가 화상을

---

55) 이시환, "중국의 제조물책임 관련법규에서의 제조물결함에 관한 연구", 「무역상무연구」 제34권, 한국무역상무학회, 2007, 18면.

56) 최병록, 「제조물책임법론」, 구룡문화사, 2007, 49면.

57) 最高人民法院中国应用法学研究所, 「人民法院案例选」 2008年第2辑, 人民法院出版社, 2009. 王振民/ 吳革 主编, 「消费者权益保护及产品责任——指导案例与审判依据」, 法律出版社, 2011, 230~234에서 재인용.

입은 이유에 대하여 원고 모친의 부주의로 인정하고 원고의 청구소
송을 기각하였다.

4.2 책임주체와 귀책원칙(歸責原則)58)

　제품결함으로 인하여 인신·재산상의 피해가 발생하였을 경우 소
비자는 법률이 규정하는 책임주체에게 손해배상을 청구할 수 있다.
책임주체에 관한 규정은 「민법통칙」, 「소비자권익보호법」, 「제품품
질법」, 「불법행위법」에 각각 상이하게 규정되어 있다. 먼저 「민법통
칙」 제122조를 살펴보면, 중국에서는 이 규정이 제품결함으로 인한
피해의 책임주체를 생산자와 판매자 외에 운송업자와 창고업자도 포
함한다고 보는 견해와 운송업자와 창고업자는 포함하지 않는다는 의
견이 있었다.59) 「제품품질법」 제4조60), 「소비자권익보호법」 제35
조61), 「불법행위법」 제41조62)는 책임주체가 제조업자와 판매자임을
명확히 밝히고 있다.

　하지만 「불법행위법」 제44조는 "운송업자와 창고업자 등 제3자의

---

58) 「민법통칙」 제106조, 제132조에 의하면 중국 민사책임의 귀책원칙은 과실책임원칙, 무
　　과실책임원칙, 공평책임원칙으로 구성된다고 규정하고 있다.

59) 王淑煥, 「产品责任法教程」, 中国政法大学出版社, 1993, 93면; 周新军, 「产品责任
　　立法中的利益平衡——产品责任法比较研究」, 中山大学出版社, 2007, 328면에서 재
　　인용.

60) 「제품품질법」 제4조: "제조업자와 판매자는 이 법의 규정에 따라 제조물책임을 부담한다."

61) 「소비자권익보호법」 제35조: "소비자 또는 기타 피해자가 상품의 결함으로 인하여 인신,
　　재산에 손해가 발생하였을 경우 판매자에게 배상을 청구할 수 있으며 생산자에게도 배
　　상을 청구할 수 있다."

62) 「불법행위법」 제41조, 제42조: "제조물에 결함이 있어 타인에 손해를 초래하였을 경우,
　　생산자와 판매자는 그에 대한 책임을 져야 한다."

과실로 인하여 제품에 결함이 존재하여 타인에 손해를 가했을 경우, 제품의 생산자, 판매자는 배상 책임을 진 후, 제3자에게 구상할 권리가 있다”고 하여 운송업자와 창고업자도 책임주체에 포함시켰다. 하지만 중국의 제조물책임법에 의하면 생산자와 판매자는 1차적 책임주체에 해당한다. 왜냐하면 운송업자와 창고업자 또는 제3자가 제품 결함에 책임이 있더라도 소비자는 그에 대해 직접적으로 배상을 청구할 수 없으며, 생산자와 판매자가 소비자에게 우선 배상책임을 진 후, 구상할 권리를 가지기 때문이다. 따라서 운송업자와 창고업자 책임의 상대적인 주체는 소비자가 아닌 생산자와 판매자가 될 것이다.63) 중국의 제조물책임법은 생산자와 소비자의 개념정의와 범위에 대해서도 구체적인 규정을 두고 있지 않다. 그 외에 「제품품질법」 제43조와 「불법행위법」 제43조에서는 결함제품으로 인하여 손해가 발생하였을 경우, 소비자는 생산자와 판매자 중 선택하여 손해배상을 청구할 수 있도록 규정하고 있다.

귀책원칙에 대한 규정을 살펴보면, 중국 제조물책임법에는 책임주체의 과실책임원칙과 무과실책임원칙이 함께 규정되어 있다고 볼 수 있다.64) 「제품품질법」 제41조 제1항65)과 「불법행위법」 제41조에서는 생산자에 대한 무과실책임원칙을 명확히 하고 있는 반면 판매자

---

63) 靳文静 主编, 「产品缺陷侵权责任例解与法律适用」, 人民出版社 2010, 36면; 周新军, 「产品责任立法中的利益平衡——产品责任法比较研究」, 中山大学出版社, 2007, 328면 참조.

64) 潘静成·刘文华, 「经济法」, 中国人코大学出版社, 2002, 252면. 최근 우리나라의 민법 분야에서도 소비자보호, 환경보호의 견지에서 嚴格責任(strict liability), 무과실책임을 널리 인정하는 추세이다. 박훤일, "전자금융거래와 無過失責任主義", 「경희법학」 제40권 제1호, 경희법학연구소, 2005, 제19면.

65) 「제품품질법」 제41조 제1항: "제품에 결함이 존재하여 인신과 결함제품 이외의 기타재산 손해가 발생하였을 경우 생산자는 배상책임을 부담하여야 한다."

에 대해서는「제품품질법」제42조와「불법행위법」제42조가 비슷한 규정을 두고 있다. 즉 "판매자의 과실로 인하여 제품결함이 존재하고 이로 인하여 타인에 손해를 가할 경우 판매자는 반드시 배상책임을 진다"고 하며 과실책임원칙을 채택하고 있다. 하지만「제품품질법」제42조 제2항,「불법행위법」제42조 제2항에는 "판매자가 제품의 생산자와 결함제품의 공급자를 명확히 지명할 수 없는 경우, 판매자가 배상책임을 져야 한다"고 하여 판매자의 무과실책임원칙도 함께 규정하고 있다. 다음의 사례는 제품의 판매자에게 무과실책임원칙을 적용한 대표적인 사례이다.

(관련 사례 6)[66]

2006년 4월 27일 원고 李모씨의 남편 黃모씨는 감기로 인한 발열로 피고 샹라오시(上饒市) A병원에 입원하여 치료를 받았다. A병원은 黃모씨에게 치치하얼시(齊齊哈爾市) B제약회사가 생산한 주사액을 주사하였고, 黃모씨는 약물반응을 일으켜 바로 사망하였다. 소송 과정 중 피고인 샹라오시 A병원은 다음과 같이 주장하였다. 치료 과정 중에 과실이 없었고, 해당 주사액은 합법적인 경로로 구매한 것이며 응급처치도 정확하였기 때문에 원고는 주사액 생산자인 제약회사를 상대로 손해배상을 청구하여야 하며 제약회사를 공동피고로 요청하였다. 하지만 법원은 샹라오시 A병원이 과실이 있었음을 증명할 증거는 없지만 黃모씨는 병원이 사용한 주사액에 의하여 사망하였으므로 피고는 원고에게 의료비, 정신적 손해배상금 등 모두 10만

---

66) 杨立新 主编,「产品责任」, 中国法制出版社, 2010, 117면.

元을 배상하라고 판결하였다.

(관련 사례 7)[67]

2009년 원고의 모친 周모씨는 피고3 한국의 A자동차회사가 생산한 자동차를 타고 가던 중 타이어 폭발로 인한 차량 전복사고로 사망하였다. 周모씨의 가족은 사고차량을 구매대행해 준 피고1 후난(湖南) B자동차회사와 피고2 후난 C자동차판매회사, 피고3 A자동차 그리고 타이어를 생산한 피고4 한국의 D타이어회사를 상대로 사망배상금, 장례비, 생활비 등 65만元의 손해배상 청구소송을 제기하였다. 법원은 피고 1, 2, 3, 4 모두 사고차량의 제품 생산자로 인정하여 53만元의 손해배상에 대한 연대책임을 지도록 판결하였다.

4.3 손해배상 범위와 면책사유

4.3.1 손해배상 범위

1) 인신(人身)상해에 대한 손해배상

제품결함으로 인한 인신상해의 손해배상 범위는 「민법통칙」 제119조, 「제품품질법」 제44조, 「소비자권익보호법」 제41조, 제42조, 「불법행위법」 제16조 등에서 비슷한 규정을 두고 있다.[68] 대표적으

---

67) 耒阳市法院网, http://hylyfy.chinacourt.org/public/paperview.php?id=588348.

68) 이 외에 「국가배상법(国家赔偿法)」, 「의료사고처리조례(医疗事故处理条例)」, 「최고인민법원의 감전으로 인한 인신 손해 배상 안건의 심리에 대한 해석」, 「최고인민법원의 정신적 손해에 대한 배상 책임 확정에 대한 해석」 등에도 제조물책임의 손해배상에 관한 규정이 있다.

로 「제품품질법」 제44조를 살펴보면 인신상해의 종류를 신체상해, 후유장애, 피해자 사망으로 구분하고 있다. 즉 "제품결함으로 인한 피해자의 신체상해에 대하여 가해자는 의료비, 치료기간 동안의 간호비, 휴직으로 인하여 감소된 수입 등의 비용을 배상하여야 한다; 후유장애를 발생시킨 경우 장애자의 생활보조용품비, 생활보조비, 장애배상금 및 그 피부양자가 필요로 하는 생활비 등을 지급하여야 한다; 피해자가 사망한 경우 장례비, 사망배상금 및 그 피부양자가 필요로 하는 생활비 등을 지급하여야 한다"고 하였으며, 신체상해, 후유장애, 피해자 사망에 대한 손해배상금의 산정방법은 최고인민법원의 「인신손해배상 안건 심리의 적용법률 문제에 대한 해석」에서 구체적인 규정을 두고 있다.

(관련 사례 8)[69]

원고 李모씨는 2006년 5월 2일 피고2 A농기계부속품 소매점에서 피고1 추승현(楚雄縣) B농기계 제조회사가 생산한 경작기를 구매하였다. 동년 5월 9일 李모씨는 경작기 프로텍터를 장착하지 않고 바로 트랙터에 연결하여 왼쪽 허벅지가 훼손되는 사고를 당하였고 3급 장애판정을 받았다. 원고는 피고1 A농기계 소매점과, 피고2 B농기계 제조회사에 대하여 제품결함으로 인한 피해에 대한 손해배상을 청구하였지만 1심에서는 원고 과실로 인한 사고로 인정하여 원고 패소 판결을 내렸다. 이에 李모씨는 항소하였고 2심에서는 해당 경작기의 지시상의 결함이 인정되어 생산자인 피고1과 판매자인 피고2를 본안

---

69) 王振民, 吳革 主编, 「消費者权益保护及产品责任——指导案例与审判依据」, 法律出版社, 2011, 173~180면.

손해배상의 책임주체로 인정하는 동시에 원고의 과실도 인정하여 각
각 40%, 30%, 30%의 책임을 부담하도록 판결하였다.

2) 재산손해에 대한 손해배상

제품결함으로 인한 재산손해는 결함제품 자체의 손해와 기타재산
손해로 구분된다. 결함제품 자체의 손해에 대한 배상은 「계약법」을
적용하기 때문에 제조물책임에서 말하는 재산손해는 결함제품 자체
손해 이외의 기타재산손해만을 포함한다. 이는 「제품품질법」 제41조
에서 명확하게 규정하고 있다.

기타재산손해의 손해배상에 대하여 「제품품질법」 제44조 제2항은
"제품에 결함이 존재하여 피해자의 재산에 손해가 발생하였을 경우
가해자는 재산손해를 원상회복하거나 가치감소로 인한 손해를 배상
하여야 한다. 피해자가 재산손해로 인하여 기타 중대한 손해를 입은
경우에 이에 대한 배상책임을 진다"고 규정하고 있다.

3) 정신적 손해에 대한 배상

정신적 손해에 대한 배상책임은 「불법행위법」 제22조, 「제품품질
법」 제44조 등에서 법적 근거를 찾을 수 있다. 2000년 7월에 「제품
품질법」이 개정되면서 제44조에 '장애배상금'과 '사망배상금'에 대한
조항을 규정하였다. 당시 '장애태상금'과 '사망배상금'의 범위에 정
신적 손해가 포함되는지 여부를 두고 의견이 분분하자 2001년 2월
최고인민법원은 「정신적 손해에 대한 배상 책임 확정에 대한 해석」
을 발표하였다. 이 해석 제10조에 의하면 "정신적 손해배상액은 다

음의 요소에 의하여 확정한다: 가해자의 과실비율 / 가해 수단, 장소, 방식 등 구체적 상황 / 가해행위로 인한 결과 / 가해자의 이윤 획득 상황 / 가해자가 책임을 지는 경제능력 / 소송 심리 법원 소재지의 평균 생활수준"이라고 규정하고 있다.

그 후 「불법행위법」이 제정되면서 정신적 손해에 대한 배상책임을 명문화하였다. 「불법행위법」 제22조에 의하면 "타인의 인신권을 침해하여 중대한 정신적 손해가 발생한 경우, 피해자는 정신적 손해배상 청구를 할 수 있다"고 규정하고 있다. 이 조항에 근거하여 제품 결함으로 인한 정신적 손해배상을 청구하기 위해서는 두 가지 요건을 필요로 한다. 하나는 제품에 결함이 존재하여야 하며, 다른 하나는 결함제품과 피해자의 정신적 손해 사이에 인과관계를 요구한다고 볼 수 있다.[70]

(관련 사례 9)[71]

원고 광조우시 주하이구(广州市珠海區) A식품점 주인은 1997년 12월 31일 고객에게 판매하는 피고 B의 200mL 콜라병에서 플라스틱 빨대를 발견하였다. 고객은 가짜상품을 판매하는 것으로 오인하여 소문을 내었고 원고의 식품점은 판매량이 감소하고 신용이 하락하게 되었다. 이에 원고는 피고에게 영업손실, 정신적 손해 및 기타 비용으로 61,595元을 청구하였다. 법원은 1심에서 원고의 재산손실 산정방법에 오류가 있다고 판단하여 피고에게 원고가 결함제품 발견

---

70) 杨立新 主编, 「产品责任」, 中国法制出版社, 2010, 204면.

71) 最高人民法院中国应用法学研究所, 「人民法院案例选」 2000年第3辑, 人民法院出版社, 2001; 杨立新 主编, 「产品责任」, 中国法制出版社, 2010, 181면에서 재인용.

과 보전에 든 비용 500元만을 배상하라고 판결하였다. 이에 원고는
항소하였지만 2심에서도 원고가 청구한 영업손실과 정신적 손해에
대한 증거자료가 불충분하다고 판단하여 원심을 유지하였다.

4) 징벌적 손해배상(Punitive Damage)

징벌적 손해배상이란 가해자의 행위가 특히 악의적이었다고 인정
되는 경우에 그에 대한 처벌과 유사행위의 재발방지를 목적으로 명
하여지는 일종의 독특한 배상이다.[72] 중국의 징벌적 손해배상제도는
1993년 제정된 「소비자권익보호법」의 제49조를 통하여 처음으로 도
입된 후 「식품안전법」, 「계약법」 등에도 징벌적 손해배상제도가 규
정되었다. 「소비자권익보호법」 제49조를 다시 살펴보면 "경영자가
제품이나 서비스를 제공할 때에 사기행위가 있을 경우 소비자의 청
구에 따라 손해를 증액하여 배상하여야 하고, 증액 금액은 소비자가
구매한 제품의 가격이나 제공받은 서비스 비용의 두 배로 한다"고
규정하고 있다.

「소비자권익보호법」에서 징벌적 손해배상제도가 도입된 후 학자들
사이에서는 이 제도의 도입에 대하여 긍정론과 부정론이 대립하였는
데, 부정론은 이러한 입법은 기업에 부담으로 작용하여 결국 소비자
에게 그 부담이 전가된다는 점과 이러한 법규를 악용하여 부당이익을
취할 목적으로 소송을 남발하는 사례가 빈번할 것이라는 점이었다.[73]

그 후 「불법행위법」의 입법과정에서 징벌성 손해배상제도에 대한

---

72) 최병록, 「제조물책임법론」, 구룡문화사, 2007, 72면.
73) 이정표·손성문, "중국 불법행위법상의 징벌적 손해배상제도", 「재산법연구」 제27권 제
2호, 한국재산법학회, 2010, 206면.

찬반론이 많았지만[74], 결국 「불법행위법」 제47조에 "제품결함을 명확히 알고 있음에도 불구하고 생산, 판매하여 타인을 사망에 이르게 하거나 건강에 심각한 피해를 초래한 경우 피해자는 그에 상응한 징벌적 손해배상을 청구할 수 있다"라고 규정하였다. 이 조항에 따르면 징벌성 손해배상을 적용하기 위해서는 세 가지 요건을 충족시켜야 한다. 첫 번째는 가해자의 고의성이다. 즉, 제품에 결함이 있음을 분명히 알고 있음에도 생산 또는 판매하는 경우를 말한다. 두 번째는 타인을 사망하게 하거나 건강에 심각한 손해를 발생하게 한 경우이다. 세 번째는 피해자의 사망과 건강에 심각한 손해가 발생한 원인이 가해자가 생산 또는 판매한 결함제품으로 인한 것이어야 한다는 것이다. [75]

(관련 사례 10)[76]

2009년 6월 1일 원고 韓모씨는 피고1 션전시(深圳市) A의약회사 하의 피고2 B약국에서 "뉴질랜드에서 직수입하여 생산함", "Naturies 프로폴리스 복합 캡슐"이라고 표시된 제품 두 병을 476元에 구매하였다. 해당 제품에는 프로폴리스와 은행나무 잎 성분이 포함되어 있었다. 중국의 규정에 의하면 두 성분 모두 국가의 허가 없이는 식품에 첨가할 수 없었으며, 해당 제품에는 국가위생부의 허가번호가 표시되어 있지 않았다. 韓모씨는 법원에 해당 제품의 10배에 해당하는

---

74) 金成华, "在华外资企业产品责任的法律适用(중국에 진출한 외국기업에 대한 제조물 책임법의 적용)", 「경희법학」 제47권 제4호, 경희법학연구소, 2012, 242면.

75) 仲玉虹/ 王岩/ 余娉 编, "产品责任损害——素赔技巧和赔偿计算标准", 法律出版社, 2012, 82면.

76) 杨立新 主编, 「产品责任」, 中国法制出版社, 2010, 208~209면.

배상금을 청구하였고, 법원은 피고의 제품이 위생당국의 관련 규정
을 위반하였다는 점이 인정되어 원고에게 제품가격의 10배인 4,760
元을 배상하도록 판결하였다.

(관련 사례 11)[77]

2007년 6월 원고 高모씨는 슈퍼에서 피고 베이징 코카콜라사가
제조한 600mL 스프라이트 한 박스를 구입하였고, 20병째 음료를 마
시려고 할 때 그 안에서 작은 바퀴벌레 같은 벌레를 발견하였다.
2008년 高모씨는 스프라이트 가격 2.05元과 벌금 2.05元 정신적 손
해배상 1만元(한화 약 180만 원)을 청구하며 소송을 제기하였다. 법
원은 조사결과 벌레가 생산과정 중에 들어간 것임을 확인하였고, 「소
비자권익보호법」 제49조에 따라 스프라이트 가격의 2배인 4.1元을
배상하라고 판결하였다. 하지만 원고의 정신적 손해배상 청구는 기
각하였다. 본안은 소비자가 구매한 제품의 2배에 해당하는 금액을
배상하도록 규정한 「소비자권익보호법」의 문제점이 그대로 드러나는
사례이다. 2.05元에 구매한 제품의 2배 가격은 4.1元에 불과하므로
원고의 피해를 충분히 보상하기에 부족하다는 지적이 많았다. 이 사
건은 중국의 「식품안전법」(2009)이 제정되기 전에 일어난 것으로, 「식
품안전법」(2009)의 규정에 따른다면 원고는 제품 가격의 10배에 해
당하는 금액을 배상받을 수 있었을 것이다. 그러나 중국의 많은 학
자들은 제품결함으로 피해가 발생하였을 경우, 제품 가격의 10배가
아닌 피해로 인한 교통비, 의료비, 기타비용 등 모두를 합한 금액의

---

77) 北京法院网, http://bjgy.chinacourt.org/public/detail.php?id=63159.

10배를 배상하도록 법규를 개정하여야 한다는 주장이 많다.

4.3.2 면책사유

결함 있는 제조물에 기인하여 피해가 발생한 경우에도 일정한 사유가 인정될 경우에는 제조업자의 책임을 묻지 않는 경우가 있는데, 이를 제조업자의 면책사유(또는 항변사유)라고 한다.[78] 중국의 제조물책임법에는 제품결함으로 인한 피해에 대하여 생산자의 무과실책임원칙을 채택하고 있지만, 일정한 요건 아래 그 책임을 면하도록 하고 있다. 먼저 생산자의 면책사유에 대해 말하자면, 「제품품질법」 제41조 제2항에서는 생산자가 다음의 세 가지 상황 중 하나를 증명할 수 있을 경우에는 배상책임을 지지 않는다고 규정하였다. 첫 번째는 제품이 유통 과정에 진입하지 않은 경우이다. 이는 제품이 아직 거래시장에 진입하지 않아 현실적으로 손해발생의 원인이 없는 경우를 말한다. 두 번째는 제품이 유통되었을 시, 손해를 발생시킨 결함이 아직 존재하지 않은 경우, 즉 생산자의 제품이 생산자를 떠난 후에 비로소 결함이 발생한 경우이다. 세 번째는 제품이 유통된 시기의 과학 기술 수준이 결함의 존재를 발견할 수 없는 경우이다.[79]

판매자의 면책사유는 생산자의 면책사유에 대한 규정을 준용하지만, 「제품품질법」 제41조, 제42조에 따라 생산자에 대해서는 일괄적으로 무과실책임원칙이 적용되지만, 판매자의 경우 일부 과실책임원

---

78) 최병록, 「제조물책임법론」, 구롱문화사, 2007, 55～56면.

79) 중국의 제조물책임에 대한 면책사유는 제조물책임에 관한 EU지침 제7조 (a), (b), (c)의 조항을 도입한 것이다. 허재창·한낙현, "중국의 제조물책임 관련법규와 사례연구", 「무역상무학회지」 제25권, 무역상무학회, 2005, 255면 참조.

칙이 적용되므로 판매자는 자신의 무과실을 입증할 수 있으면 책임
을 면할 수 있게 된다.

(관련 사례 12)[80]

원고 陳모씨는 피고 상하이(上海) A브랜드의 화장품 사용 후 피
부에 심각한 손상이 있었고 피고의 화장품이 품질부적격하며 30,000
元의 배상금을 청구하며 소송을 제기하였다. 피고는 원고가 사용한
화장품이 피고의 공장에서 생산된 제품임을 인정하였지만 해당 제품
은 현재 개발 중인 실험용 제품이라고 변론하였다. 원고는 해당 제
품은 피고의 공장에서 일하는 제품검사원인 劉모씨가 선물한 것이라
고 하였으며, 劉모씨는 해당 상품은 실험용 제품이 아니며 다음 달
에 정식으로 판매할 예정인 제품으로 자신은 공장에서 훔쳐 원고에
게 선물한 것이라고 진술하였다. 법원은 품질검사기관에 의뢰하여
해당 제품의 성분을 검사하였지만 제품에는 결함이 없었다. 따라서
법원은 화장품은 과민반응을 일으키는 합리적 위험이 존재하며 현재
의 과학기술수준으로는 해당 제품에 결함이 존재한다는 사실을 발견
할 수 없으므로 피고에게 배상책임이 없다고 판결하였다.

V. 결론

「제품품질법」 제2조 제1항은 "중국 국경 내에서 제품을 생산하고

---

80) 杨立新 主编, 「产品责任」, 中国法制出版社, 2010, 219~220면.

판매활동을 할 경우 반드시 이 법을 준수하여야 한다"라고 규정하였다. 이는 중국에서 생산 및 판매 활동을 하는 모든 외상투자기업 역시 중국 기업과 마찬가지로 제조물책임법이 적용된다는 의미이다. II장에서 살펴본 바와 같이, 중국 제조물책임법의 발전과정은 외상투자의 단계별 중국진출과 매우 밀접한 관련이 있었음을 알 수 있었다. 개혁·개방 초기 중국의 제조물책임법은 국무원의 산하기관이었던 국가경제무역위원회가 제정한 부문규정으로 시작하였다.

삼자기업법의 제정으로 투자의 발판을 마련한 외국 자본은 물밀듯이 중국으로 진출하였고 제품 생산의 대량화, 전문화를 촉진하였다. 제품이 대량화되면서 그와 관련된 소비자 피해 사례가 급증하게 되었고 소비자 구제에 대한 요구의 목소리도 점점 높아지게 되었다. 이러한 배경 하에 중국 제조물책임법의 핵심 법률인 「제품품질법」이 1993년에 제정되었다. 2001년 WTO 가입과 함께 외국자본의 중국진출이 더욱 가속화될 것을 예상한 중국 정부는 「제품품질법」의 개정작업에 착수하여 2000년 국제적 수준에 부합하는 「제품품질법」의 개정을 현실화하였다. 그리고 2009년에는 「불법행위법」을 제정하며 제조물책임으로 인한 정신적 손해배상과 징벌적 손해배상 등에 대한 규정을 명확히 하였다.

본고에서는 중국 특색의 법률체계를 토대로 하여 최근의 법률 변화를 반영한 중국의 제조물책임법에 대한 전반적인 내용을 고찰하였다. 그리고 중국에 진출한 외상투자기업이 제조물책임으로 인한 피해의 사전예방과 사후대책 마련을 위하여 중국 제조물책임법의 법률체계, 제품과 결함의 정의, 책임주체와 귀책원칙, 손해배상과 면책사유, 그리고 그와 관련된 사례에 대하여 살펴보았다. 중국에 진출한 외상투자기업은 다음과 같은 사항에 대하여 주의를 기울여야 한다.

먼저 중국의 제조물책임에 대한 법률체계를 정확히 이해하고 있어야 한다. 왜냐하면 전인대가 제정하는 기본법률부터 국무원 산하기관의 부문규정 그리고 최고인민법원의 사법해석에 이르기까지 모두 법적 효력을 가지고 있고 제조물책임에 대한 내용도 상이하게 규정되어 있기 때문이다.

두 번째, 제품의 범위와 제품결함의 판단 기준이 우리 법과 다르다는 점이다. 중국에서는 제품결함의 판단기준으로 "불합리한 위험"과 "국가기준, 업계기준"의 이중기준을 채택하고 있다. 특히 "불합리한 위험"에 대하여 학계에서는 선진국의 관련 법률을 참고하여 설계상의 결함, 제조상의 결함, 지시상의 결함으로 구분하여 설명하고 있지만 법률에서는 명확하게 규정하고 있지 않고 있다. 따라서 제조물책임과 관련한 사례연구를 통하여 소송 실무에서 제품결함의 판단기준이 어떻게 운용되고 있는지를 주의 깊게 살펴보아야 한다.

마지막으로 손해배상에 관한 내용이다. 우리나라 「제조물책임법」의 경우 손해배상과 관련한 사항은 민법의 규정에 따르도록 하고 있지만(「제조물책임법」 제8조), 중국의 경우 인신상해에 대한 배상, 재산손해에 대한 배상, 정신적 손해에 대한 배상, 징벌적 손해배상 등으로 구분하여 각기 다른 법률에 상이한 규정을 두고 있기 때문이다.

2011년 한국은 일본, 싱가포르, 미국에 이어 네 번째로 중국에 가장 많이 투자한 국가에 랭크되었다(홍콩, 마카오 제외). 투자자본이 모두 제조업 분야에 집중되는 것은 아니지만 위의 수치는 한국기업이 중국에서 생산하고 판매하는 제품의 수를 가늠할 수 있게 해준다. 따라서 본 논문을 통하여 중국에 진출한 한국기업이 제조물책임과 관련한 피해를 사전에 예방하고 사후대책을 수립하여 효과적으로 대응하는 데에 조금이나마 도움이 될 수 있기를 희망한다.

참고문헌

1. 국내문헌

강동근·윤종성(2002), 『제조물책임법』, 가림M&B.

강효백(2010), 『G2시대 중국법연구』, 한국학술정보(주).

______(2007), "한·중 법의 연원에 관한 비교연구", 『중국학연구』 제40권 제0호, 중국학연구회.

박훤일(2005), "전자금융거래와 無過失責任主義", 『경희법학』 제40권 제1호, 경희법학연구소.

양혜성 저, 최길자 역(2001), "중국의 제조물책임법", 『서울대학교 법학』 제42권 제2호, 서울대학교 법학연구소.

이시환(2007), "중국의 제조물책임 관련법규에서의 제조물결함에 관한 연구", 『무역상무연구』 제34권, 한국무역상무학회.

이재목(2010), "중국 불법행위법(침권책임법)의 주요 내용과 특징", 『재산법연구』 제26권 제3호, 한국재산법학회.

이정표·손성문(2010), "중국 불법행위법상의 징벌적 손해배상제도", 『재산법연구』 제27권 제2호, 한국재산법학회.

최광일(2003), "중국의 제조물책임법의 특징과 문제점", 『민사법학』 제24호, 한국민사법학회.

최병록(2007), 『제조물책임법론』, 구룡문화사.

허재창·한낙현(2005), "중국의 제조물책임 관련법규와 사례연구", 『무역상무학회지』 제25권, 무역상무학회.

金成華(2012), "在華外資企業産品責任的法律适用(중국에 진출한 외국기업에 대한 제조물책임법의 적용)", 『경희법학』 제47권 제4호, 경희법학연구소.

2. 외국문헌

程信和·趙湘英(1999), "産品責任法比較研究－－兼論我國相關立
    法的完善", 『中山大學學報(社會科學版)』 第6期 第39卷.

法律出版社法規中心 編(2009), 『中華人民共和國産品質量法配套
    規定(注解版)』, 法律出版社.

潘靜成·劉文華(2002), 『經濟法』, 中國人民大學出版社.

何悅(2010), 『企業産品責任預防与對策』, 法律出版社.

靳文靜 主編(2010), 『産品缺陷侵權責任例解与法律适用』, 人民出
    版社.

秦小紅(2006), "我國産品責任法的現狀分", 『江西藍天學院學報』
    第1卷 第4期.

桑百川等著(2006), 「外商直接投資: 中國的實踐与論爭」, 經濟管理
    出版社.

史際春(2005), 『經濟法』, 中國人民大學出版社.

孫波(2001), "完善我國産品責任法之思考", 『政法論壇(中國政法大
    學學報)』, 2001年 第1期.

王利明(2010), "侵權責任法的中國特色", 『法學家』 2010年 02期.

王淑煥(1993), 『産品責任法教程』, 中國政法大學出版社.

王素敏·高輝(2004), "論我國産品責任法的完善", 『鄭州航空工業
    管理學院學報(社會科學版)』 第23卷 第1期.

王振民·吳革 主編(2011), 『消費者權益保護及産品責任－－指導
    案例与審判依据』, 法律出版社.

楊立新(2010), 『<中華人民共和國侵權責任法>條文解釋与司法适
    用』, 人民法院出版社.

楊立新 主編(2010), 『産品責任』, 中國法制出版社.

張新宝(2007), "行政法規不宜規定具体侵權責任", 『法學家』 2007
    年 第5期.

仲玉虹·王岩·余娉 編(2012), "産品責任損害－－素賠技巧和賠
    償計算標准", 法律出版社.

周新軍(2007), 『産品責任立法中的利益平衡－－産品責任法比較研

究』, 中山大學出版社.

最高人民法院中國應用法學硏究所(2001), 『人民法院案例選』 2000
　　年 第3輯, 人民法院出版社.

最高人民法院中國應用法學硏究所(2009), 『人民法院案例選』 2008
　　年 第2輯, 人民法院出版社.

四川質量報, "省質監局靳東升副局長解答新<産品質量法>",
　　http://quality.scol.com.cn/2000/200008/28/html/8001.htm.

北京法院网, http://bjgy.chinacourt.org/public/detail.php?id=63159.

洛陽法院网, http://ws.hncourt.org/paperview.php?id=849330.

耒陽市法院网,
　　http://hylyfy.chinacourt.org/public/paperview.php?id=588348.

8

중국 재정분권개혁의 효과와 지방정부

– 국유기업 관계 변화어 관한 연구*

이상빈

요약

본 연구는 중국의 재정분권체제의 개혁과정을 중심으로 지방정부의 행위패턴의 변화를 국유기업과의 관계변화를 통해 살펴보고, 사천성(四川省) 성도시(成都市) 지방정부의 사례를 중심으로 재정세수체계와 관련된 지방정부와 관할 국유기업 간의 이해관계, 그리고 재정수입을 확대시키고자 하는 지방정부행위의 재정논리를 설명하고자 하였다. 중국의 지방분권 개혁의 결과 지방정부는 실질적으로 개혁개방정책은 물론 규정 및 법률에 대한 협상과 집행, 향후 발전방향과 선택에 있어 실질적인 영향력을 행사하고 있었다.

재정분권개혁의 초기 지방정부의 경제적 이익과 재정수입은 많은 부분에서 지방기업에서부터 창출되기 때문에 지방정부는 각각의 기

---

* 본 논문은 「한국동북아논총」 제65호에 게재된 논문임.

업에 대한 각종 세수제도를 통하여 재정수입을 확보하고자 하였다.
1994년 분세제(分稅制) 실시 이후로는 훨씬 강화된 지방정부의 자
기-의존적 세수체계는 이 지역의 지방정부의 기능과 기업의 경쟁력
에 긍정적, 부정적 영향을 미칠 수밖에 없었다. 성도시의 사례에서,
시관할 국유기업에 대해서는 거시통제적인 조절수단으로 기업관리
역할의 변화를 시도하면서, 성도시정부는 재정수입의 증가에 있어
도시경영에 집중하게 되었다. 그러나 중국의 분세제 개혁은 수입증
가 및 지출절약에 대한 압박 또한 증가시켜 지방정부는 토지자원의
운영을 통한 도시경영 및 지방정부채권 전환대출이라는 새로운 수단
과 새로운 재정수입원을 찾게 되었다. 지방재정과 관련된 지방정부
의 자유재량권의 팽창은 지방정부의 경제운용에 대한 기업가적 행위
나 사회적 특권층을 확대시키는 결과를 초래하였다. 이러한 분석을
통해 본 연구는 지방분권체계를 통한 지역정부의 합리적이고 안정적
인 재정수입원이 없이 단선적인 경제적 자유화 혹은 민영화의 촉진
은 향후 성공적인 경제개혁을 지속적으로 이끌어내는 데 불충분하다
는 점을 지적하였다.

주제어: 재정분권, 재정도급계약제, 분세제, 지방정부, 국유기업,
　　　　성도시정부사례

Ⅰ. 서론

과거 구소련과 동유럽 국가에서 추진된 급진적인 개혁(Big Bang)과는 달리, 1978년 이후 추진된 중국의 개혁개방정책은 중앙집권적 계획경제에서 시장경제체로의 점진적 개혁을 선택하였다. 당시 개혁개방정책의 추진배경에는 마오쩌둥(毛澤東)시기 문화대혁명(1966~1976)의 소용돌이 속에서 손상되었던 레닌주의적 당—정 국가기구(party—state system)의 합법성과 권위성을 회복하는 데 주요 목적이 있었다.[1] 그러나 실제로 개혁개방정책의 전체적인 진행과정에서는 주로 시장지향적인(market—oriented) 경제체제개혁에 초점을 맞추게 되었다. 그리고 이러한 경제개혁의 또 다른 중요한 특징 중의 하나는 중앙정부가 통제하고 있었던 경제자주권 혹은 경영자주권을 지방정부와 기업에게 위임해주고 또 이윤을 추구하는 경제적 주체로 삼음으로써(放權讓利) 중국의 경제성장 촉진을 위한 다양한 주체 즉 지방정부와 기업의 적극성을 이끌어내고자 했던 점에 있다. 따라서 1980년대와 1990년대 초반까지 중국의 개혁은 실제로 중앙정부의 경제통제권을 지방정부에게 위임하는 경제적 분권화개혁이 주를 이루었고, 1990년대는 시장화개혁(marketization), 그리고 2000년대는 WTO가입을 배경으로 글로벌화(globalization) 개혁이 추진되어 왔다.

당시 중국은 경제적 업무에 관한 중앙과 지방 사이의 분권체제를 확립함으로써 중국의 성급(省) 지방정부에서 현급(縣) 정부에 이르기

---

1) 문화대혁명과 관련된 개혁개방의 초기 의도에 대해서는 William A. Joseph, Christine P. W. Wong and David Zweig(eds.), New Perspectives on the Cultural Revolution, (Cambridge: Harvard University Press, 1991)을 참조.

까지 상대적으로 독립적인 지방경제체제를 구축하게 되었다. 이제 지방정부는 개혁시기에 위임된 지역경제관할권뿐만 아니라 지방 국유기업 및 향진기업에 대한 실질적인 재산권(property rights)을 향유하는 명실상부한 지역경제 관리의 주체자로 등장하게 되었다. 즉 1978년 이후 지방분권개혁으로 인해 현재 중국의 지방정부는 성급 지방정부를 중심으로 지방개혁을 주도해야 할 뿐만 아니라 지역경제 발전에 전적인 책임을 지고 관할 영역 안에서 지역경제와 관련된 입법 및 법집행의 책임을 지게 되었다.[2] 그러나 개혁초기에 진행되었던 분권화개혁에서는 중앙정부가 사실상 지방정부에게 지역경제 관할에 관한 경제적 자주권을 제공하여 주었음에도 불구하고 지방정부는 과거의 중앙정부처럼 여전히 기업의 경영자주권을 제약하고 있었다.

그렇지만 중국의 경제적인 분권체제를 통해 볼 때 중국은 정치적으로는 중앙집권적인 단일제국가이나 경제적으로는 이미 고도로 분권화된 지방 분권제를 실시하고 있다. 또한 중앙과 지방 간의 경제적 분권구조는 과거 중앙집권적인 계획경제체제와는 확실히 구별되며, 또 재정분권체계에서 나타나는 그 특징은 여타 연방제국가에서의 지방정부보다 그 권한과 책임이 크다는 점이 두드러지게 나타나는 현상이다(許成鋼, 2008: 188). 재정분권체계의 개혁으로 말미암아 중국의 지방정부는 재정세수권과 지출책임에 관련된 재정자주권을 가지고 있을 뿐만 아니라 사실적으로 지방의 토지, 기업, 금융, 에너지자원 및 원자재 등 대량의 자원을 통제하고 있다. 이는 중국

---

2) 2004년 수정헌법 제107조에서는 현급 이상 지방정부는 법률이 정하는 권한에 준거하여 행정관할 역내의 경제, 교육, 과학, 문화, 위생, 체육사업, 도시 및 농촌 건설사업과 재정, 민정, 공안, 민족사무, 사법집행, 감독, 위생교육 등의 행정업무를 관리하며, 결정과 명령을 공포하고, 행정업무인력에 대한 임면, 교육, 심사, 상벌을 행한다고 규정하고 있다.

지방정부가 경제발전에 심각한 영향을 미치고 있다는 것을 의미한다. 그리고 중국의 대다수 경제활동 중에서 중앙정부는 관리감독을 실시하지만, 경제활동에서의 핵심역할은 지방정부로부터 시작되고 있고, 또 중국의 지방정부는 개혁개방정책은 물론 규정 및 법률에 대한 협상과 집행, 향후 발전방향과 선택에 있어 실질적인 영향력을 행사하고 있다.

지난 30여 년 동안 전체적인 개혁청사진도 없이 점진적이고 실험적 방안들을 선택(摸着石頭過河: 돌다리 두드리며 강 건너기)하는 형태로 진행되었던 개혁개방정책은 사실상 지방분권체제로 인해 각개 약진한 결과이며, 이러한 지방적인 각개의 경험들이 다시 중앙의 전체적인 정책형성 과정으로 환류되었다. 그러나 이러한 경제적 지방분권 구조는 중국의 경제성장에 크게 기여하였지만, 이와 동시에 지역보호주의 및 지역격차라는 부작용을 가져오기도 하였다. 중국의 지방정부는 일반적으로 논의되는 동아시아지역 국가들의 발전과정에 있어서의 정부의 경제적 역할과 유사한 성격을 가지고 있으면서, 다음과 같은 점에서는 독특한 행동양식을 보여 왔다. 먼저 지방정부는 자기 지역 내에 경쟁적으로 정부 자신의 이익을 추구하는 기업가(entrepreneur)와 같은 경제행위자로서 활동해 왔다는 점이다. 그리고 지방정부는 지역기업과의 관계를 조정할 수 있는 '지역 재산권(localization of property rights)'과 지역관할권(事權)을 가졌다. 따라서 개혁개방 이후에는 지방정부가 단순히 중앙정부의 명령을 집행하는 행정적 대리인의 역할을 넘어서서 지방경제 발전을 위한 적극적인 주체자로서 기능하기 시작하였다. 또한 중국의 지방정부는 대체로 중앙정부가 설정하는 제도적 규칙에 영향을 받고 있기도 하지만,[3] 반면에 중앙정부의 구체적인 경제개혁 형성과 실시에 영향을 미치는 이익집단(interest group)으로서의 면모도 지니고 있다.

한편, Qian과 Weingast 등(1998, 1999, 2005)은 중국의 지방분권 개혁은 중앙과 지방관계에 관련된 경제제도 및 경제권한에 한정된 구조적 변화를 가져왔으며, 이 점은 러시아나 여타 국가와는 다른 중국식 연방주의(federalism in Chinese style)로 보인다고 설명하였다. 즉 중국 중앙과 지방관계의 주요한 구조적 변화는 중앙과 지방의 재정 세수체계를 핵심적으로 구분함으로써 지방정부의 가용자원이 늘어난 것과 지방정부에게 경제적 결정권(經濟決策權)이 주어짐으로 인해 지방정부가 자기 관할지역 내에 경제 업무에 대해 책임을 지게 되었다는 것이다. 그래서 지방정부는 확대된 재정자원을 바탕으로 지방경제 발전에 매진케 되었으며, 역으로 지방 재정 수입확대를 위해 지방 경제발전에 대한 지방간 과당 경쟁을 벌이게 되었다.

현재 중국 분권체제의 특징을 상징적으로 설명하기 위해서 혹자는 '정치적 집권하의 지방 경제적 분권제', 혹자는 '지방경제 분권적 권위주의체제', 또는 재정적 연방주의(fiscal federalism) 등으로 묘사하고 있다(Tsai, 2004; Guo, 2007; 許成鋼, 2008). 그런데 중국 분권체제의 특징을 지방정부에 대한 중앙의 재정분권과 지방기업에 대한 중앙정부의 경제적 분권의 관점에서 본다면 중국의 중앙－지방 그리고 지방－지방 간의 관계를 '재정적 연방주의'로 묘사하는 것이 타

---

3) 이에 관한 설명은 林毅夫의 논문 "關于制度變遷的經濟學理論: 誘致性變遷與强制性 變遷"참조. R. 科斯, A. 阿尔欽, D. 諾斯(等著), 『財産權利與制度變遷:: 産權學派與 新制度學派譯文集』, (上海: 上海人民出版社, 1995).

당하게 보인다. 그러나 본 연구의 목적은 중국식 연방주의와 같은 논쟁적 성격의 규명에 초점을 두기보다는 재정분권체제에서 나타나는 중앙-지방관계의 사실적 변화의 특징과 재정체계변화에 따른 지방정부의 역할 변화에 대한 설명에 초점을 맞추고자 한다. 구체적으로 본 연구에서는 분권화의 정도가 확대됨에 따라 지방정부의 역할이 정부개입적 발전 모델로부터 점점 더 시장친화적인 형태로 변화하는 측면에 관심을 갖고자 한다. 이를 위해 재정분권체제의 개혁과정을 중심으로 지방정부의 행위패턴의 변화를 국유기업과의 관계변화를 통해 추적하고자 한다. 따라서 본 연구의 목적을 위해 먼저 지방 분권개혁의 과정과 특징뿐만 아니라 지방간부의 정치경제적 동기구조를 종합적으로 설명하고, 다음으로 재정체계개혁에 따른 재정세수체계의 변화내용을 살펴본다. 마지막으로 사천성 성도시 지방정부의 사례를 중심으로 재정세수체계와 관련된 지방정부와 관할 국유기업 간의 이해관계, 그리고 재정수입을 확대시키고자 하는 지방정부의 재정논리에 대해 살펴보고자 한다.

Ⅱ. 중국경제성장의 제도적 기초: 지방 분권개혁의 특징

2.1 개혁개방 이후 지방 분권개혁의 특징

중국의 재정분권개혁을 이해하기 위해서는, 우선 중국의 분권화개혁 이후로 나타나고 있는 중앙과 지방정부 간의 관계변화에 대해 이해할 필요가 있다. 중국의 중앙과 지방관계는 주로 중앙과 성급 관할 정부와의 관계를 가리킨다. 중앙과 지방관계는 정부체계의 수직구조와 상하 간의 등급 관할관계를 의미하며, 정부 간의 수평적 관계를 포함하지 않는다. 또한 중앙정부와 지방정부의 관계는 일종의 이해관계에 의한 권력분배관계를 나타내기 때문에 그동안 중국의 중앙과 지방관계는 중앙집권과 지방분권, 그리고 중앙집권이라는 순환현상을 반복해 왔다. 특히 1949년 신중국의 성립 이후 계획경제체제에서는 정치와 경제의 통합이라는 배경 하에 지방정부는 중앙정부의 통제를 받아 왔고, 그렇기 때문에 실질적으로 지방 자치라는 현상은 목격하기 어려웠다.

마오쩌둥(毛澤東) 시기에도 지방분권화의 문제가 제기되었으나, 이 시기에 나타난 분권화의 성질은 개혁 이후 시기와는 서로 다른 점이 있다. 원래, 개혁 이전의 중국의 경제체제는 명령성(指令性) 계획경제체제로서 생산품의 생산량과 구성, 그리고 이에 대한 생산과 분배는 모두 정부에서 결정하며, 자원 역시 중앙계획을 통하여 조정되고, 모든 생산수단은 국가소유로 귀결된다(葉孔嘉, 1991: 2). 모든 경제계획과 결정은 중앙에서 이루어지기 때문에 중앙정부기관은 직접적으로 기업의 경영활동에 대한 조정뿐만 아니라, 지방정부의 경제활동까지도 참견한다. 또한 모든 경제조직과 그 기능 역시 행정적 위계조직(hierarchical organizations)으로 종속되어 수직적으로 분할된다(吳昻, 張建喜, 1994: 259). 따라서 전통적 계획경제체제에서 몇 차례 지방분권화가 실시되었다 하더라도, 이 지방분권화의 추진은 단지 '행정적 분권(行政性分權)'[4]의 범위 내에 국한되었다. 또한 지방정부는 여전히 중앙의 통제대상이며 중앙의 명령을 기업에게 전달하는 하나의 중개기구였을 뿐이다. 행정적 분권은 정책결정권이 실제로 지방에 위임되는 것을 의미하지는 않는다. 단지 중앙의 정책이 최저단위에 침투되는 과정을 개선하기 위해서 고안된 것이며, 지방은 단지 중앙정책에 부합하는 자원의 분배만이 요구될 뿐이었다 (Wong, 1991: 24).

그러나 1978년 중국의 개혁개방정책 실시 이후, 특히 1984년 제12차 중국 공산당 삼중전회(三中全會)와 1993년 제14차 중국 공산당 삼중전회(三中全會)에서 중앙은 '근본적 개혁의 추진과 그에 따른 시장으로의 경제체제 전환'을 결정하였다. 이러한 조치는 중앙과 지방간의 근본적인 변화를 가져왔다. 즉 이 시기의 개혁은 시장경제체제로의 전환뿐만 아니라 지방정부에게 지역경제의 정책결정에 대한 자유 결정권의 위임이 집중 논의되었으며, 이는 구체적으로 '경제적 분권(經濟性分權)'으로 나타났다. 이러한 결정은 1958년과 1970년 지방에 대하여 두 차례에 걸쳐 실시한 행정적 분권과는 완전히 다른 의미를 지니는 것이다. 개혁개방 이후 지방분권의 과정을 다음

---

4) 1978년 이전의 중국은 두 번의 중대한 행정적 분권을 실시하였다고 할 수 있다. 즉 1953~57년 사이 '1·5계획(一五計劃)' 시기에는 구 소련경제체제의 영향에 따라, 중국은 고도로 중앙집권화된 관리체제를 형성하였으나, 1958~60년의 대약진 시기와 1966~76년 문화대혁명 시기의 중국은 지방에 대한 분권을 실행하였다. 예를 들어 대약진 시기에 재정분권을 급진적으로 지방정부에게 이양하였는데 이것은 지방정부의 자주성을 확대하는 듯 보였다. 그러나 실은 정책실행에 대한 지방정부의 자유는 극소한 것이었으며, 단지 이러한 분권은 중앙의 직접통제를 지방에 의한 직접통제로 전환되었음을 의미할 뿐이었고, 문화대혁명 시기에도 크게 다르지 않았다. 이에 대해서는 다음을 참조. Jae Ho Chung, "Studies of central—provincial relations in the People's Republic of China: a mid-term appraisal", The China Quarterly, 142. 1995, p. 500; Jan S. Prybyla, "Who has the emperor's clothes?: economic relationship between the central and local governments in mainland China", Issues & Studies, 32(7), 1995, pp.20~23.

과 같이 세 가지 단계로 나누어 살펴볼 수 있다. 우선 1978년에서 1984년까지를 1단계로, 1984년에서 1991년까지를 2단계로, 그리고 1992년과 1994년에서 현재까지를 3단계로 나누어 볼 수가 있다.

첫째, 1단계에서는 주로 농촌과 재정체제의 개혁을 진행시켰는데, 특히 1984년 농촌에서의 '생산청부책임제'의 실시는 농민의 생산의욕을 고취시키면서 향진기업(鄕鎭企業)[5]과 같은 비국유부문의 대대적인 발전을 가져왔다. 우징롄(吳敬璉)은 1단계의 개혁을 가리켜 '체제 외 개혁'이라 칭하였는데, 즉 이 시기 개혁의 중점이 비국유경제부문과 농촌개혁에 있고 국유경제부문의 전면적 개혁 문제로 제시되지 않은데 그 이유가 있다고 설명한다(吳敬璉, 1996: 2-3). 그러나 이 시기 개혁의 또 다른 중요한 측면은 재정권을 지방정부와 기업에게 위임한 데에 있다. 지방정부는 재정수입을 분배하는 권한을, 기업은 일부분의 이윤을 스스로 사용할 수 있도록 허가된 것이다(葉孔嘉, 1991; 9-10). 이 점은 지방경제의 성장을 촉진하도록 하는 동기(incentive)를 부여하는 동시에, 중앙과 지방 관계의 변화를 가져왔다. 지방정부는 더 많은 자원과 재정수입을 획득하기 위해서 중앙과 담판 혹은 협상하는 관계(bargaining relationship)로 발전하기 시작했다.

둘째, 2단계에서는 국유상공업을 중심으로 한 도시개혁을 실시하면서, 계획체제와 기업체제를 개혁하고자 하였다(辥暮橋, 1996: 383). 이 기간 동안 중앙의 계획관리체계를 미시에서 거시수준으로 전환함에 따라, 지방정부는 주요 물자에 대해 상당한 비율의 분배권과 지방기업의 관리권을 획득한다. 그러나 1989~91년 사이 지방정

---

5) 주로 중국 농촌에 기반을 두면서 노동 집약적인 2차 가공 상품을 생산하는 기업을 지칭하며, 기업의 소유형태는 개인 혹은 집체소유인 개인기업과 집체기업의 형식을 띠고 있다.

부의 과도투자에 의한 경제 과열과 경제파동현상으로 인해 중앙정부
는 중앙 재집권화를 통한 경제활동의 감독과 관리기능의 회복을 시
도하기도 하였다.

셋째, 그러나 다시 개혁의 제3단계인 1992년부터는 중국 공산당
(中共) 14차에서 통과한 시장 메커니즘의 조정 역할을 더욱 강화하
면서 분권화를 진행하는 현상이 나타났다. 이것은 분권과 시장화 개
혁의 진전 성과에 따른 제도적 탄력성을 반영한 것이고, 또 한편으
로 1994년 세제방면에서 분세제(分稅制)를 실시함으로 중앙과 지방
간의 경제관계의 제도화된 관계를 확립시키게 되었다. 중앙－지방관
계의 진전은 중앙이 지방의 경제업무에 직접 간여하는 것이 불가능
하고, 또 지방정부 역시 과도기적 경제제도의 틀 안에서 시장 메커
니즘의 제약을 받기 시작하였다는 것을 의미한다. 이 점은 지방 분
권개혁이후에 나타나기 시작한 경제적 성격의 새로운 경향이라 할
수 있다(Zheng, 1995: 25). 이 개혁과정을 통해서 중국의 지방 분권
개혁은 중앙과 지방 간의 관계, 특히 경제관계에 있어 주요한 변화
를 가져왔다. 그리고 2003년 중국의 국무원과 관련 각 부위원회에
의해 반포된 「기업국유자산감독관리 잠정 조례」와 「기업국유재산권
양도관리 잠정 조치」 등의 문건에서는 지방정부가 지방국유기업에
대해 가지는 출자인(出資人) 자격으로서의 권리를 법률적으로 명확
히 제시하였다(朱紅軍, 陳繼雲, 喩立勇, 2006: 116).

일부 학자들은 지방분권이 지방정부의 자주적이면서 새로운 경제
영역을 증가시키는 동시에 중앙정부의 지방통제역량을 쇠퇴시킴으로
지방주의가 성행하는 결과를 가져왔다 주장한다(吳國光, 鄭永年,

1995: 19－32). 그러나 중앙은 여전히 성, 자치구, 직할시의 1급 간부의 인사관리에 대한 권한을 갖고 있고, 따라서 지방정부의 자주권 확대는 지방분권과 시장경제체제로의 전환에 따른 중앙의 경제통제 방식의 필연적 구조변화를 나타낸다.

이와 같이, 지방분권으로 향한 개혁은 두 가지 측면에서 중앙과 지방 간 경제권력관계의 주요 구조변화를 야기하였다. 첫째, 중앙의 직접적인 행정명령과 간여는 지도성(指導性) 명령과 거시 통제적 간여로 변화하였다는 것이다. 둘째, 중앙은 지역적 공공재의 제공과 지역 인프라 투자에서 중앙과 지방 간의 경제 관리의 권한배분을 가져왔다. 그리고 기업에 대한 소유와 관리를 둘러싸고 중앙은 지방과의 분업적 관리체계를 강화하였는데, 이러한 변화 또한 지방정부와 지방 국유기업관계 변화의 시발점이 되었다. 따라서 개혁개방시기의 지방분권은 중앙과 지방 간 경제분권적 관계구조의 변화가 나타났으며, 이들의 관계구조는 과거의 위계적 명령구조에서 중앙－지방의 분업적 관리체계로 변화하게 되었다. 이 관리체계는 중앙의 거시적인 경제조정과 시장제도로의 전환과정에서 지방정부의 경제적 기능변화와 경제적 역할을 조성하였다. 특히 재정권과 경제영역에서 정책결정권은 지방정부로 하여금 지역경제성장의 적극성과 지방기업 관리에 대한 강한 동기를 형성하였다.

2.2 지방정부와 지방간부행위의 정치경제적 동인

중국 지방정부는 일정 수준의 경제정책결정권을 가지고 있기 때문에 중국 각급 지방정부로 하여금 경제활동의 적극성을 가지게 되었음은 주지의 사실이다. 이와 동시에 중국의 지방간부 역시 지역경제이익을 최대화하고자 하는 강한 동기와 그에 따른 정책적 조치를 취하는 경향이 있었다. 개혁개방 초기뿐만 아니라 현재에도 물론 중국의 지방간부는 지역경제발전을 위한 지역경제 발전전략을 수립하는 등 적극적인 행동전략을 취하는 동시에 자신의 정치경제적 이익을 추구하는 성격을 비교적 강하게 드러내고 있다. 지난 30여 년의 개혁개방의 여정 동안 중국의 지방간부는 여전히 개혁개방정책의 수혜자로 등장하고 있다. 그리고 자신의 경제적 이익의 추구뿐만 아니라 정치적 승진이라는 보상을 위해 변함없는 개혁개방정책의 지지자로 활동하고 있다.

먼저 새롭게 변화된 재정분권화체제에서 지방정부의 역할변화와 경제성장을 두고 혹자는 시장과 지방정부의 상호 역할을 근거로 시장체제로의 전환이 경제성장에 결정적이었다고 주장하기도 하였다. 반면 동아시아적 국가역할에 주목하는 학자들은 개발국가적인 지방정부의 기업가적 역할이 결정적이었다고 논박하였다. 이들 논쟁에서 전자를 주장하는 논점은 시장전환론(market transition theory)[6]으로, 후자는 지방정부 조합주의(local state corporatism)로 대표되었으며,

---

6) 주지하다시피, 중국은 1978년 농촌을 시작으로 개혁을 추진하였다. 78년에서 84년 사이에 추진된 농촌에서의 家庭聯産承包制을 체제 의 개혁이라 부른다면, 1984년 제12기 3중전회의 결정을 중심으로 추진된 도시개혁은 체제 내 개혁으로 지적할 수 있다. 즉 도시개혁의 추진을 계기로 中共中央은 지령성 계획경제체제에서 시장경제체제로의 전환을 결정하였으며, 이러한 결정으로 나타나기 시작한 체제의 근본적 변화의 과정을 일반적으로 전환경제 혹은 시장전환이라는 용어로 설명하고 있는 것이다. Victor Nee, "The emergence of a market society: changing mechanism of stratification in China", American Journal of Sociology, 101(4), 1996, pp.935~942를 참조.

이들 주장은 두 가지 점에서 서로 상이한 이론적 설명을 시도하였다.[7] 이들 논쟁은 먼저 중국에서 시장제도의 도입은 당 간부와 농민 사이의 경제적 불평등을 완화시키는 평등화효과를 가져온다는 입장과 이에 대한 반대 입장에서 출발한다. 그리고 시장전환론은 중국 농촌지역 경제성장과정에 대해서는 특히 향진지방정부와 기업(집체향진기업과 개인기업)의 상호보완적 관계를 강조하였던 반면, 지방정부 조합주의는 지방 당·정 간부 행정 권력의 중요성과 지방간부의 기업가적 역할에 대한 주장에서 개혁개방 초기 중국의 경제성장에 대한 서로 다른 설명을 전개하였다.

그러나 이들 두 이론은 전체적으로는 신제도주의적(new institutionalism) 관점에서 정부와 시장제도와의 관계를 설명하고 있다는 공통된 측면을 지니고 있었다. 시장전환론은 기업과 지방정부의 연합을 설명하고 있는데, 즉 거래비용(transaction cost)을 줄이고 이윤을 창출하고자 하는 기업과 시장 조절적 기능을 가지고 있는 중국 지방정부 사이의 연합을 상호 행위 규칙의 변화와 새로운 제도적 변화(institutional arrangement)로 설명하였다. 이 제도적 변화는 정부와 기업의 상호 연합관계를 형성하는 조합주의적 배열(corporatist arrangement)을 의미한다는 것이다. 그러나 지방정부 조합주의는 지방정부의 기업가적

---

7) 간단히 지적하자면, 시장전환이론은 특히 중국의 계획경제체제에서 시장경제로의 전환은 당·정 간부의 행정 권력을 제한하며, 개혁개방의 새로운 수혜자 계층을 형성하였다는 지적을 하고 있다. 반면, 지방정부 조합주의(혹은 권력 전환론)는 중국의 지방 간부는 여전히 관료적 지위와 행정 권력을 기반으로 개혁개방의 수혜적 경제이익을 여전히 누리고 있다는 견해로 서로 대립되는 주장을 전개하고 있다. Jean Oi, "The evolution of local state corporatism", in Andrew Walder(ed.), Zouping in Transition: The Process of Reform in Rural North China, Cambridge, (Mass: Harvard University Press, 1998)을 참조.

역할에 더 초점을 맞추면서, 조합주의(corporatism)를 시장전환과정에서 지역경제성장을 위한 지방정부의 조합주의적 발전전략(developmental corporatist strategy)으로 이해하였다.

이들의 상반된 논쟁이 시사하고 있는 핵심적인 의미는 중국에서 재정체제의 분권화개혁과 시장제도의 형성은 정치, 사회, 경제부문을 막론하고 각각의 교환·거래관계에 있어 지방정부를 포함한 경제행위주체자의 인센티브구조를 확립하였다는 것이다. 즉 기업은 이윤을 최대화하기 위해 투자하고 기술을 선택하는 반면, 지방정부는 자신의 이익을 최대화하기 위해 정책을 선택하는 제도─유인적 행위경향을 갖게 되었다(Li and Lian, 1996: 161). 이러한 재정분권화체제에서 비롯된 지방정부와 시장제도의 관계는 지방정부의 자주적 행위영역과 시장의 경쟁적 메커니즘을 동시에 보장하는 특성을 가지게 된다. 즉 중국의 지방정부는 과거 계획경제체제에서 가능하지 않았던 이익의 추구의 동기가 시장체제로의 전환과정에서 발생하였으며, 더욱이 새로운 재정제도에 의한 세수체계는 지방정부의 역할을 규정하는 또 하나의 중요한 규칙으로 작용하였다는 점이다.

다음으로 Wong(1985)은 일반적으로 개혁시기 중국의 지방간부를 경제 대리인(economic agents)으로 분류하고 있는데, 즉 현재의 경제 분권화 개혁은 지방간부에게 경제적 자원을 자유롭게 사용할 권력을 부여하였으며, 따라서 지방간부는 재정수입의 확보를 위해 자기지역 내에 일상 소비품에 대한 과도한 투자[8]를 실시한다고 하였다. 그러므로 Wong의 설명은 지방간부가 단순히 중앙정부의 행정 대리인이

---

8) 개혁시기 중국 각 지역의 중복투자현상과 경공업 위주의 지역 간 동일한 산업구조 현상을 가져왔는데, 이것은 자기 지역 내의 지방간부의 과도투자 현상을 잘 설명해 주고 있다.

아니라 경제제적 자율성을 지니고 있는 경제 대리인이라는 분석에 집중되어 있다. 또 한편으로, Shirk(1993)는 중국의 경제개혁은 경제 행위 주체 간의 이익분배구조를 재조정하였으며, 지방간부는 이러한 변화하는 환경 속에 중앙정부와 정치적 연합과 협상을 꾀하는 정치 행위자로 묘사하고 있다. 그러나 여기서 지방간부는 중앙과 지방 간의 행정체계인 다층적 위계관료조직(multi-hierarchical organization 혹은 雙重領導體制)에 예속되어 있는 속성을 지니고 있는 동시에, 자기 역내에 역시 자율적인 경제행위 영역을 지니고 있는 사실에 주목할 필요가 있다.

각 지역의 자율적 경제행위 영역 내에서 지방간부는 기업의 감독, 생산 분배, 지역무역정책, 은행의 대출과 세수의 처리 문제에 대한 경제통제권을 지니고 있다. 그러나 이러한 자율적 경제영역은 또 한편으로 각 지역의 경제, 사회사업의 발전과 해당 지역의 복지와 실업문제의 해결에도 주요한 책임을 지니고 있다는 것을 의미한다. 그리고 더 나아가 지역의 경제발전과 그 지역의 복지, 실업문제의 해결은 지방간부의 정치적 실적으로 쌓이게 되는 것이다. 개혁시기에 만약 지방간부가 지역경제 발전의 목표에 도달하면서, 또한 지역의 복지와 실업을 해결하게 되면, 이는 특히 지방간부에게 그에 대한 적절한 보상과 직위의 상승이 주어진다. 그러므로 중국 개혁의 지속적인 심화과정 속에서 지방간부는 보상과 승진의 기회를 얻기 위하여 지역경제의 성장과 각 지방정부 재정이익의 확대에 중요한 행위동기를 갖게 되는 것이다. 그러나 단기간 내에 재정이익을 최대화하기 위한 지방간부의 일상 소비품에 대한 과도한 투자는 지역 간의 중복투자 문제와 시장봉쇄, 그리고 지역 간 지방 보호주의의 문제를 낳기도 한다.

요컨대, 중국에서 지방 분권을 중심으로 한 재정체제개혁은 지방 간부로 하여금 지역경제성장의 정치, 경제적 동인을 갖게 하였다. 지역경제의 발전을 위한 지방간부의 선택적이면서도 적극적인 행위전략은 전체적으로 볼 때 지방정부의 기업가적 역할을 구성한다. 특히 지방정부의 기업가적 역할은 중국 재정제도의 변천을 계기로 하여 지방정부의 재정자주권과 밀접한 관련을 맺고 있다. 다시 말하면, 지방간부의 정치적·경제적 행위는 정부재정수입의 확대로 나타나게 되는 경제적 보상뿐만 아니라 정치적 승진을 통한 보상을 얻기 위함과 깊은 관련이 있다. 이러한 맥락에서 개혁개방 이후 지역경제성장을 위한 중국 지방정부의 경제적 역할 역시 재정제도의 변천과 깊은 관계성을 갖고 있다.

Ⅲ. 개혁개방 이후 재정체제개혁과 지방정부

3.1 1980년대 재정도급계약제(財政承包制)와 지방정부

개혁개방 이후 재정체제에 대한 개혁은 중앙과 지방의 재정관계, 그리고 정부와 기업 간의 재무관계를 변화시킨 핵심요인이다. 중국의 재정관리체제는 대체로 1949년부터 1979년까지 고도 계획경제시기, 1980년부터 1993년까지 재정도급제 개혁시기와 1994년 이후부터 분세제 개혁시기로 구분할 수 있다(<표 1> 참조). 따라서 중국의 재정분권개혁은 전반적으로 1980～1993년 사이의 재정도급계약제(財政承包制)와 1994년 이후 현재까지 분세제(分稅制)의 실시를 그 특징으로 하고 있다. 개혁개방이후 먼저 1980년대 진행했던 재정분권개혁은 중앙정부의 재정부담을 줄이고 더 이상 지방의 지출을 위한 예산의 할당을 보장하지 않으려는 시도에서 출발한다. 그러나 결과적으로는 중앙으로의 재정상납 후에 일정 재정수입에 대한 보유(讓利)를 허락했다는 점에서 지방정부의 경제 활동에 상당한 인센티브를 부여하였다. 이 점에서 중국내에서는 중앙과 지방정부의 사이의 재정적 인센티브 구조는 개혁개방이후 지방정부의 역할변화와 행위패턴을 설명하는 중요한 요소로 받아들이고 있다. 단적으로 지방정부는 재정과 인적, 물적 자원에 대해 자주적인 배분을 행사할 수 있는 행정관리권(事權, 즉 직권으로서 정부가 공공사무와 서비스를 감당해야 하는 임무와 책임)을 가지게 되었으며, 또한 지방정부는 지역 생산요소 배치와 경제운영을 조절할 수 있게 되었다.

1980년대 재정도급계약제(fiscal contracting system)는 비교적 성공적으로 지방정부의 적극적인 역할을 촉진했으나, 또 한편으로는 지방정부의 지나친 행정 간섭, 그리고 기업과의 연합관계는 비규범적이고 비생산적인 재정수입과 지출을 가져오게 했다. 재정도급계약제는 중앙과 지방, 그리고 정부와 기업사이의 계약을 기초로 한 세수지불관계를 형성하는데, 이는 지방정부와 기업사이의 상호 거래관계에서 나타나며 중앙의 재정수입에 포함되지 않는 '예산 외 수입(豫算外收入)'9)을 증가시키려 하였다. 이와 동시에, 기업에 대하여는 감

<표 1> 중국 재정관리체제의 변천(1959년부터 현재까지)

시기	연도	재정관리체제	재정분권
고도 계획경제체제 시기	1950년	고도 집중. 일괄수입 및 지출	/
	1951~1957년	수입과 지출 구분, 분할 관리	/
	1958년	수입에 따른 지출 결정. 5년 불변	제1차
	1959~1970년	총액구분(總額分成)① , 매년 변함.	/
	1971~1973년	재정 수입 및 지출 도급	제2차
	1974~1975년	수입고정비율 유보, 지출에 대한 도급	/
	1976~1979년	총액구분(總額分成), 매년 변함.	/
개혁초기 시기	1980~1984년	수입과 지출 구분, 분할 도급	제3차
	1985~1987년	세종 구룡, 수입과 지출 상정. 분할 도급	/
	1988~1993년	재정도급관리체제	/
분세제 개혁시기	1994년부터 현자	재정분서제관리체제	제4차

주: ① 전(前) 2년 대비 재정수입과 지출 현황에 근거하여 수입과 지출 기준을 상정하고, 이를 다시 총수입에서 지방의 지출비중을 정하여 지방의 수입유보와 중앙의 상납비율을 확정하는 것임.
자료: 張璟, 沈坤營(2008), p.57.

면혜택을 주면서 지방재정수입을 극대화하고자 하였다. 따라서 재정도급계약제하에서의 중국 지방정부는 지역경제성장에 대한 적극성을 띠게 되었으나, 다른 한편 지방정부와 기업 사이에 형성되기 시작한 경제적 이해관계는 이 재정체계 자체의 한계로 드러났다. 그리고 80년대 주로 실시되었던 재정도급계약제의 또 다른 문제는 재정분권 형식을 통한 지출 부담과 재정적자를 해소하고자 하는 중앙의 의도와는 달리, 계속해서 중앙정부의 재정적자를 증가시켰다.

일반적으로 초기 재정제도에서, 예를 들어 도시지역의 재정수입의 원천은 ① 관할 국유기업, 집체기업, 개입기업 이윤에 대한 세수와

---

9) 행정수단을 통하여 수집한 각종 자금(基金)을 의미하며, 따라서 재정상납의 비율에 포함되지도 않는다.

판매이윤의 상납, ② 도시 관리비와 건설세, ③ 지방세, 그리고 ④ 공공설비 사용세와 징수금에 의존하고 있었다. 그리고 점차 재정분권 체제가 촉진되면서 지방정부의 재정수입의 주요 원천이 관할 기업의 상공업세(工商稅)에 집중되어 있다. 하급(下級) 지방정부 역시 기업의 상공업세(工商稅)로 상급(上級) 지방정부와의 세제수입의 분배를 진행하게 된다. 특히 1984년 이후 중국은 이윤상납을 세금납부 형식으로 바꾸는 '이개세(利改稅: 이윤상납을 세금납부 형식으로 개혁)' 제도를 실시하면서, 중국의 기업은 간접세(생산세, 부가가치세, 영업세)와 기업소득세, 조절세(調節稅)[10]를 납부하게 되었다. 그리고 외국기업은 고정적인 상공업세(工商稅)만을 납부하도록 되었다. 그리고 1987년에는 도급계약책임제(承包責任制)가 기업소득세를 대체하였는데, 즉 도급계약에 따른 이윤상납이 세수교부를 대체하는 상황을 동반하였다. 따라서 국유기업은 정부와의 이윤상납에 대한 협상 과정에 참여하기 시작하였으며, 정부와의 협상은 세수의 교부비율과 지불이윤의 총액을 결정하였다.

그러나 이러한 세수제도는 먼저 지방 기업과 지방예산사이의 직접적인 연계로 말미암아 지방정부는 지방 산업기업의 보호를 통한 재정수입의 증가에 강한 동기를 가지게 되었다. 지방정부는 세수와 지출정책상 관할 기업에 대한 지역 보호주의 조치를 종종 취하기도 하였다. 또한 지방정부는 '예산 내 수입(豫算內收入)'을 '예산 외 수입(豫算外收入)[11]'으로 전환시키고자 하면서 기업 감면세의 범위를 확

---

10) 조절세란 소득세 징수 후 이윤액이 규정 한도를 초월한 기업으로부터 더 징수하는 세금을 말한다.

11) 지방재정에 포함되는 예산외수입은 상공업부가세, 상공업소득세와 기타 세수의 부가수

대시키고자 하였다. 즉 지방정부는 간접세에 대한 감면을 통하여 예산 외 수입과 정부징수 자금 등의 '비규범적인 수입'12)을 증가시키려는 의도에서 예산 내 수입을 감소시키고자 하였던 것이다. 따라서 지방정부와 기업 간에 이루어진 도급계약책임제(承包責任制)는 특히 지방 국유기업의 생산적인 투자결정을 게을리 하고, 반면 지방정부와 국유기업 그리고 지방은행 사이에는 바람직하지 못한 유착관계를 가져왔다.

예를 들어, 성도시(成都市) 정부의 자정수입의 원천 역시 기업 공상세와 관련된 예산 내 수입과 예산 외 수입, 그리고 각종 정부부문 기구의 징수와 기금 등의 비예산 정부자금으로 구성되어 있다. 성도시 정부 역시 재정수입의 확대를 위해서는 정부 예산 외 자금과 재정징수, 기금의 증가에 크게 의존할 수밖에 없었다. 예산외 자금은 지방세수와 공공사업 부가징수티(附加費), 그리고 지방 국유기업의 예산외 수입에 의존하게 되는데, 특히 재정징수와 기금조성은 정부부문이 각종 수단을 동원하여 모은 자금이라 할 수 있다. 이러한 자금은 모두 성도시 정부의 재정부문이 자유로이 이용할 수 있는 자금이므로 성도시 역시 동일하게 감면과 기업에 이익을 양보하는 방법으로 지방재정의 문제를 해결하는 동시에 지방재정의 예산외 수입을 증가시키려는 동기를 가지고 있었다. 아래 <표 2>는 80년대 중엽부터 시작해서 성도시의 재정수입의 증가가 비교적 빠르게 증가하고

입, 지방에 집중되어 있는 갱신개조자금수입, 공공재산과 공공주택의 임대수입 등이다. 이에 대해서는 http://baike.baidu.com/view/442003.html를 참조.

12) 지방정부의 '비규범적 수입'에 관한 설명은 다음을 참조, 樊鋼(主編), 『漸進改革的政治經濟學』, (上海: 上海遠東出版社, 1997).

있으며, 특히 1988년부터 1989년 시정부 재정수입이 신속히 증가하고 있음을 보여준다. 이 기간 동안 재정수입의 빠른 증가비율을 놓고 보면, 1988년 성도시 지방재정수입이 1987년에 비해 17.9% 증가하였고, 1989년에 지방재정수입이 다시 19.8%로 증가하였음을 보여준다.

〈표 2〉 성도시의 재정수입과 재정지출(1980년대~1990년대 초)

(단위: 万元)

연도	재정수입	재정지출	재정수지차액	연도	재정수입	재정지출	재정수치차액
1980	75,687	33,359	42,328	1987	138,508	72,036	66,472
1981	70,993	30,410	40,523	1988	163,280	81,306	81,974
1982	73,839	30,466	43,373	1989	195,905	105,061	90,844
1983	86,090	35,018	51,072	1990	203,981	119,179	84,802
1984	95,642	45,790	49,852	1991	224,354	144,965	79,389
1985	116,497	59,707	56,790	1992	249,041	167,587	81,452
1986	133,535	68,105	65,430	1993	337,751	244,909	92,842

자료: 成都市統計局, 『成都統計年鑑 1998』, 成都: 中國統計出版社, 1998, p.268.

결국, 지방정부는 지역경제의 공공목표를 수행하기 위한 합리적인 세수행위를 진행시키는 동시에, 정부부문의 간부, 사회복지, 행정에 드는 비용을 충당하기 위해 행정 권력을 이용한 재정이익을 추구하는 행위를 하였던 것이다. 이에 상응하여, 특히 지방 국유기업에 대하여는 세무와 자금 분담 항목이 많을수록 기업의 이윤유보 수준을 상대적으로 감소시켰다. 기업이 기술혁신 투자자금이 필요할 경우에는 지방정부의 기술개발정책, 감면정책에 의존할 수밖에 없었고, 상대적으로 자금 적립의 기회가 적었다(揚守德, 1992: 10). 이러한 재정정책은 기업에게 지대추구(rent-seeking)의 기회를 제공하였다. 그러나 기업의 입장에서 보면, 지방정부와의 관계가 개혁 이전의 단순한 수직적 지배-복종관계[13]를 유지하고 있는 것은 아니었다. 기업 역시 이윤유보를 위한 지방정부의 내부적인 협상과정에 참여하기 시작한 것이다. 기업은 정부에 대해 상대적으로 기업자신의 이익을 관철시키고자 하는 목적에서 되도록이면 지방정부와 내부거래관계를 통한 협상을 적극적으로 전개하고자 하였다. 따라서 지방정부와 기업 사이에는 일종의 복잡한 교환관계가 형성되기 시작하였다.

정부예산과 지방기업 간의 불투명한 연계는, Kornai(1985)가 지적한 것처럼, 예산제약이 연성화(軟性化)되는 과정을 초래하였다. Kornai의 시각에서 보면, 재정분권화 개혁 이후에도 상대적으로 독립적인 향진기업과는 달리 상급 지방정부와 지방 국유기업 간의 관계는 계획경제체제에서 나타나는 이중적 조직의존체계의 기본 특징을 벗어나지 못하고, 반대로 재무관계상의 연계는 지방정부와 기업 간의 내부거래적인 협상관계를 강화시킨 것이다(Kornai, 1985: 13-14). 게다가 재정도급계약제는 재정이익을 목표로 한 지방정부에게 역시 지대추구 행위를 가져왔던 것이다. 특히 중국의 여러 지방정부에서 목격되고 있는 바와 같이 세수와 지출정책상 채택한 비경쟁적 기업보호주의 형식은 중국 개혁에 있어서 재정분권화의 효용을 감소시키는

---

13) Kornai는 헝가리의 개혁에 대한 경험적 연구를 통하여 국가사회주의체제에서 정부와 국유기업의 관계는 일반적으로 상호 수직의존적인 조직체계의 특징을 지니고 있고, 따라서 기업의 예산은 연성화된다고 지적하고 있다. 이 점은 전통적인 계획경제체제하에서의 중국에서도 마찬가지로 기업은 자원의 투여에 따라 단순히 생산하는 행정적인 사업단위로서 정부와는 상하 예속적인 수직관계를 가지고 있었던 것이다. 다음 Janus Kornai, "The Hungarian reform process: visions, hopes, and reality", Journal of Economic Literature, 24(4), 1986, pp.1687~1737을 참조

부작용을 가져왔다.

3.2 분세제(分稅制)의 실시와 지방정부 재정수입의 연원

　중앙정부가 1990년대 결정적으로 이 재정도급계약제를 개혁하게 된 원인은 재정분권화형식을 통해 중앙의 지출 부담과 재정적자를 해소하고자 하였으나, 오히려 중앙정부의 재정적자를 증가시켰다. 중국 중앙정부는 합리적인 세제기초를 구축하고, 중앙정부의 재정수입을 확대하기 위한 목적으로 다시 1994년부터 분세제(分稅制)를 실시하기 시작하였다. 또한 분세제는 사실상 중앙정부와 지방정부 사이의 행정관리권(事權, 즉 공공사무와 서비스에 대한 임무와 책임)과 재정권의 관계를 효과적으로 처리하기 위한 방침이기도 했다. 따라서 분세제로의 개혁의 주요 특징 중의 하나는 기업소득세와 유통세[14]에 대한 개혁에 있었다. 분세제 개혁은 중앙 지방간의 재정책임관계를 명확히 구분하고 중앙과 지방 간의 세수행정체계를 분리하고자 하였다. 말 그대로 분세제는 행정관리권, 세금의 종류, 관할 범위를 구분한다는 것으로 중앙과 지방사이의 행정관리권과 재정권(財權, 즉 징수권과 지출권) 관계뿐만 아니라 각급 지방정부 사이의 재정배분관계의 등급을 나누어 재정 관리를 효과적으로 처리하기 위함이었다. 분세제는 세금의 종류에 따라 중앙세와 지방세, 그리고 중앙과 지방이 서로 공유하는 공통세로 구분하는 분세제를 실시하였던 것이다(<표 3> 참조).

---

14) 권리 또는 재화의 이전 사실에 조세를 부담하는 능력을 인정하여 부과하는 과세로서 부가가치세, 소비세, 영업세, 관세 등이 포함된다.

〈표 3〉 분세제 재정체제의 시범적 시행 방법*

1. 수입의 구분: 중앙재정고정수입, 지방재정고정수입, 중앙과 지방의 재정공동배분수입

(1) 중앙재정고정수입: 관세와 세관이 대신 징수하는 물품세, 부가가치세, 상공업통일세(工商統一稅)를 포함하여 (휘발유, 경유 등의)연료특별세, 특별소비세, 전문항목조절세, 외자 및 합자해양석유기업의 상공업통일세와 소득세, 담배 및 주류 가격인상 전문항목수입, 중앙인프라 대출반환원리금수입, 중앙소속국영기업의 기업소득세・조절세・상납이윤・정책성 적자보조금, 중앙부서소속 증외합자기업 기업소득세, 철도부・각 은행본점・보험회사본사의 영업세, 채무수입과 기타 중앙정부 귀속수입

－석유부・(예전)수리전력부・석유화학기업본사・비철금속기업본사 소속 기업의 물품세, 부가가치세, 영업세의 70%를 중앙재정고정수입으로 잡는 방식을 고쳐 일반 물품세, 부가가치세, 영업세 중에 편입시키고, 새로운 중앙과 지방의 분할방법을 시행함.

(2) 지방재정고정수입: 도시정비건설세를 포함하여 차량선박사용세, 가옥세, 도축세, 가축거래세, 공정무역세, 계약세, 상금세, 인지세, 특수 농업 및 임업 제품세, 지방국영기업소득세, 조절세, 상납이윤과 정책성 적자보조금, 집체기업소득세, 외자기업과 지방부문소속 중외합자기업소득세, 도농개체공상업자영업세와 스득세, 사영기업소득세, 개인소득세, 개인수입조절세, 국영기업임금조절세, 지방인프라 대출반환원리금수입, 염세, 공상세수세금 체납금과 세금보충벌금수입 및 기타수입

(3) 중앙과 지방의 재정공동배분수입: 제품세를 포함하여 부가가치세, 영업세, 상공업통일세, 자원세. 배분비율은 소수민족지역어 대해서는 중앙과 지방이 2:8로 하며, 기타지역은 일률적으로 5:5로 배분함.

2. 지출의 구분

(1) 중앙재정지출: 중앙이 전면 관리하는 인프라투자를 포함하여 발굴 및 개조와 신제품 시험제작비, 간이건축비, 지질탐사비, 농업지원지출, 국방비, 무장경찰부대경비, 민간 방공경비, 대외원조지출, 외교지출, 그리고 중앙급 농림수리사업비, 공업과 교통운수업부문 사업비, 문화와 교육 및 과학 위생사업비, 행정관리비, 공안국・검찰원・법원지출, 국내외채무 원금과 이자상환 지출, 중앙이 부담하는 가격보조금지출, 기타지출

(2) 지방재정지출: 지방이 총괄하는 인프라투자를 포함하여 지방기업의 발굴 및 개조 외 신제품의 시험제작비, 간이건축비, 농업지원지출, 도시 정비 및 건설세, 지방 농림수리사업비, 공업과 교통운수업부문 사업비, 문화와 교육 및 과학 위생사업비, 행정관리비, 공안국・검찰원・법원지출, 민병사업비, 가격보조급지출, 기타지출 등

(3) 중앙이 주관하는 전문항목 지출: 특다형 자연자해구제비를 포함하여 가뭄 및 홍수예방보조비, 경제낙후지역 발전지원지금, 변경지역건설 사업보조비, 식량 및 식용유 가격인상분 등. 이 지출항목에 대해서는 중앙재정이 통일적으로 관리하여 전문항목 지출을 실시하며, 지방재정지출 도급범위에 포함시키지 않음.

이러한 분세제(tax-sharing system) 시행의 결과 중앙의 재정은
크게 개선된 반면, 지방정부의 재정지출 부담이 증가하면서 자신 스
스로 재정을 조달해야 하는 자기-의존적 재정과정이 강화되었다
(<표 3> 참조). 먼저 기업소득세에 대한 개혁은 국유, 집체, 개체기
업의 소득세를 통일시키고 기업이윤에 대한 단일세율을 적용하게 하
였다. 즉 기업에 대해 최고 55%에 이르렀던 세수를 33%의 정상세
율로 감소시켰던 것이다. 또한 유통세에 대한 개혁은 부가가치세를
주로 하고 소비세를 보충하여 조절하는 유통세 제도를 확립하였다
(何振一, 1994: 34-36). 나아가 중앙정부는 기업에 대한 지방정부
의 감면세 비준을 취소하였으며, 감면세 정책을 실행할 경우 국무원
의 비준을 얻도록 했다(王紹光, 1997: 120). 즉 1994년에 새로 도입
된 분세제체제 하에서는 세금의 종류를 명확히 구분하여 재정세수체
계를 확립하자는 데에 있었다.

이 분세제의 도입으로 중국의 재정세수체계는 비로소 세수정책의
투명성과 중앙·지방이 조세수입을 공동 배분하게 되는 규범화된 제
도를 확립시켰다. 특히 중국의 분세제체제에서는 기본적으로 유동세
(流轉稅)와 소득세를 중심으로 다양한 세금의 종류를 중앙과 지방의

여러 단계에서 징수하는 복합적인 세수체계를 구성하였다.[15] 이러한 분세제는 중앙과 지방 사이의 재정적 긴한관계를 제도적으로 규범화시키게 되었다는 데 큰 의미가 있다. 또한 지방정부에 대해서는 여전히 지방재정의 압력, 그리고 지방 간부에게는 정치적 승진의 동기로 인해 마치 여타 연방제 국가의 지역정부 간의 경쟁처럼 지역 간 경쟁(즉 지역의 GDP증가와 재정수입의 증가를 위한 경쟁)을 강화시키는 데에는 큰 변화가 없었다. 즉 분세제는 부가가치세, 영업세, 기업소득세와 기타 상공업세를 위주로 하는 지방세수체계를 형성함으로써 지방정부의 재정수입과 지역 GDP와 직접적 연계를 더욱 강화하게 되었다.

그리고 2002년에 중앙정부는 다시 소득세를 50:50으로 서로 공동

---

15) 분세제에 의해 확정된 **중앙세**는 관세, 세관이 대신 징수하는 소비세와 부가가치세, 소비세, 기업소득세: 철도운수, 국가우편, 중국공상은행, 중국농업은행, 중국은행, 중구건설은행, 국가개발은행, 중국농업발전은행, 중국수출입은행과 해양석유천연가스기업이 납부하는 소득세, 영업세: 철도부와 각 은행본점 및 보험회사본사가 납부한 영업세, 도시정비건설세: 철도부와 각 은행본점 및 보험회사본사가 납부한 도시정비건설세, 차량구매세, 개인소득세: 저축예금이자에 징수되는 개인소득세. **지방세**는 영업세(철도부와 각 은행본점 및 보험회사본사가 납부한 영업세는 포함하지 않음), 농촌소도시토지사용세, 도시정비건설세(철도부와 각 은행본점 및 보험회사본사가 납부한 부분은 포함하지 않음), 가옥세, 차량선박사용세, 인지세, 농업특산수입에 징수된 농업세, 경지점용세, 부동산취득세(契稅), 토지부가가치세, 도시부동산세, 차량선박사용영업허가증세. **공통세**는 부가가치세: 중앙 75%, 지방25%, 소득세: 철도운수, 국가우편, 중국공상은행, 중국농업은행, 중국은행, 중국건설은행, 국가개발은행, 중국농업발전은행, 중국수출입은행과 해양석유천연가스기업이 납부한 소득세의 중앙귀속분 이외에 기타 기업소득세, 개인소득세는 중앙과 지방이 비율에 공동 배분. 2002년 소득세는 중앙 50%, 지방 50%으로 공동 배분; 2003년에는 중앙 60%, 지방 40%; 2003년 이후 배분 비율은 실제 수입상황에 근거하여 재확정. 또한 2001년를 기준시로 지방에 배분되는 소득세수입이 실제소득세수입보다 적을 경우 차액분은 중앙이 기준치를 정해 지방에 반환하그, 실제소득수입이 클 경우 차액분은 지방이 기준치를 정해 중앙에 납입. 자원세: 육지자원세는 지방수입으로 귀속, 해양석유자원세는 중앙수입으로 귀속, 증권거래인지세: 2002년부터 중앙 97%, 지방 3%로 공동배분, 교육세부가수입: 철도, 은행본점, 보험회사본사가 납부세금은 중앙귀속, 기타수입은 지방귀속. http://blog.sina.com.cn/s/blog_67f88a780101 5dz6.html(검색일: 2012.8.23).

배분하는 세수개혁을 추진하여 2003년에는 또다시 기업소득세와 개인소득세를 중앙이 60%, 지방이 40%로 나누어 갖는 공통세로 변화시켰다(陶勇, 2011: 70). 이에 따라 지방정부는 소유주처럼 기업에 대한 적극적 관리를 통해 기업으로부터 얻을 수 있는 재정수입이 감소하고 있는 반면, 지방정부의 고정수입으로 분류된 세종(稅種)에 대해서는 징수를 강화하는 경향이 나타났다. 즉 영업세는 지방정부의 주요 재정수입원이 될 수밖에 없었다. 또 지방정부는 재정수입 증가를 위해 토지사용권 임대수입과 같은 새로운 예산 외 수입원(土地財政)을 개발함으로써 지방정부 재정수입의 중요한 원천이 되었다.

〈표 4〉 2011년 성도시 정부의 공공재정 및 정부기금 수입 결산표

(단위: 万元)

수입항목	예산	집행	비중	증가율	정부기금수입항목	예산	집행	비중	증가율
지방 공공 재정 수입 합계	1476000	1924304	130.4%	18.5%	정부기금수입 합계	2571680	4195810	163.2%	5.2%
1. 세수 수입	1157521	1252149	108.2%	23.3%	1. 산적 시멘트 자금수입	2600	2189	84.2%	3.1%
부가가치세	106669	122857	115.2%	24.5%	2. 신형 담장재료기금수입	12300	11410	92.8%	−3.6%
영업세	279312	292996	104.9%	19.6%	3. 지방교육부가수입	31500	72992	231.7%	163.8%
기업소득세	147141	174115	118.3%	42.2%	4. 육림기금수입	60	25	41.7%	−59.0%
개인소득세	46516	51474	110.7%	25.2%	5. 산림식생 회복비				
자원세					6. 지방수리건설기금수입	10000	7751	77.5%	8.6%
도시정비 건설세	135158	179870	133.1%	51.7%	7. 장애인취업보장금수입	12000	11856	98.8%	19.9%
가옥세	24191	28003	115.8%	32.0%	8. 정부주택기금수입	36000	21939	60.9%	−16.7%
인지세	21525	22126	102.8%	16.5%	9. 도시공용사업부가수입	17200	19782	115.0%	−22.0%
도시토지 사용세	19699	17447	88.6%	0.3%	10. 국유토지사용권임대 수입	2040000	3447709	169.0%	−0.6%
토지부가 가치세	81098	94596	115.6%	33.2%	11. 국유토지수익기급수입	56500	10000	17.7%	−50.0%
차량선박세	43026	44924	104.4%	20.2%	12. 농업토지개발자금수입	3500	2252	64.3%	−57.4%
경지점용세					13. 도시인프라부대비수입	240000	372144	155.1%	15.5%

부동산매 매세	253186	223741	88.4%	0.1%	14. 자량통행비	65000	65063	100.1%	3.3%
2. 비세수 수입	318479	672155	211.1%	10.5%	15. 무역촉진회공공서비 스비	20	30	150.0%	
전문항목 수입	62300	120207	192.9%	117.1%	16. 무선주파점용비		164		
행정사업 서비스 수입	170000	187870	110.5%	−24.3%	17. 기타정부기금수입	45000	150504	334.5%	
금고 및 벌 금수입	60000	73633	122.7%	31.0%	**이전성 수입 합계**		1175059		
국유자본 경영수입					상급 보조 수입		176024		
국유자원 (자산)유상 사용수입	26179	144832	553.2%	−22.9%	구(시)현 납압수입		13792		
이전성 수입 합계		3562763			전년 이월금		21641		
상급 보조 수입		2126200			**정부기금수입 총계**		5370869		
반환성 수입		469531							
부가가치 세와 소비 세조세반 환수입		331873							
소득세 가수 반환수입		81691							
정제유 가 격 및 세 비개혁 반 환수입		55967							
알반성 이전 지출수입		669466							
체제보조 수입									
균형성 이 전지출보 조수입		38190							
임금조정 이전지출 보조수입		171240							
농촌세비 개혁 보조 수입		39772							
현급기초 재원보장 메커니즘 장려 보조 수입		2646							

일반 공공 서비스 이 전지출보 조수입		123							
공공안전 이전지출 수입		13717							
교육이전 지출수입		61180							
사회보장 및 취업 이 전지출수입		43116							
의료위생 이전지출 수입		110554							
농림수산 업 이전지 출수입		13290							
곡식(기름) 생산 모범 현 장려자 금수입		6834							
기타 일반 성 이전지 출수입		168804							
전문항목 이전지출 수입		958115							
지진후 복 구 보조수입		29088							
구(시) 현 납입수입		364415							
지방정부 채권 전환대출 수입		500000							
예산안정 조절기금									
조정 자금									
전년도 이 월분		672148							
공공재정 수입 총계		5587067							

자료: 成都市財政局, http://www.cdcz.chengdu.gov.cn/index.lf?c=showIndex(검색일: 2012.10.5).

심지어는 토지와 관련된 각종 요금과 토지사용권 양도수입, 즉 토지양도금이 완전히 지방정부에 귀속되기 때문에 지방정부의 비공식적 수입으로서 예산 내 수입과 예산 외 수입에도 포함시키지 않는 경우도 있다.[16] 예를 들어, <표 4>와 같이 성도시정부의 공공재정 및 정부기금 수입 결산표는 이를 잘 보여준다. 이로서 분세제는 중앙정부의 의도대로 중앙재정수입은 대폭 증가시켰지만, 지방정부는 재정수입의 상당한 부족과 함께 재정수입 및 지출의 불균형을 확대시키는 결과를 초래하고 있다. 드한 영업세가 주요 재정수입원이 되는 상황에서 지방정부는 영업세의 주요 대상인 교통운수, 건축업, 금융보험업 등과 같은 제3차 산업에 대한 징수에 의존하게 되지만, 철도부, 각 은행본점과 보험회사본사가 납부하는 부분은 중앙정부에 귀속됨으로써 사실상 영업세는 하나의 공통세와 같이 되었다.

전체적으로 볼 때, 분세제 역시 재정도급계약제에서의 절대적 의존도의 감소에도 불구하고 지방정부가 기업에 대해 갖는 재정수입뿐만 아니라 예산외수입 증가에 대한 동기를 크게 변화시키지 못했다(張中華, 1997: 173). 또한 분세제는 중앙과 성급(省級)에 해당하는 정부와 세금의 종류를 명확하게 구분하였을 뿐, 성급(省級) 이하의 지방정부의 예산은 상급 정부의 결정에 의존할 수밖에 없는 상황을 가져왔다. 즉 행정관리권과 재정권(재정권 내에 지출권)이 분명하게 규정되어 있지 않은 분세제체제에서는 현급(縣級)과 현급 이하 향급(鄕級) 지방정

---

16) 국무원발전연구센터는 2011년 중국 지방정부의 '토지사용권 양도금(土地出讓金)' 수입 총액은 3.15조 위안으로 밝힌 바 있는데, 중국정부가 공개한 2011년 공공재정수입지 출 상황에 따르면 2011년 중국의 재정수입총액은 10조 3,740억 위안이며 이 중 지방정 부의 재정수입총액은 5조 2,434조 위안이다. 이는 2011년 중국 지방정부의 토지사용권 양도수입총액이 당해 지방정부 재정수입의 60%를 차지했음을 의미한다. 農民日報, 2012.2.8.

부의 재정 역시 불안정한 상태에 처할 수밖에 없는 상황이다. 다른 한편, 부가가치세의 75%와 소비세는 중앙으로, 그리고 영업세는 지방으로 귀속되는 분세제체제 하에서 자원이 비교적 풍부한 내륙지역에서는 자원산업과 같은 2차 산업의 발전은 억제시키고 3차 산업의 발전을 촉진시키는 변화도 있었다('區域稅收政策'課題組, 1998: 42).

그런데 중앙재정의 재정이전지출제도[17] 역시 미흡하게 규정되어 있는 조건에서 비교적 경제수준이 발달된 동부 연해지역과 낙후지역의 중서부 내륙지역과의 지역격차는 재정의 공공서비스 측면에서 지역 간의 불균등한 재분배문제 등을 초래할 수밖에 없는 현실이다(Wong, 2007: 6). 이러한 문제들은 현재의 재정분권체제에서 중국의 지방정부는 재정지출비중이 상승하는 추세에서 중앙정부의 재정이전지출에 의존하기보다 각 성 내부의 재정지출에 의존하게 된다는 것을 의미한다. 또한 정부성과의 평가기준이 GDP, 지방재정수입, 그리고 취업지표가 되는 상황에서 중국의 지방정부는 재정수입의 확대를 통한 재정지출을 보장하기 위해 지역 간의 치열한 경쟁을 펼치게 되어 있다(柳倍林, 2005: 70).

이러한 재정분권개혁으로 인한 지역 간의 GDP 성장경쟁은 결국 지방정부의 기능과 역할에 긍정적, 부정적 영향을 지속적으로 미치게 된다(<그림 1> 참조). 따라서 중국의 재정분권 개혁이 지방정부에 미친 영향들을 살펴보면, 첫째 재정수입의 확대를 위해 중국의

---

17) 중국의 재정이전지출제도는 일반적 재정이전지출, 전문항목이전지출, 기타 이전지출, 그리고 조세수입반환·체제보조 및 결산보조 네 가지로 구성되어 있다. 그런데 이 중 세수반환·체제보조 및 결산보조가 중국 재정이전지출제도의 주요 부분을 차지하고 있고, 특히 세수반환은 1993년을 기준으로 삼고 있어 이는 기존 성 정부들의 기득이익을 반영한 것이다. http://baike.baidu.com/view/1406747.htm(검색일: 2012.8.23).

지방정부는 국유기업의 개혁과 인프라 건설을 촉진시키게 되었다. 경쟁력이 떨어지는 국유기업의 민영화(改制)는 물론 인프라 건설을 통한 유동성 자원을 끌어들이고자 하였다(Qian and Ronald, 1998: 1145-1162). 둘째, 재정분권개혁으로 인한 지방정부의 경제적, 정치적 보상에 대한 동기는 지역경제성장을 위한 제도적 혁신 행위를 가능하게 하였다. 예를 들어, 국유기업의 민영화 개혁이라든가 비국유부문의 발전촉진은 지방정부의 최선의 선택으로 귀결되었다. 셋째, 그러나 재정분권개혁은 지방정부로 하여금 맹목적 투자 및 투자과열, 재정지출구조의 왜곡으로 나타나기도 했다. 특히 재정지출구조의 왜곡은 정부투자의 단기적 성과추구 경향으로 인한 것인데, 지방정부는 인프라투자를 중시하는 반면, 과학교육, 위생 등의 공공재에 대한 투자를 간과하는 경향이 있었다(傅勇·張晏, 2007: 4-12). 넷째, 지방정부는 관할 지역의 경제적 이익을 위해 행정수단을 통한 시장봉쇄, 중복투자 및 지방보호주의 역시 변함이 없다는 점이다.

분세제를 통한 재정분권개혁은 중국이라는 국가의 성격에 따라 경제적으로 다소 연방제 특성을 지닌 중앙과 지방 간의 경제적 권한과 재정권의 배분을 제도적으로 규범화시켰다는 데 이견이 없다. 그러나 중국의 재정분권개혁은 비록 기업관리 역할과 기능 변화를 긍정적으로 불러왔음에도 불구하고 공공재(public goods)의 제공이라는 전형적인 서비스형 정부로의 전환에는 아직 브정적인 영향을 미치고 있다.

3.3 재정분권과 지방정부의 국유자산관리 역할의 변화: 四川省 成都市 사례

분세제의 몇 가지 심각한 미비점에도 불구하고, 예를 들어 사천성 (四川省) 성도시(成都市)와 같은 도시지방정부는 분세제의 실시로 지역경제발전의 문제를 고려하지 않을 수 없게 만들었다. 즉 지역경제발전을 통한 자신의 재정력을 강화시키기 위해서는 지역자원구조상의 우위를 고려하지 않을 수 없게 되었다. 특히 지방정부의 재정수입은 지역경제발전의 정도에 제한을 받기 때문에 지방정부는 국유기업에 대한 정책성 대출도 일정 정도 제한을 받지 않을 수 없었다.

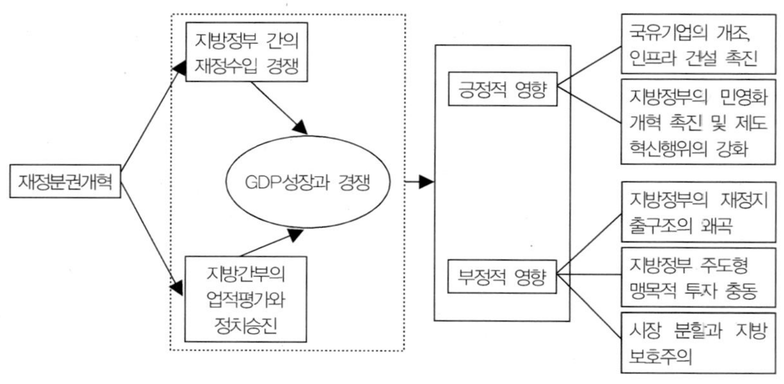

자료: 張璟·沈坤榮(2008), p.61.

〈그림 1〉 중국 재정분권개혁이 지방정부에 미친 영향

또한 90년대에 이르러서는 현대기업제도의 실시와 지역 간 시장경쟁이 더욱 심화되면서, 재정수입의 확대를 위한 지방정부의 '약탈식'

행위방식으로는 지역경제의 발전을 가져올 수 없었다. 따라서 성도 시정부와 같은 경우에는 지방정부의 경제관리 기능과 역할의 변화를 시도하지 않을 수 없었다. 이에 따라 성도시정부는 경제관리 주관부문기능의 효율성과 시장체계의 확대를 위해서 1990년대와 2000년대 지방정부의 기업관리 단계를 다시 변화시키지 시작했다.

먼저 시정부는 정부의 경제종합관리부문을 설립하였는데, 즉 시국유자산관리위원회(國資委)와 사무기구인 시국유자산관리국(國資局)을, 그리고 시정부는 전문 관리부문을 정부기능을 갖지 않는 경제실체 혹은 국가가 권리를 부여한 국유자산경영단위와 자율성 산업관리 조직으로 개조하였다. 국유자산의 경영과정에서 법인주체를 의미하는 국유자산경영기구와 자산경영권을 가지는 국유자산경영회사, 국유자산투자회사 혹은 지주회사를 설립하였다(<그림 2>를 참조). 이상의 관리단계를 보면, 국유자산에 대한 관리를 둘러싸고 성도시정부는 정부의 행정관리 기능과 경영기능의 분리를 시도하고 있음을 볼 수 있다. 특히 시정부는 경제부문의 조정에 따라 역시 3단계의 감독기관을 구성하였는데, 즉 정부주체의 '정부국유자산 관리기구', 법인주체의 '국유자산 경영기구', 그리고 출자인주체의 '기업국유자산 감독기구'를 설립하였던 것이다. 이러한 변화는 시정부가 기업주에서 주주로서 그 역할을 담당하는 기능의 변화를 의미하며, 따라서 국유기업의 주식 기업제가 점차 진행되었다.

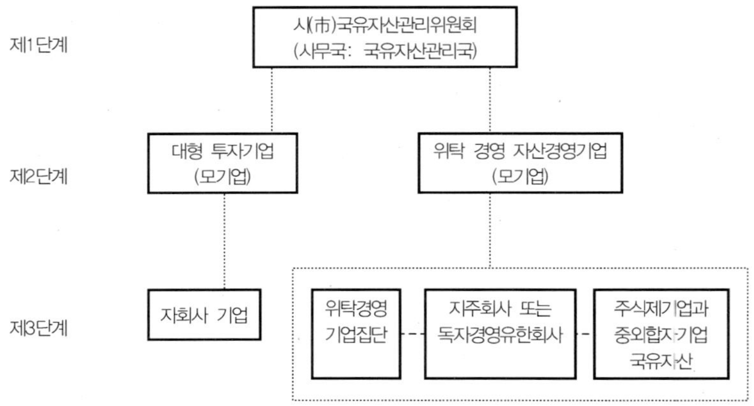

자료: 成都市政府財政局(2003), "中共成都市委、成都市人民政府矣于加快国有企业改革的決定
(成委发[2003]5号)",
http://www.chengdu.gov.cn/GovInfoOpens2/detail_ruleOfLaw.jsp?id=SqVrwRGﬧDuv4sc
PU4S09(검색일: 2012.8.23).

〈그림 2〉 성도시 국유자산관리와 운영체계

또한 성도시정부는 국유자산의 합리적 유동과 효율적인 결합을 위해 은행, 보험, 증권, 신탁을 분업하여 경영과 관리를 하는 금융조직체계와 개방형 재산권거래시장(産權交易市場) 등의 금융시장체계를 건립하였다. 바꾸어 말하면, 성도시정부는 금융시장조직체계의 건립을 통하여 지방경제를 조절하는 거시적인 통제수단을 가지게 되었음을 의미한다. 즉 국유자산의 가치 증식을 위해 성도시정부는 시장기제와 보조를 맞출 수 있는 계획과 금융·재정정책을 시행할 수 있게 된 것이다(成都市政府, 1995: 41-42). 그리고 성도시정부는 역시 중재기구(공증, 품질검사인증, 정보자문, 자산평가 등의 기구)와 산업협회, 산업 노동조합, 상업 회의소 등의 사회중개조직의 발전을 촉진함으로서 시정부, 기업과 중개조직 간의 일종의 연계망을 형성하였다. 이러한 점은 정부경제기능을 합리적으로 조정하고 시장기능을 강화시키기 위해 정부, 기업과 증개조직 간의 상호 협조관계를 형성하였다고 볼 수 있다.

정부기능 조정과 더불어 성도시정부(成都市政府)는 지역 간의 시장경쟁의 심화에 직면하여 다음과 같은 지방 산업기업 발전정책을 취하기 시작하였다. 먼저, 지역경제에서 중점 육성기업과 기업집단화 전략을 추진하기 위하여 정부의 기업에 대한 조정 및 협력관계를 발전시켰다. 즉 이러한 정부와 기업관계의 형성은 경제성장을 위한 지역 간의 경쟁압력 하에 이루어졌는데, 성도시정부는 판매수입이 2억 위안 이상이 되고 세금납부가 2,000만 위안 이상의 우수 기업에 대해서는 중점적으로 육성하는 정책조치를 취하고, 또한 우수기업을 횡적으로 결합시키는 기업집단화를 추진하였다. 그리고 중점 기업에게는 금융기구의 유동자금을 우선적으로 배치시키면서, 기술개조와 기초건설 그리고 과학기술개발 등에 관한 대출을 제공하였다.

둘째, 기업의 그룹화 개조 이후에는 성도시정부가 기업에 대한 직접적 행정 간여를 간접적 개입으로 점차 전환하기 시작하였다. 즉 국유재산권에 대한 적절한 중개조직(주식제 형식의 이사회와 감사회)의 대표를 통하여 성도시정부는 소유자로서의 권익을 보장하는 동시에 국유자산의 가치증식의 목표를 가지게 하였다. 이는 국유자산의 소유권은 국가에 속하지만, 그러나 국가를 대표하여 투자하는 부문 혹은 기구는 구체적으로 국유재산권을 행사하게 되었다는 것을 의미한다(成都市體改委, 1994: 12).

셋째, 성도시정부는 거시적인 계획과 금융·재정정책을 통하여 국유기업의 채무가 심하고 기술개조자금이 필요한 상황에서 중점 육성 기업에 대해서는 중장기 유동자금을 제공하였다. 또한 은행대출을 통하여서는 국유기업의 합병을 추진함으로써 국유자산의 구조조정을 추진하였다. 그리고 1994년부터 성도시정부는 '기업상납수입' 중에서 예산초과 부분의 80%을 기업발전자금, 적자자금, 공장장(廠長) 장려자금으로 조성해 기업 인센티브제를 만들었던 것이다. 이와 더불어 국유자산 관리단계상의 경영성 기업에 대해서는 2년치 이윤을 기업에 유보함으로 적자를 메우거나 생산경영자금으로 활용토록 하는 동시에, 국유기업의 경영상의 적자에 대해서는 적자보조나 재정보조정책을 취소함으로써 기업이 스스로 기술개조나 경제효율을 높이도록 하였다(成都市政府, 1994: 36－38).

넷째, 성도시정부는 국유기업의 현대기업제도로의 개혁을 위해 2005년까지 시 누계 합병기업수는 301개, 파산기업은 172개, 주식제기업, 주식합작제기업 혹은 내외자기업(중외합작기업, 중외합자기업, 외국단독투자기업)으로의 개조기업은 1,303개에 이르러 성도시 소형 국유기업의 개조를 기본적 완결 지었다. 또한 성도시 산하 172개 대중형 국유기업 중에서 합병 및 파산기업은 84개이며 개조기업은 83개 기업에 이름으로서 국유기업의 재산권제도 개혁을 촉진하였다(中國經濟時報, 2006.8.29).

1990년대 현대기업제도의 추진과 더불어 분세제에 의한 세수체계 실시는 성도시정부로 하여금 재정이익을 도모하는 이윤분할 과정을 점차적으로 정상적인 기업세수체계과정으로 변모시키는 계기가 되었다. 성도시정부의 기구개혁과정을 살펴보면, 정부와 국유기업과의 관계에 있어 기업의 영리성 생산경영활동이 정부의 재정적 수요와 연계되어 있음을 볼 수 있다. 원래 성도시정부는 내륙의 공업기지로서 전통적인 계획체제의 영향이 지속되어 왔으나, 지역경제의 지속적인 성장을 위해서 점차 국유기업과 관련된 기술우위와 인프라환경의 발전 등을 통해 재정수입을 증가를 가져오고자 했다(<그림 3> 참조).

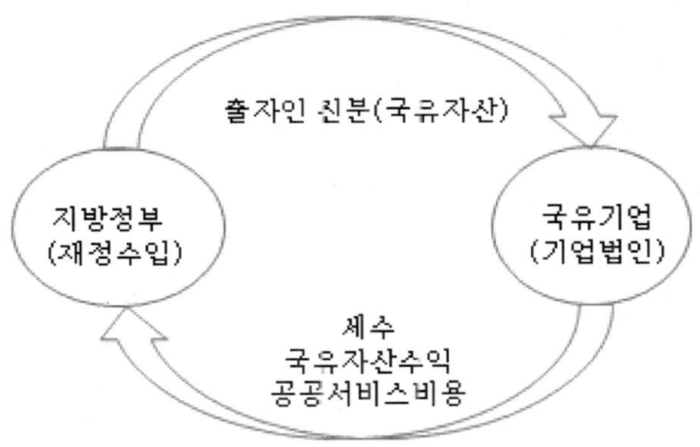

〈그림 3〉 재정분권체제에서의 지방정부와 국유기업 관계

다른 한편으로는 재정체계의 변화와 지역 간의 시장경쟁의 강화로 성도시정부는 정부의 사회경제적 관리기능과 국유자산의 소유자 기능을 분리함으로서 국유기업에 대해 자주적 경영을 제도적으로 보장할 뿐만 아니라 중소 국유기업에 대해서는 민영화를 추진하는 등의 국유기업개혁을 촉진시켰다.

따라서 성도시정부는 점진적으로 국유기업에 대한 정책성 대출과정을 줄이고, 중점 육성기업에 대한 자원배분을 시도하였다. 그리고 국유기업에 대해서는 거시통제적인 조절수단으로 기업관리 역할의 변화를 시도하면서, 성도시정부는 재정수입의 증가에 있어 도시경영에 집중하게 되었다. 이를 통해 관할 국유기업에 대해서 연성예산제약적 요인은 점차 제거시키면서 기업발전과 지역경제성장과의 관계를 중시하게 되었다.

그러나 중국의 분세제 개혁은 전체적으로는 수입증가 및 지출절약에 대한 압박 또한 증가시켰다. 따라서 중국의 지방정부는 토지자원의 운영을 통한 도시경영 및 지방정부채권 전환대출이라는 새로운 수단과 새로운 재정수입원을 찾게 된 것이다. 즉 중국의 초기 재정분권개혁의 추진이 지방정부로 하여금 기업경영활동에 간여하여 재정수입을 창출하고자 하는 '기업가적 행위'를 출발하게 하는 신호였다면, 이후 분세제의 도입 역시 또 다른 수단을 통해 '기업가적 행위'의 속성을 지속시키는 재정논리가 여전히 자리 잡고 있다.

Ⅳ. 결론

재정분권개혁의 초기 지방정부의 경제적 이익과 재정수입은 많은 부분에서 지방기업에서부터 창출되기 때문에 지방정부는 각각의 기업에 대한 각종 세수제도를 통하여 재정수입을 확보하고자 하였다. 특히 동서(東西) 지역 간의 경제발전차이의 원인으로 인해 이익획득의 기회가 비교적 작은 지방정부, 즉 중서부 낙후지역(中西部落后地域)의 지방정부로서는 지역사회의 총 생산량을 지속적으로 증가시키면서 경제적 성과를 가지고 올 수 있는 정부의 경제행위가 경제발전의 중요한 요소로 인식된다. 그러나 서부내륙지역과 같은 낙후지역의 지방정부가 단순히 국유기업을 보호하고 재정수입을 극대화하는 단기적 행위에서는 지속적으로 지역 간의 경쟁과 지역발전 문제에 직면할 수밖에 없다. 이와는 상대적으로 부유한 동서 연해지역과 같은 경우는 공공기초건설의 증가뿐만 아니라 교육, 위생과 같은 사회 공공서비스의 제공에 한결 재정적 여유를 가질 수밖에 없다. Blecher(1991)의 지적과 같이 기업과의 수직적 관계를 통한 단기적 경제이익만을 추구한 지방정부의 기업가적 행위는 그 지역의 공공재의 제공이나 균형적 경제발전의 문제에 직면할 수밖에 없는 것이다.

더욱이 중앙정부에 의한 분세제(分稅制) 실시 이후로 훨씬 강화된 지방정부의 자기-의존적 세수체계는 이 지역의 지방정부의 기능과 기업의 경쟁력에 긍정적, 부정적 영향을 미칠 수밖에 없었다. Stiglitz(1998)나, 그리고 최근 Acemoglu와 Robinson(2012)의 주장처럼 재산권의 사유화가 전제된 시장제도 하에서만이 시장경쟁의 동기구조가 발생하는 것도 아니고, 다양한 정치제도 안에 포함되어 있는 재정체계를 통해서 공공서비스제공과 관련된 각 지역정부의 행위뿐만 아니라 기업에 대한 준시장적인 인센티브(quasi-market incentive)를 창출할 수도 있다. 다시 말해, 중국과 같은 국가에서 합리적 지방분권체계를 통한 지역정부의 안정적인 재정수입원적 없이 단선적인 경제적 자유화 혹은 민영화의 촉진은 향후 성공적인 경제개혁을 지속적으로 이끌어내는 데 불충분하다는 것이다.

중국의 중앙정부 입장에서 중앙과 지방 성(省)정부를 중심으로 한 재정분권체계는 중앙정부의 통제능력어 대한 상실 없이 지방분권을 진행함으로써 각 지역경제 현황과 그 지역의 재정수입 및 지출을 서로 맞물리게 하였다는 점에서 재정분권개혁의 중요한 진전이라 할 수 있다. 확실히 중국의 재정분권체계는 중앙의 정치적 집권의 실패 없는 또 하나의 재정연방주의적 성격의 지방분권 방식이라고도 볼 수도 있겠다. 그리고 과거 지방정부가 국유기업에 대해 주도적으로 생산경영활동에 간여하는 연계 고리를 개선하고 대다수 국유기업에 대한 재산소유권개혁이나 민영화를 통해 지방정부는 기업의 생산경영활동에 시장경쟁 메커니즘을 촉진시켰다고 볼 수 있다.

그러나 현 재정체계에서 나타나고 있는 문제들, 즉 상급 지방정부와 하급 지방정부 간의 불안정한 재정수입 관계, 그리고 아직까지 미흡하게 구축된 재정이전지출제도나, 또는 토지재정과 같은 예산외 수입의 확대와 같은 문제 등은 여전히 지역 간의 악성경쟁을 유발하는 원인이 되고 있다. 또한 지방재정과 관련된 지방정부(지방간부)의 자유재량권의 팽창은 지방정부의 경제운용에 대한 기업가적 행위나 사회적 특권층을 확대시키는 결과를 초래하였다. 이러한 문제들은 지방재정개혁이 앞으로 부문별 예산개혁이나 비(非) 세수입관리개혁, 지방채무 관리개혁, 각급 현에 대해 성정부가 직접 관할하는 재정제도에 대한 개혁 등이 시급하다는 것을 의미한다. 그러나 만약 중앙의 장래 정치집권체제에 지방과 연계된 이익집단의 활동이 강화된다면, 그리고 향후 최고의 정치리더들이 올바른 개혁방향을 촉진시킬 수 없을 만큼 유약하다면, 아직도 합리적인 분세제체제의 확립이 필요한 지속적인 지방재정개혁으로 바람직한 지역균형발전을 촉진할 수 있을 것인가 하는 점이 의문스럽다.

참고문헌

財政部(1992), "關于實行'分稅制'財政体制試点辦法,"
　　　　http://www.law-lib.com/law/law_view.asp?id=54734
成都市政府(1994), "成都市'优化資本結構, 增强企業實力'試点實
　　　　施意見,"『城市改革与發展』, 제12집, 36－38.
　　　　　　　　(1995), "建設大市場促進大發展: 成都市市場體系建設
　　　　的實踐与思考, "『城市改革与發展』, 제5집, 41－44.
成都市政府財政局(2003), "中共成都市委, 成都市人民政府關于加
　　　　快國有企業改革的決定(成委發[2003]5号)",
　　　　http://www.chengdu.gov.cn/GovInfoOpens2/detail_ruleOfLaw.jsp
　　　　?id=SqVrwRGhDuv4scPU4S09
成都市體改委(1994), "成都市選擇50戶大中型企業進行建立現代企
　　　　業制度試点",『城市改革与發展』, 제11집, 12－15.
樊鋼 편(1997),『漸進改革的政治經濟學』, 上海: 上海遠東出版社.
葉孔嘉, 載沃尼特・加勤森 편(1992),『中國經濟改革』, 北京: 社會
　　　　科學文獻出版社.
何振一(1994), "1994年財稅改革舉措效果及問題剖析",『經濟研究』,
　　　　제4집, 34－36.
科斯, R., A. 阿尔欽, D. 諾斯等 저(1995),『財産權利與制度變遷:
　　　　産權學派與新制度學派譯文集』, 上海: 上海人民出版社.
Kornai, Janus(1985), "經濟改革設想和現實的對照",『經濟社會體制
　　　　比較』, 제6집, 13－14.
李捷(2012), "論新形勢下成都市財源建設",『財政研究』, 제4집, 79
　　　　－81.

柳邦馳(1990), "對成都市財政狀況分析", 『財政科學』, 제6집, 47－49.

柳培林(2005), "地方保護和市場分割的損失", 『中國工業經濟』, 제4집, 69－76.

傅勇·張晏(2007), "中國式分權與財政支出構造偏向: 爲增長而經濟的代價", 『管理世界』, 제3집, 4－12.

區域稅收政策課題組(1998), "促進區域政策協調發展的稅收政策", 『改革』, 제4집, 40－44.

盛洪(1995), 『分工与交易: 一個一般理論及基對中國非專業化問題的應用分析』, 上海: 上海人民出版社.

Stiglitz, Joseph 저, 鄭兼 역(1998), 『政府爲什麼干與經濟: 政府在市場經濟中角色』, 北京: 中國物資出版社.

世界銀行(1996), 『中國經濟: 治理通脹, 深化改革』, 北京: 中國財政經濟出版社.

陶勇(2011), "中國地方政府行爲企業化變遷的財政邏輯", 『上海財政大學學報』, 제13집, 66－72.

王紹光(1997), 『分權的底限』, 北京: 中國計劃出版社.

王政(1993), "成就, 差距与不足十五年改革驀回首: 對成都市經濟體制改革歷程的回顧", 『城市改革与發展』, 제6집, 30－34.

吳昻, 張建喜(1994), 『中國地方經濟分析』, 北京: 中國經濟出版社.

吳國光·鄭永年(1995), 『論中央-地方關係: 中國制度轉形中的一介軌心問題』, 牛津: 牛津出版社.

吳敬璉(1996), "中國採取了'漸進改革'戰略嗎", 載吳敬璉等著, 『漸進与急進:中國改革道路的選擇』, 北京: 經濟科學出版社.

楊瑞龍(1998), "我國制度變遷方式轉換的三階段論: 兼論地方政府的制度創新行爲", 『經濟研究』, 제1집, 3－10.

揚守德(1992), "成都市全民, 城市集體, 鄉鎭企業發展比較分析", 『工商管理』, 제8집, 10－14.

謝慶奎 主編(1996), 『當代中國政府』, 大連: 遼寧出版社.

許成鋼 저, 靑木昌顔·吳敬璉 편(2008), "政治集權下的地方經濟分權與中國改革", 『從權威到民主: 可持續發展的政治經濟

學』, 北京: 中信出版社.

薛暮橋(1996), 『薛暮橋會議錄』, 天津: 天津人民出版社.

張中華(1997), 『中國市場化過程的地方政府投資行爲研究』, 長沙: 湖南人民出版社.

張璟, 沈坤榮(2008), "財政分權改革, 地方政府行爲与經濟增長", 『江蘇社會科學』, 제3집, 56－62.

中共成都市委政研究室調研組(1993), "改革國有資産管理體系加快市經濟體制改革", 『工廠管理』, 제9집, 4－7.

中共成都市委宣傳部, 工交部和成都市經濟委員會聯合調查組(1984), "抓住機遇抓大放小扶强扶优解困: 成都市搞活國有工業企業的調查報告", 『經濟體制改革』, 제2집, 32－35.

朱紅軍, 陳繼雲, 喩立勇(2006), "中央政府, 地方政府和國有企業利益分岐下的多重博弈與管制失效", 『管理世界』, 제4집, 115－172.

成都市統計局(1998), 『成都統計年鑒 1998』, 成都: 中國統計出版社.

農民日報 2012.2.8.

人民日報 2004.1.16.

中國經濟時報 2006.8.29.

Acemoglu, Daron and James A. Robinson(2012), "Why Nations Fail: the Origins of Power, Prosperity, and Poverty", New York: Crown Publishers.

Blecher, Marc(1991), "Development state, entrepreneurial state: the political economy of social reform in Xinji municipality and Guanghan county" in Gordon White(eds.), The Road to Crisis: The Chinese State in the Era of Economic Reform, London: Macmillan.

Cao, Yuanzheng, Yingyi Qian and Barry R. Weingast(1999), "From federalism, Chinese style to privatization, Chinese style", Economics of Transition, 7(1), 103－131.

Chung, Jae Ho(1995), "Studies of central－provincial relations in the

People's Republic of China: a mid−term appraisal", The China Quarterly, 142, 487−507.

Granick, David(1990), "Chinese State Enterprises: a Regional Property Rights Analysis", Chicago: The University of Chicago Press.

Guo, Gang(2007), "Retrospective economic accountability under authoritarianism: evidence from China", Political Research Quarterly, 60(3), 378−390.

Jin, Hehui, Yingyi Qian and Barry R. Weingast(2005), "Regional decentralization and fiscal incentives: federalism, Chinese style", Journal of Public Economics, 89, 1719−1742.

Joseph, William A. Christine P. W. Wong and David Zweig eds.(1991), "New Perspectives on the Cultural Revolution", Cambridge: Harvard University Press.

Li, Shunhe and Peng Lian(1999), "Decentralization and coordination: China's credible commitment to preserve the market under authoritarianism", China Economic Review, 10(2), 161−190.

Nee, Victor(1996), "The emergence of a market society: changing mechanism of stratification in China", American Journal of Sociology, 101(4), 935−942.

Oi, Jean(1998), "The evolution of local state corporatism," in Andrew Walder(ed.), Zouping in Transition: The Process of Reform in Rural North China, Cambridge, Mass: Harvard University Press.

Parish, William L. and Ethan Michelson(1996), "Politics and markets: dual transformation", American Journal of Sociology, 101(4), 1042−1059.

Prybyla, Jan S.(1996). "Who has the emperor's clothes?: economic relationship between the central and local governments in mainland China", Issues & Studies, 32(7), 19−41.

Shirk, Susan L(1992), "The Chinese political system and the political of economic reforms", in Kenneth G. Lieberthal and David M.

Lampton(eds.), Bureaucracy, Politics and Decision Making in Post-Mao China, California: University of California Press.

Tao, Ran and Dali L. Yang(2008), "The Revenue Imperative and the Role of Local Government in China's Transition and Growth", http://www.daliyang.com/files/Tao_and_Yao_revenue_imperative_and_local_government.pdf.

Tsai, Kellee S.(2004), "Off balance: the unintended consequences of fiscal federalism in China", Journal of Chinese Political Science, 9(2), 7−26.

Qian, Yingyi and Barry R, Weingast(1997), "Federalism as a commitment to preserving market incentives", Journal of Economic Perspectives, 11, 83−92.

Qina, Yingyi and Gerard Roland(1998), "Federalism and the soft budget constraint", American Economic Review, 88(5), 1145−1162.

Wong, Christine P.(1991), "Central planning and local participation under Mao: the development of county−run fertilizer plants", in Gordon White(ed.), The Chinese State in the Era of Economic Reform: the Road to Crisis, London: Macmillan.

__________________(2005), "Can China change development paradigm for the 21st century?: fiscal policy options for Hu Jintao and Wen Jiabao after two decades of muddling through", Working Paper, Berlin: Stiftung Wissenschaft und Politik.

__________________(2007), "Fiscal management for a harmonious society: assessing the central government's capacity to implement national policies", BICC Working Paper Series, 4, 1−20.

Zhan, Jing Vivian(2009), "Decentralizing China: analysis of central strategies in China's fiscal reforms", Journal of Contemporary China, 18(60), 445−462.

Zheng, Yong Nian(1995), "Institutional Change, Local Developmentalism, and Economic Growth: the Making of Semi-Federalism in Reform

China", Ph. D. diss., Princeton University.

참고 사이트

成都市財政局, http://www.cdcz.chengdu.gov.cn/index.lf?c=showIndex.
百度百科, http://baike.baidu.com/view/1406747.htm.

Abstract

A Study on the Effects of China's Fiscal Decentralization Reform and Changes of the Relations between Local Government−State Owned Enterprises

This study examined the effects of China's fiscal decentralization reform and changes of the relations between local government and local state owned enterprises(SOEs) in Chengdu Municipality in Sichuan Province. In the case of this study, local government during first phase of the reform era resorted to multiple instruments to support local state owned enterprises and thus strengthen their revenue base. These instruments included collusion with firms as well as the implementation of protectionist policies. By the mid−1990s, the tax−sharing reform had begun to drastically reshape the relations between local government and state owned enterprises.

Broadly speaking, two major factors—growing competition, tax and fiscal reforms, combined to decrease the benefits of government ownership of enterprises. Local government had few incentives to predate because they were the shareholders of local enterprises. Whereas Chinese local governments had little formal budget autonomy, they have enjoyed much informal fiscal autonomy vis—á—vis the central government.

But Chinese local governments also continue to face pressure to generate extra—budgetary funds in spite of repeated central government efforts to include some extra—budget funds into the budget. This study has underscored how changes in fiscal incentives have had a profound impact on local government behavior, especially with the fiscal and tax reforms introduced in 1994. Through this analysis, if the local government does not grasp a reasonable source of revenue, recent fiscal decentralization system is not enough to change the unreasonable entrepreneurial behavior of local government.

Key Words: fiscal decentralization, fiscal contracting system, tax—sharing system, local government, state—owned enterprise, Chengdu Municipality Government case

김용준(Yong June Kim)

Northwestern University, 마케팅 박사
성균관대학교 현대중국연구소 소장
성균관대학교 경영전문대학원 정교수
삼성오픈타이드 차이나 대표이사, 사장
중국 청화대학(MBA) 객좌교수
중국 상해교통대학 초빙교수
University of British Columbia 조교수
The Chinese University of Hong Kong(MBA) 객좌교수

김주원

성균관대학교 경영학 박사
현) 성균관대학교 현대중국연구소 연구교수

노은영

중국인민대학교 법학 박사
현) 성균관대학교 현대중국연구소 연구교수

오원석

성균관대학교 경영학 박사
현) 성균관대학교 경영학부 교수

이상빈

중국 북경대학교 정치학 박사
현) 충남대학교 경상대학 경영학부 초빙교수

이상윤

중국 북경대학교 경영학 박사
현) 성균관대학교 현대중국연구소 연구교수

홍성화

일본 동경대학 사학 박사
성균관대학교 현대중국연구소 연구교수
현) 부산대학교 역사교육학과 교수

리종룽(李宗榮)

미국 시카고대학교 사회학 박사
현) 대만 중앙연구원 사회학연구소 부연구원

박주희(Choo-Hui Park)

성균관대학교 경영학 박사
현) 계명대학교 국제비즈니스학과 교수

이경화

성균관대학교 무역학과 박사과정 수료
현) 동서울대학교 경영학부 교수

지앙페이치(江斐琪)

영국 런던대학교 사회학 박사
현) 대만 중앙연구원 사회학연구소 박사후 연구원

중국 현대기업과
상업관행의 변화

초판인쇄 2013년 11월 15일
초판발행 2013년 11월 15일

지은이 김용준 외
펴낸이 채종준
펴낸곳 한국학술정보㈜
주소 경기도 파주시 회동길 230(문발동)
전화 031) 908-3181(대표)
팩스 031) 908-3189
홈페이지 http://ebook.kstudy.com
전자우편 출판사업부 publish@kstudy.com
등록 제일산-115호(2000. 6. 19)

ISBN 978-89-268-6079-3 94320